Princípios de Gestão de Sistemas de Informação

Princípios de Gestão de Sistemas de Informação

Melhor informação, melhor decisão

Coriceu X. Bachmann

Princípios de Gestão de Sistemas de Informação
Melhor informação, melhor decisão

Sugestões, comentários e correções serão bem-vindos:
coriceu@yahoo.com

Bachmann, Coriceu

Princípios de Gestão de Sistemas de Informação: Melhor informação, melhor decisão / Coriceu Bachmann – Rio de Janeiro, 2023.

ISBN 978-65-00-79925-5

1. Sistemas de Informação. 2. Tecnologia de Informação. 3. Gestão de sistemas de informação. I. Título

Introdução

Contar com a participação eficiente de Sistemas de Informação empresariais é crucial para a boa gestão de negócios ou empreendimentos. O sucesso dos sistemas, encarnados em computadores e programas, é consequência da interação de duas atividades:

- gestão de empresas; e
- administração da Tecnologia da Informação (TI).

Enquanto gestores empresariais perseguem melhores resultados para suas companhias, profissionais de TI se dedicam a extrair todas as potencialidades da informática. Estes atuam ligados aos computadores e à lógica matemática, enquanto os gestores estão mais sintonizados com eficiência operacional, com desejos e necessidades humanas.

O entrosamento das equipes de ambas as atividades nem sempre se dá de maneira satisfatória, e sua cooperação, muitas vezes, é atrapalhada por barreiras de conhecimento.

Este livro surgiu com a intenção de cobrir a área de sobreposição dessas atividades e interesses. Apresenta os principais conceitos básicos sobre sistemas e sobre informação, com destaque para aspectos gerenciais. Parte da premissa de que, uma vez dominados e entendidos os conceitos básicos, todo o conhecimento referente à gestão dos Sistemas de Informação poderá ser apreendido com maior facilidade.

O texto foi pensado e escrito para disciplinas relacionadas aos Sistemas de Informação e à Tecnologia da Informação, que constam das ementas dos cursos de Administração de Empresas e de Engenharia de Produção. Uma vez que a abordagem privilegia a finalidade das ferramentas de TI, e não seu funcionamento, o livro pode ser de interesse dos profissionais que se preocupam, direta ou indiretamente, com os benefícios do uso dos computadores em processos de gestão de pequenas e grandes empresas.

O livro idealiza um personagem, o **Gerente Conectado**, para representar o gestor empresarial que domina os fundamentos de Sistemas de Informação. Ele pode ser imaginado como equivalente aos múltiplos profissionais de chefia do mundo dos negócios: gerentes, superintendentes, administradores, ou ainda empresários e empreendedores, porém com um grande diferencial: conhece e aplica os fundamentos, não apenas aos sistemas, mas à própria informação. O autor é de opinião que o pensamento está vinculado aos instrumentos, físicos ou abstratos, utilizados para exprimir conceitos. Quanto maior a bagagem conceitual, conhecida e aplicada, melhores serão as opiniões, e mais eficazes serão os julgamentos e decisões. Nos casos em que se desejou destacar a importância de conceitos, técnicas e práticas relacionados ao tema, o Gerente Conectado foi mencionado.

Estrutura do livro

O Capítulo I faz uma revisão de conceitos inerentes ao processo decisório, essência da gestão empresarial. Aborda, com perspectiva de TI, os principais componentes do processo: pessoal qualificado, objetivos bem traçados, métodos de decisão eficazes e acesso às informações necessárias. Inicia-se com a confirmação que a TI e os sistemas de informação passaram a ter grande relevância dentre as qualificações esperadas para os administradores modernos. Descreve os níveis de decisão empresariais e propõe que objetivos bem definidos são a base para seleção de informações que favoreçam decisões de qualidade. Informações que têm origens distintas e são heterogêneas, mas que se adaptam, sempre, às finalidades e necessidades de cada destinatário. O Capítulo termina com a afirmação de que o entendimento da complexidade do mundo moderno depende de uma visão sistêmica, assunto retomado, posteriormente, em detalhes.

Os demais capítulos foram organizados em três partes: Conceitos, Aplicações e Desafios. A primeira apresenta teoria relacionada aos sistemas de informação. Começa no Capítulo II com uma explicação detalhada sobre o que são dados e informações, como interagem, e realça sua importância para a gestão das empresas e para o entendimento de seus problemas.

Em seguida, o Capítulo III aborda teoria relativa aos sistemas, seus conceitos e classificação, fundamentos particularmente importantes na compreensão de situações e estruturas complexas. É nesse Capítulo que se apresenta a definição teórica dos Sistemas de Informação e se descreve, ainda, a atividade de análise de sistemas, sejam eles informatizados, ou não.

O Capítulo IV elenca os componentes da Tecnologia da Informação sob uma ótica gerencial, tocando em temas como aquisição, custeio, terceirização e orçamentação. Procura ressaltar os momentos em que os gestores empresariais são chamados a discutir e compartilhar, com as equipes de TI, decisões sobre aquisição de equipamentos, programas e demais componentes.

A parte II dedica-se a apresentar como os sistemas de informação têm tido aplicação na gestão de negócios.

O Capítulo V discute os motivos e vantagens da informatização das empresas e ainda descreve, genericamente, os métodos tradicionais de desenvolvimento de sistemas com os tópicos que recebem maior atenção e interesse. Seu ponto alto encontra-se na apresentação de exemplo de funcionamento de uma pequena indústria para que o leitor consiga entender como os diversos sistemas empresariais interagem, formando um todo integrado e organizado.

O Capítulo VI desenvolve assuntos bastante atuais: comércio e negócios pela Internet (*e-commerce* e *e-business*). Incorpora exemplo de uma loja virtual para que as principais preocupações funcionais do assunto possam ser assimiladas e entendidas.

Os Capítulos VII e VIII expõem, em um texto um tanto mais árido que o restante do livro, duas das mais modernas e importantes aplicações informatizadas para apoio à gestão de grandes empresas: *data mining* (mineração de dados) e CRM (gestão de relacionamento com o cliente). O Capítulo VII descreve o funcionamento do *data mining*, que é constituído de aplicações para prospecção e análise da enorme quantidade de dados espalhada pelas empresas, com vistas a adquirir conhecimento e projetar tendências. O

Capítulo VIII trata especialmente do CRM, cuja finalidade é ampliar o entendimento sobre clientes, tomando por base a análise de bancos de dados empresariais. Conhecimento que se tem revelado essencial para orientar o desenvolvimento de produtos, a criação de campanhas de *marketing* e o atendimento a clientes.

O Capítulo IX descreve, de forma sumária, o conceito de *Business Intelligence*, ou inteligência nos negócios.

A parte III trata do grande desafio que é uso adequado de informações e dados, das responsabilidades e dos riscos inerentes.

O capítulo X aborda o tema da atuação ética concernente aos dados e informações.

O capítulo XI tece considerações sobre os crimes relacionados aos computadores e à Internet, neles incluídos os *cibercrimes*. Apresenta apreciação sobre processos inseguros e formas práticas para sua prevenção. Assuntos cujo conhecimento é crucial, pois dados e informações se tornaram os principais patrimônios das empresas modernas.

Ao final de cada capítulo há um conjunto de questões de recapitulação. Algumas delas possuem um ícone de lâmpada indicando que ao final do livro há dicas e comentários adicionais sobre a questão. Ao final também está incluído um glossário com os principais termos utilizados no dia a dia dos profissionais que atuam na gestão de Sistemas de Informação.

Originalmente, o livro foi criado em formato de e-book e, posteriormente, adaptado para publicação em papel de forma a ampliar a base de leitores.

Agradecimentos

Sem dúvida, é impossível nomear todas as pessoas que me ajudaram na realização deste livro ao longo dos anos.
Amigos, colegas de trabalho e alunos foram de inestimável valia e apoio, ampliando muito o conteúdo e colaborando na forma de abordagem dos temas tratados.
Agradeço o ótimo trabalho de revisão da redação, feito pela excelente Neida Maria da Conceição Padilha.
Muito me ajudou a revisão completa realizada por minha amiga Lucia Barbosa, deveras importante para o resultado final do texto, a quem agradeço o carinho e incentivo.
Em especial gostaria de agradecer muito, o enorme apoio dado por meu amigo Augusto Sérgio Pinto Guimarães pelas trabalhosas e amplas revisões, e inestimáveis sugestões, essenciais para organizar a estrutura e redação do livro. Somente com sua ajuda e encorajamento, foi possível concluí-lo e publicá-lo.
Finalmente, um agradecimento especial para toda minha família pelo apoio, estímulo e paciência.

Coriceu X. Bachmann

Sumário

Capítulo I
GESTÃO EMPRESARIAL E TOMADA DE DECISÃO

"Não é que eles não consigam ver a solução. É que eles não veem o problema."
Gilbert K. Chesterton.

O Gerente Conectado e a gestão da informação

O século 21 iniciou-se como a era do **Gerente Conectado**; conectado com todos, a qualquer hora, em qualquer lugar, e, mais que tudo, participando e tratando de incontáveis assuntos simultaneamente. Pelo computador ou celular, está ligado aos subordinados, superiores, clientes e fornecedores, para sempre ampliar o leque de oportunidades e aproveitá-las apropriadamente. Isto envolve decidir, rapidamente e com eficiência, sobre temas de gestão e, mesmo, sobre temas técnicos.

Em seu dia a dia, o Gerente Conectado dedica-se a orquestrar soluções em ambientes complexos. Complexidade que é, em grande parte, fruto do mosaico de acontecimentos, interações e acasos que envolvem o universo das empresas, sejam *start-ups* ou maduras.

A empresa de consultoria KPMG realizou interessante pesquisa [1] com 1400 executivos seniores para compreender como a complexidade impacta globalmente os negócios e como os líderes empresariais lhe têm reagido. A gestão da informação foi vista pelos entrevistados como uma das principais causas da complexidade do mundo empresarial. A pesquisa mostrou que cerca de 80% dos executivos brasileiros compartilham dessa mesma opinião. Por outro lado, a gestão da informação também foi apontada como solução indispensável para enfrentar a complexidade nos negócios. Assim, um dos desafios atuais é fundamentar o crescimento empresarial com corpo técnico que possua novas competências. Este foi o entendimento de 92% dos brasileiros entrevistados.

Nesse novo contexto, as tradicionais habilidades que o autor americano Robert Katz considerou importantes para os gerentes de sucesso [2] — habilidades técnica, humana e conceitual, quando se referem ao Gerente Conectado —, passam por novas exigências. Todas elas relacionadas, direta ou indiretamente, ao uso mais eficiente dos computadores, programas e demais ferramentas da Tecnologia da Informação, TI.

Habilidades técnicas

Por ser facilmente localizável pelo telefone celular, o gerente é hoje chamado com maior frequência a opinar tecnicamente sobre produtos, serviços e métodos de trabalho. Deve, pois, estar muito ciente da organização empresarial em que atua e possuir qualificação teórica mais robusta. Somente assim pode compreender processos financeiros, comerciais, de produção e de atendimento, para poder tomar decisões com maior rigor e precisão.

Deve dominar a Tecnologia da Informação, atualmente dispersa em todo o ambiente empresarial e utilizá-la como alavanca para aumentar a eficiência e eficácia de todos ao seu redor. Diferentemente dos profissionais de TI, o Gerente Conectado vê a informática, não como atividade-fim, mas como instrumento essencial da infraestrutura operacional da empresa; refere-se a ela como *solução tecnológica*, para que fique associada aos problemas que pretende resolver [3].

Habilidades humanas

Agir como líderes sempre se impôs como grande desafio aos gerentes. Presentemente, num ambiente de atuação colaborativa, com a relação interpessoal intermediada pelos computadores e *smartphones*, o talento no relacionamento humano tornou-se primordial. Ainda não há respostas sobre as melhores maneiras de interagir eletronicamente com fornecedores, parceiros e clientes. Qual será a melhor forma para motivar, controlar e comandar subordinados com o uso de *e-mails*, redes sociais, chamadas telefônicas, reuniões via Zoom, SMS?

Somente o uso intenso das novas tecnologias de comunicação é capaz de desenvolver no gerente habilidades de relacionamento interpessoal *online*. E isso se inicia por utilizar, com frequência, LinkedIn, Instagram, Pinterest, Facebook, Twitter (Z) e outras redes sociais para conhecer suas características e desvendar suas potencialidades.

Habilidades conceituais

Robert Katz enfatiza, ainda, a importância de o gerente compreender a empresa como um todo integrado e interdependente. Afirma que o sucesso das decisões tomadas depende do que chama "habilidades conceituais do indivíduo": a forma como ele percebe e reage quanto ao potencial crescimento do negócio, aos objetivos da empresa e aos interesses dos acionistas e colaboradores.

Ou seja, é fundamental que o Gerente Conectado, além de dominar os conceitos referentes aos sistemas de informação e à Tecnologia da Informação:

- saiba determinar e executar objetivos empresariais;
- domine métodos de tomada de decisão;
- perceba qual é a origem das informações necessárias para as decisões;
- entenda que os níveis organizacionais dependem de informações distintas;
- tenha visão sistêmica ou visão global sobre a empresa, seu ambiente e a respeito da conjuntura na qual se insere.

Determinação de objetivos

Determinar objetivos é um dos grandes segredos da vida, pois, como diz o ditado, para quem não sabe aonde vai, todos os caminhos são adequados. Lewis Carroll ilustra muito bem este fato através de conversa entre Alice e o Gato de Cheshire (Figura 1).

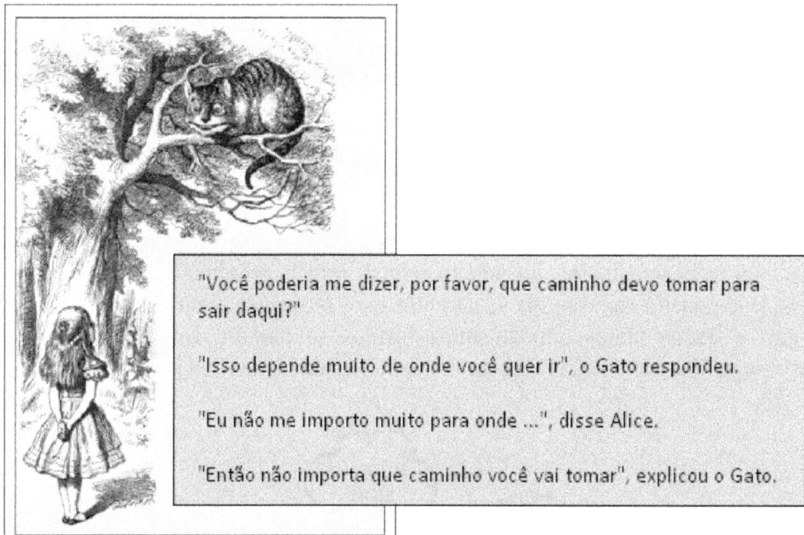

Figura 1 Diálogo entre Alice e o Gato de Cheshire, no qual ela afirma não ter objetivo definido

Um objetivo é um resultado que se quer alcançar. Objetivos bem definidos são essenciais, pois são eles os delimitadores que orientam as ações que se pretendem executar no futuro. Objetivos claros mantêm o foco de reuniões e de atividades empresariais. Caso sejam indefinidos, costumam ter consequências nefastas, que incluem o desperdício de recursos e a necessidade de debates longos e acalorados, e produzem, ocasionalmente, rixas entre empregados.

A Tecnologia da Informação, devido a seus altos custos e ao fato de requerer tempo longo para sua implementação, é extremamente dependente dos objetivos empresariais a que se subordina. Desenvolver projetos de TI com objetivos mal definidos pode acarretar idas e vindas, revisões e reformulações caras e demoradas e, até, torná-los inviáveis.

Concretização dos objetivos

Objetivos costumam ter apresentação concreta e explícita, como quando tratam:

a) da finalidade dos contratos entre empresas: "*Prestar serviços de manutenção de computadores, no endereço do cliente, em até 3 horas após o chamado*";
b) do escopo de projetos: "*Recuperar a estrutura do estádio, que ameaça ruir*";
c) da missão de empresas. O Instituto Ronald McDonald [4] tem, como missão, "*Promover a saúde e a qualidade de vida de crianças e adolescentes com câncer.*"

Mas, muitas vezes, os objetivos são apenas apresentados verbalmente por declarações face a face durante reuniões de trabalho, do tipo "*Para conter custos, vamos reduzir, em 50%, no próximo ano, o uso de documentos em papel, substituindo-os por soluções eletrônicas*" ou "*Nosso objetivo é fazer com que todos os fiscais utilizem* tablets *nas vistorias externas que realizam*".

4 - Princípios de gestão de sistemas de informação

Qualquer que seja a forma com que os objetivos empresariais se apresentem, é de suma importância que possam servir como instrumentos motivadores para ajuste de discursos e como guias para decisões e ações; que sejam explícitos, claros e adequadamente divulgados.

Determinação de objetivos empresariais

Abrangentes ou específicos, objetivos costumam ser perseguidos por meio de etapas. Procura-se atingir, num primeiro momento, objetivos intermediários, sempre orientados para alcançar, nas etapas seguintes, um objetivo final, o mais próximo possível de um a situação ideal, que poderia ser atingida se não houvesse problemas com custos, logística, capital de giro e outros tantos impedimentos ligados ao mundo real. Este modo de proceder, representado na Figura 2, recebe o nome de escada meios-fins [5].

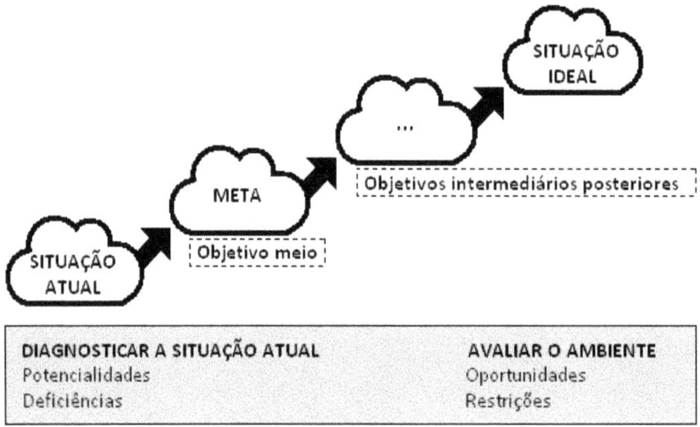

Figura 2 Os objetivos são alcançados em etapas

Na determinação de objetivos empresariais, as seguintes etapas são frequentemente adotadas:

1. inicialmente faz-se um diagnóstico da situação atual da empresa e, assim, identificam-se suas potencialidades e deficiências;
2. em seguida, é avaliado o ambiente onde a empresa se insere, de forma a compreender as oportunidades, ameaças e restrições que enfrenta;
3. determina-se, então, qual será a situação ideal, que a empresa quer alcançar, no futuro;
4. por último, escolhe-se uma situação intermediária, que seja viável de ser atingida e que esteja no sentido do objetivo ideal. A situação-meio costuma receber o nome genérico de meta, quando complementada por números e quantidades que permitam sua verificação.

Sempre que uma meta é alcançada, refaz-se todo o processo para a determinação da meta intermediária seguinte, que será usada para orientar as ações para atingi-la.

Um time de futebol que sonhe atingir o objetivo ideal — ganhar determinado campeonato — pode definir, como meta, apenas participar do próximo jogo para "*cumprir a tabela*", sem se preocupar com o resultado. Pode ser mais vantajoso colocar o time reserva em campo e guardar sua força máxima para a semana seguinte, contra adversário mais forte. A determinação da meta depende, principalmente, da pontuação do time, da pontuação dos adversários, do risco de derrota. Após o jogo, o time reavalia e reconsidera todos os fatores, e estabelece nova meta, o próximo degrau na escada meios-fins que planejou.

Na definição, formatação e redação de metas e objetivos, diversas características costumam ser exigidas. O famoso acrônimo SMART [6] preconiza que as metas sejam:

1. Específicas (Specific)
As metas caracterizam precisamente o que se deseja atingir, de forma pormenorizada. Para a especificação, é costume utilizarem-se as seguintes questões tradicionais: o quê? quem? quando? quanto? onde? por quê?
Muitas vezes, a resposta à questão "como?" não é incluída na definição da meta, pois é assunto a ser tratado durante a escolha da solução para alcançá-la;

2. Mensuráveis (Mesurable)
As metas permitem que seu resultado possa ser acompanhado por métricas [7] tangíveis ou indicadores numéricos. Sua avaliação periódica permite avaliar a evolução na busca do resultado e julgar a necessidade de eventual revisão ou correção de rumo;

3. Atingíveis (Attainable)
As metas são realistas e passíveis de ser alcançadas? Para tanto é imprescindível levar em conta os recursos disponíveis, o tempo necessário e outros fatores que as tornem viáveis. Metas possíveis geram motivação na equipe responsável por conquistá-las. Metas impossíveis geram frustração, desânimo e relaxamento;

4. Relevantes (Relevant)
As metas deve, ter importância e ser indispensáveis. Em sua definição, deve ficar claro qual é sua relação com o objetivo ideal que se busca. Metas sem importância são tratadas com desdém pelo corpo técnico envolvido e não geram espírito proativo;

5. Determinadas no tempo (Time-sensitive)
As metas possuem prazos para o seu atingimento, que devem ser compatíveis com a duração de todas as atividades envolvidas.

No caso em que as metas envolvam ações de TI, é imperativo que estejam vinculadas aos objetivos empresariais e, principalmente, evitem ter orientação tecnológica pura. Por este motivo, uma eventual meta técnica de "*passar a utilizar a linguagem Java em todos os novos programas*" exige expor as razões dessa obrigação e como ela se alinha às metas empresariais. Para o desenvolvimento de sistemas de informação, é indispensável que o objetivo norteador seja claramente identificado. Uma meta com o conceito SMART poderia ser "*reduzir em 30%, nos próximos 4 meses, o tempo gasto pelo recepcionista para cadastrar novos pacientes da clínica no sistema informatizado*".

O principal ingrediente para a determinação de metas é a observação. Bons observadores expandem essa habilidade no dia a dia, sempre lutando para distinguir a situação real daquela que perceberiam se utilizassem sentimentos contaminados por prejulgamentos. Avaliações preconcebidas, tendenciosas ou preconceituosas são as principais causas de falhas na determinação de objetivos, pois favorecem análises imprecisas dos cenários e circunstâncias envolvidos.

Os objetivos se organizam em níveis

Quanto mais amplos forem os objetivos, maior quantidade de alternativas de ações podem ser imaginadas para que, dentre elas, se descubram e se escolham as melhores opções.

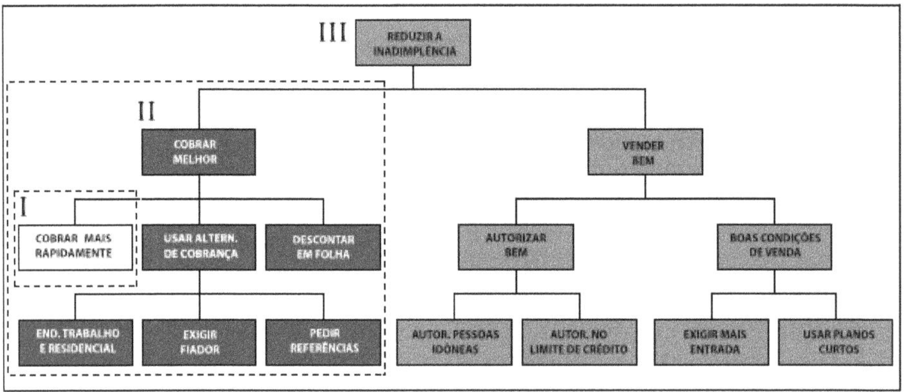

Figura 3 Os objetivos se organizam hierarquicamente

Note-se que os objetivos podem ser estruturados em níveis de abrangência. A Figura 3 apresenta exemplo de hierarquização de objetivos empresariais [8]. Num primeiro momento pode-se considerar que um dos objetivos operacionais é *cobrar mais rapidamente*. No entanto, basta expandir a análise para perceber que, num nível mais amplo (nível II), o que se deseja é cobrar melhor. Esse objetivo mais amplo permite abranger outras opções, como usar alternativas de cobrança ou realizá-las através de desconto automático em folhas de pagamento. A figura mostra ainda o nível III, no qual, em se querendo reduzir a inadimplência, procura-se vender bem e, dessa forma, evitar a necessidade de cobrar mais rapidamente.

Com a intenção de determinar o objetivo a ser perseguido, o Gerente Conectado estuda a hierarquização dos objetivos possíveis, de modo a descobrir aquele mais eficiente, que possa levar ao resultado ideal desejado.

O processo de tomada de decisão

A principal atividade realizada pelo Gerente Conectado é a tomada de decisão, isto é, a determinação e a seleção de ações para a obtenção de resultados que mais interessem aos negócios.

As empresas, independentemente de seu porte, convivem com dois modelos tradicionais de tomada de decisão:

- decisões rotineiras, cuja ação costuma ser pré-estabelecida — tais como, comprar mais itens quando o estoque reduz-se a uma quantidade mínima;
- decisões extraordinárias, aquelas que requerem análise especial sobre ações a tomar, como adquirir outro veículo para entrega de produtos.

Em quaisquer dos casos, a decisão busca atingir resultados afinados aos objetivos e à missão da empresa.

Decisões trazem impactos de curto, médio e longo prazos, cujas dimensões precisam ser adequadamente julgadas. O fascinante método 10-10-10 criado por Suzy Welch [9] enfatiza que todas as decisões devem passar pelo crivo de análise que avalia seu impacto em 10 minutos, 10 meses e 10 anos. Método simples, porém eficaz, para aprimorar a qualidade de decisões.

Imagine-se uma situação na qual um executivo analisa a abertura, ou não, de uma nova filial. O impacto da decisão nos momentos iniciais está relacionado à pressão a que o executivo está submetido. Ao decidir favoravelmente, toda a engrenagem para a abertura da filial é colocada a girar, com alívio dos interessados e união dos envolvidos. O impacto provável em 10 meses corresponde a todo o trabalho de planejamento e implantação da filial, e das dificuldades inerentes. O impacto de longo prazo (10 anos) relaciona-se aos lucros e vantagens competitivas obtidos, desde que a decisão venha a se mostrar correta.

O impacto inicial, embora apresentado como de 10 minutos, pode durar dias, e está associado ao momento e à urgência da decisão. Deve ser bem avaliado para evitar precipitação, grande veneno em processos decisórios.

Quando as decisões envolvem o uso de computadores e sistemas, talvez o impacto de longo prazo deva ser avaliado em tempos mais curtos, como 2 ou 3 anos, períodos em que tecnologias atuais começam a ficar obsoletas e novas tecnologias já se tornam acessíveis.

Diversas outras técnicas foram desenvolvidas ao longo dos anos para auxiliar os processos de decisão. Via de regra, tais técnicas otimizam os processos e reduzem as chances de que decisões venham a ser tomadas por motivos emocionais. Evitam comparações imediatistas do tipo *caso atual X caso de ontem*, ou decisões dependentes de *insights*, que tomam por base a intuição.

Técnica EDAR

Uma técnica utilizada para obter boas decisões envolve distinguir três fases principais: entender a situação, decidir e agir para obter o resultado desejado. Ela está resumida no diagrama EDAR a seguir:

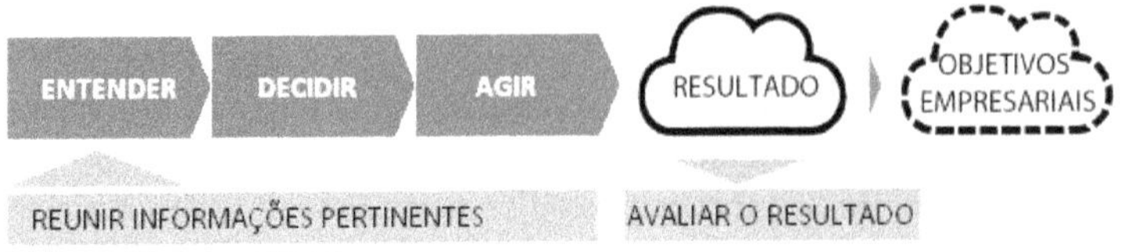

Figura 4 Diagrama EDAR

Entender a situação

O resultado que se pretende obter com as decisões tomadas é extremamente dependente da boa compreensão da situação atual, seja ela problema a ser resolvido ou melhoria desejada. Causas e motivos bem entendidos fundamentam intenções e objetivos certeiros. Em vista disso, avaliam-se o cenário atual e o que se deseja obter, com especial atenção na apreciação das potencialidades, deficiências, oportunidades e restrições.

A compreensão se faz pela representação de situações reais sob a forma de modelos. Para tanto, depende de análises, abstrações e simplificações realizadas a partir de ampla gama de informações, que têm origem em manuais, documentos, *expertise* de técnicos ou, nos dias de hoje, principalmente, em sistemas de informação.

O conhecimento necessário se amplia de forma incremental por meio de busca a informações que tragam sentido à situação. Constrói-se, gradualmente, de forma evolutiva e contínua; é criado interativa e iterativamente, pois, a cada informação recebida, o tomador de decisão reformula sua compreensão da situação e passa a buscar novas informações, até então não cogitadas.

Este processo construtivista de enriquecimento do conhecimento muitas vezes gera estresse na relação entre os gestores empresariais e os analistas de sistemas responsáveis pelos sistemas de informação. Uma situação típica ocorre quando o analista, após entregar ao gestor um relatório solicitado, é imediatamente demandado na criação de novo relatório, similar, embora com conteúdo bastante modificado. Ouve-se, algumas vezes, a popular frase *o usuário não sabe o que quer*. Acontecimento corriqueiro que se dá porque o gestor, ao ter estudado o relatório, evolui para novas necessidades. Com o propósito de reduzir este tipo de estresse tem-se caminhado em duas direções: (a) fazer saber a ambos, gestor e analista, que o processo de entendimento se dá de forma evolutiva e (b) disponibilizar sistemas de informação interativos, nos quais o usuário possa obter as informações diretamente nos formatos e agregações desejados, sem ocupar analistas nessa tarefa. Os sistemas com essa finalidade são conhecidos como sistemas de apoio à decisão ou sistemas de *Business Intelligence*, assunto tratado no capítulo IX.

A procura por informações para subsidiar o entendimento da situação é orientada pelos objetivos empresariais e requer que estes sejam explícitos e bem expostos.

Decidir

Decidir engloba definir um conjunto de alternativas de ação e escolher a mais apropriada delas, após ponderá-las com base nos prováveis resultados esperados. Exemplo:

- Alternativa 1. Reduzir o preço do produto em 10%, com custo total estimado em R$ 870.000,00.
  Resultado esperado: aumento do lucro em 3%.
- Alternativa 2. Manter o preço e aumentar a divulgação na TV, ao custo de R$ 1.000.000,00.
  Resultado esperado: aumento do lucro em 2,7%.

Obviamente, as alternativas nem sempre são tão claras e mutuamente excludentes, o que faz o resultado esperado ser de avaliação muito mais complexa.

A formulação das alternativas deve, forçosamente, levar em consideração o vínculo entre as variáveis envolvidas. Uma lanchonete que decida aumentar o preço de um de seus sanduíches pode causar redução na quantidade de consumidores e, consequentemente, encolher sua participação no mercado. Aquele que decide deve estudar a relação entre as variáveis e assumir eventuais riscos de fracasso.

É possível tomar decisões sem dispor de todas as informações necessárias? Para que haja sucesso em uma decisão, seria ideal que a situação abordada fosse integralmente compreendida, entretanto, o gestor empresarial não vive em um mundo ideal. Miguel Krigsner, fundador do Boticário, afirma, em entrevista [10], que o gestor precisa correr riscos, pois nunca dispõe de todas as respostas nos momentos em que é instado a tomar decisões. Na busca de minimizar esses riscos, é que se usam sistemas informatizados para apoio à decisão. São sistemas desenvolvidos com o intuito de aumentar a quantidade de informações disponíveis, reduzir o grau de incerteza e viabilizar melhores decisões.

É a adequação aos objetivos empresariais que permite atribuir valor às decisões, para indicar se são boas ou ruins. Dessa forma, boas decisões são as que atingem objetivos empresariais e não aquelas que se destinam a agradar chefes ou subordinados. A participação de fatores políticos ou emocionais frequentemente afeta negativamente a qualidade e a eficácia das decisões.

O momento da decisão é crucial para seu resultado: é preciso muito cuidado na escolha do momento certo em que será a tomada de decisão, sem demora ou impulsividade. Decisões tardias são, com frequência, ineficazes. Por outro lado, como diz o provérbio, *espere chegar até a ponte para então cruzar o rio*. Decisões adiantadas, precipitadas ou voluntariosas, antes do adequado entendimento, normalmente geram esforços inúteis ou desperdiçados. Decisões antecipadas ainda são maléficas por cristalizar e limitar o campo de análise, e ainda impedir o seu aperfeiçoamento. Veja-se o caso de um gerente de TI, de um restaurante, que deseja desenvolver uma solução de comandas com a utilização de *tablets*. Se ele, ao contratar um consultor especializado, declarar que a melhor solução é a de utilizar *tablets* do modelo iPad, provavelmente inibirá futuras ideias diferentes, eventualmente melhores.

É durante a fase de entendimento da situação que se estabelece o momento adequado para decidir.

Agir

Agir é realizar as opções escolhidas. Somente ações geram resultados. Pode-se passar longo tempo estudando e decidindo, mas, se não houver ações concretas, nada acontecerá. Deste modo, é preciso que as decisões tomadas sejam efetivamente acompanhadas das ações previstas.

É muito comum, no mundo empresarial, ouvir lamentos do tipo "*...mas nós já decidimos que iríamos comprar um novo sistema de controle*". Decisão estéril, pois não foi seguida da ação preconizada. É importante fazer o que é necessário (*dwin — do whatever is needed*) para cumprir o que foi decidido.

O fracasso de projetos muitas vezes tem origem na reinterpretação de decisões por pessoas que não estão cientes de todas as condicionantes examinadas no momento da tomada de decisão. Os técnicos responsáveis pelas ações devem executar o que foi previsto e, em caso de problemas, questionar os tomadores de decisão, mas, jamais reformular e mudar decisões tomadas. Não são as pessoas indicadas para tal.

Como consequência das ações, surgem os resultados. Tão melhores quanto mais as ações sejam alicerçadas por decisões criteriosas sobre situações bem compreendidas.

Avaliar o resultado

Nem sempre os resultados obtidos com as ações originadas em decisões empresariais coincidem exatamente com os resultados planejados. O desvio entre o planejado e o realizado orienta ações corretivas, ou futuras decisões. Muitas vezes, a evolução da empresa se dá por meio de correções de deficiências. Em tais casos, é importante realizar avaliações periódicas de resultados, para detectar obstáculos ou problemas.

Idealmente, os resultados devem ser avaliados tomando por referência os objetivos empresariais que, ao serem bem estabelecidos, embutem critérios de avaliação, e contêm, na medida do possível, indicadores quantitativos. Como o resultado apresentado pelos caixas eletrônicos bancários seria mais bem avaliado? Uma formulação de objetivos para bancos comerciais deve deixar claro o critério a ser usado: se pela quantidade de correntistas atendidos, ou se pela quantidade de saques e outras operações realizadas.

Passos para decisões empresariais

A literatura especializada apresenta várias fórmulas e técnicas para o apoio às atividades envolvidas na tomada de decisão. A técnica EDAR apresentada pode ser efetivada com os oito passos, listados na Figura 5, nos quais a TI vem ganhando papel preponderante.

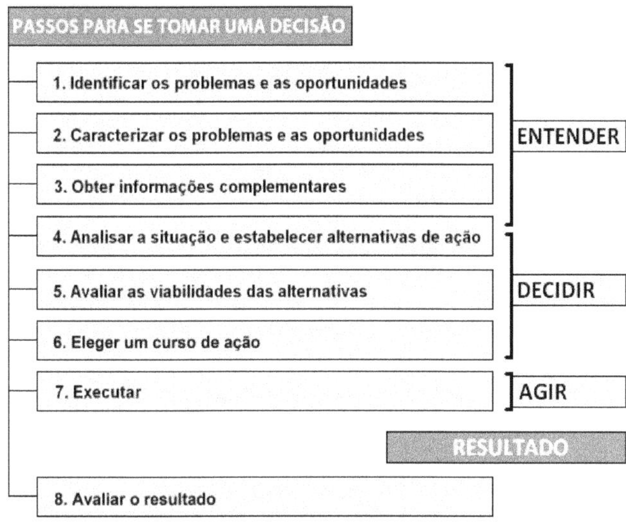

Figura 5 Passos para se tomar decisões

1. **Identificar os problemas e as oportunidades**

O Gerente Conectado, bem informado e antenado com os fatos e acontecimentos que se relacionam à empresa em que trabalha, detecta problemas internos ou externos que devem ser eliminados e também percebe oportunidades de novos negócios. A TI tem grande participação neste passo, ao representar, com relatórios e telas, as condições operacionais internas da empresa, e simplificar os processos de identificação de problemas.

O uso de programas colaborativos, tais como e-mails, bate-papos, fóruns e redes sociais, incentivam as possibilidades de participação e comunicação com empregados e fornecedores, conduzindo à descoberta de problemas e oportunidades.

2. **Caracterizar os problemas e as oportunidades**

É vital que haja descrição precisa da situação sobre a qual se deseja atuar, com a definição clara dos limites dos problemas ou oportunidades, e esclarecimento dos resultados esperados (as vantagens que se espera obter, os objetivos a atingir). Não bastam caracterizações genéricas, como "*há problemas de segurança no departamento de compras*"; é preciso muito maior especificidade: "*o sistema informatizado de apoio à área de compras permite que pessoas usem, indevidamente, por empréstimo, senhas de colegas*".

3. **Obter informações complementares**

Neste passo, são coletadas as informações necessárias para ampliar, ao máximo, o conhecimento que é requerido para tomar decisões. As informações podem se referir ao comportamento interno da empresa, como à quantidade de produtos fabricados por mês, o giro do estoque, a ociosidade do maquinário, e também à caracterização das informações externas, como modismos, estruturas de transporte para exportação, mudanças em impostos, novas demandas de clientes e grandes catástrofes. No mundo atual, os sistemas informatizados passaram a ser essenciais para a obtenção de informações internas e externas.

Aqui, além da coleta de informações efetua-se a sua estruturação: as informações são organizadas para representar o quadro de realidade, a situação sobre a qual a decisão irá operar.

4. **Analisar a situação e estabelecer alternativas de ação**
Com o conhecimento melhorado pelas informações coletadas, o Gerente Conectado utiliza método e inteligência para compreender o cenário em que vai atuar e, assim, estabelecer alternativas de ações para solucionar problemas existentes, ou alcançar objetivos. Alternativas que podem ser mutuamente excludentes ou complementares, como é o caso da opção entre a contratação de novos funcionários, a ampliação das horas-extras ou a terceirização.

Nessas atividades, é muito importante o uso de criatividade para provocar ações progressistas e inovadoras.

5. **Avaliar a viabilidade de cada alternativa**
As alternativas de soluções aventadas devem ser avaliadas e ponderadas, uma a uma, para que se escolha a mais conveniente. Analisam-se, de forma metódica e estruturada, benefícios e restrições internos e externos, e descartam-se eventuais alternativas que sejam inadequadas para o momento em estudo, se atual, de médio e de longo prazo, ou de combinação entre eles. É o caso do uso de horas-extras que pode — ou não — ser descartado, em função da quantidade exigida, ou dos impostos incidentes, a depender das circunstâncias empresariais.

6. **Eleger um curso de ação**
Em seguida, comparam-se as alternativas de ação viáveis e escolhe-se a que pareça a mais interessante, tendo em vista os riscos e os custos envolvidos em cada uma, bem como o resultado provável a obter.

7. **Executar**
Somente a realização das ações preconizadas nas decisões tomadas permite chegar ao resultado almejado. É apropriado agir e realizar as tarefas previstas, com atitude ativa e constância. Essas tarefas devem ser monitoradas, para que seus efeitos possam acontecer a tempo de viabilizar o resultado.

8. **Avaliar o resultado**
A solução obtida precisa ser minuciosamente examinada para garantir que atende ao previsto e se resolve, efetivamente, o problema que lhe deu origem.

Com a observação do resultado atingido com a implementação das ações, o Gerente Conectado calibra melhor as futuras decisões, ou intervém sobre a ação escolhida, para minimizar eventuais erros cometidos. Idealmente, a avaliação deverá basear-se em métricas quantitativas, além das qualitativas.

Dependência de informações

O processo de tomada de decisão é integralmente dependente da disponibilidade de informações sobre o ambiente externo da empresa e sobre o seu funcionamento interno. Quanto maior a quantidade e a qualidade dessas informações, mais bem aparelhado estará o gestor empresarial para decidir sobre ações e novos rumos.

O papel da TI, no âmbito empresarial, é o de atuar para que as decisões sejam mais bem fundamentadas, haja controle operacional mais efetivo, se amplie a produtividade e se estabeleça maior agilidade nos processos de comunicação. Para tanto, os investimentos em TI destinam-se a viabilizar a tramitação, o registro e a organização das informações empresariais, de forma que estejam disponíveis quando requeridas pelos processos de decisão e operação.

Origens e destinos das informações

As necessidades de informação na empresa não são homogêneas. Há departamentos que precisam não só de mais informações que outros, como também de informações específicas. Veja-se o caso do setor de cobrança de uma empresa que fatura o trabalho de seus técnicos. Ele necessita ser informado sobre a quantidade de horas trabalhadas e totalizadas para cada cliente. Já o setor de pagamento de pessoal requer as horas trabalhadas por regime de contrato (horas normais, horas extras, horas noturnas). Ambas as informações decorrem dos dados constantes nas fichas de controle de pontos dos empregados, mas agregadas, separadas e organizadas em formas distintas.

A eficiência operacional e gerencial da empresa fundamenta-se no conhecimento preciso das origens e dos usos das informações disponíveis e na organização de sua tramitação.

Arquitetura de informações

Chama-se de arquitetura de informações ao documento que contém mapa com:

(a) os pontos da empresa com necessidade de informações;
(b) os caminhos por onde elas trafegam;
(c) os locais que as geram.

A arquitetura de informações de uma empresa é resultado do entendimento sobre as reais necessidades de informação para a execução de procedimentos gerenciais ou operacionais. Ela engloba o conhecimento sobre fontes, processos geradores ou detentores de informações, sobre os processos em que elas são utilizadas e, ainda, sobre mecanismos de tramitação.

Na Figura 6, uma indústria sucroalcooleira é mostrada em duas perspectivas: (a) unidades operacionais organizadas em função do fluxo operativo da empresa e (b) unidades de gestão, normalmente espelhadas no organograma funcional. Os percursos dos materiais, matérias-primas, bagaço, álcool e açúcar entre os processos estão indicados pelas setas cheias. Boa parte das informações necessárias para gerir e operar a indústria podem ser obtidas nas unidades operacionais. A informação sobre a quantidade de energia gerada ao longo dos dias origina-se na unidade de Geração de Eletricidade e a informação sobre a disponibilidade de caminhões de transporte na unidade de Corte e Carregamento.

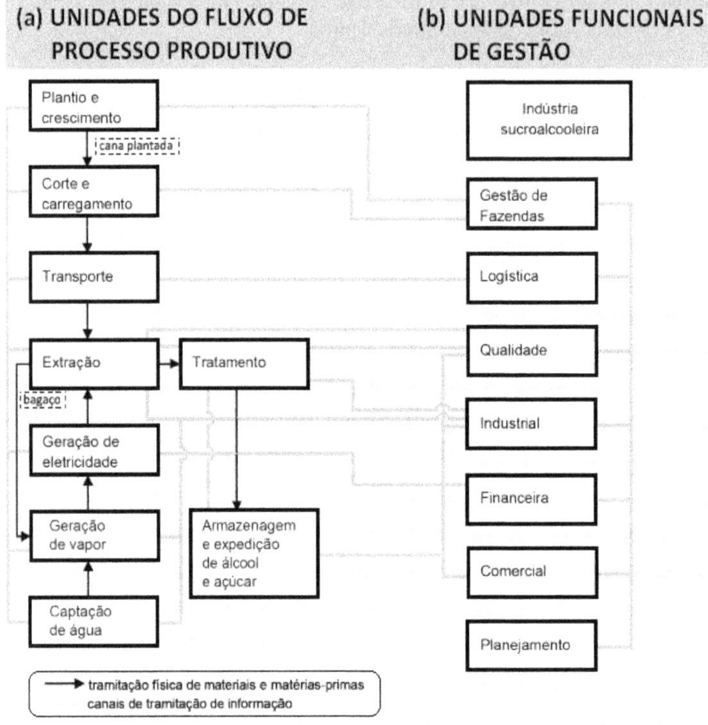

Figura 6 Diagrama simplificado com tramitação de informações em uma indústria sucroalcooleira

Tanto os órgãos de decisão, sejam diretorias e divisões, como, e principalmente, os processos operacionais, para que possam trabalhar, necessitam de informações que seguem, a partir de sua origem, caminhos próprios. Sua tramitação está indicada pelas linhas em cinza no diagrama.

Há, até mesmo, órgãos que utilizam informações sem nem mesmo participar do processo produtivo. É o caso da área comercial, que, embora demandante de informações, não trabalha diretamente com o fluxo de materiais da empresa, mas que, a partir de informações sobre as disponibilidades de produtos estocados, poderia ser, por hipótese, mais ou menos agressiva nas ações comerciais.

Tipicamente, as informações de caráter operacional circulam nas vizinhanças dos materiais físicos, próximas às atividades onde eles são usados. Já as informações de características gerenciais têm tramitação mais ampla, entre as áreas operacionais e as de gestão e direção.

Além de origens e destinos das informações, a arquitetura de informações fixa definições precisas de características e significados de cada aspecto delas. No caso, "*energia elétrica consumida pela empresa*" deve ter seu sentido explicitado: refere-se somente ao total de energia comprada das concessionárias, ou inclui, também, a energia gerada internamente com a queima de bagaço de cana ou painéis solares?

Definindo a arquitetura de informações da empresa

A construção da arquitetura de informações da empresa envolve quatro grandes passos:

1. avaliar as necessidades de informação;
2. determinar as fontes e origens;
3. caracterizar as informações;
4. registrar seus caminhos.

Passo 1. Inicia-se por avaliar as necessidades de informação da empresa, que surgem para cumprir objetivos ou realizar tarefas. Algumas demandas de informação em uma indústria:

Área	Necessidade de informação
Depósito de matéria-prima	• quanto comprar; • quanto manter; • onde armazenar (refrigerador, área seca, tambor pressurizado); • quanto entregar; • para quem entregar.
Chão de fábrica	• o que fabricar; • quanto fabricar; • quando fabricar; • como fabricar.
Contas a receber/cobrança	• quem cobrar; • quanto cobrar; • o que cobrar; • condições de cobrança; • valor do dólar para cobranças no exterior.
Planejamento de caixa	• disponibilidade de caixa; • estimativa de receitas; • estimativa de custos de viagens; • estimativa de recuperação de cobranças; • estimativa de pagamento a fornecedores; • estimativa de despesas e outras saídas.

Passo 2. O passo seguinte consiste em determinar quais serão as fontes adequadas para as informações requeridas e para evitar informações conflitantes.

Com frequência há mais de uma opção, e a preferência depende da origem mais confiável, da dificuldade de obtenção, do custo da informação e das particularidades de cada empresa. Uma agência de atores e modelos que precise estabelecer diárias de viagens para seu elenco pode encontrar os valores de passagens, hotéis, corridas de taxi e alimentação a partir de diversas fontes — *sites*, jornais e revistas especializadas. Para efeito de planejamento, ou para a operação no dia a dia, as fontes devem ser claramente identificadas, e podem ser diferentes para cada cidade destino.

Passo 3. Em seguida, caracteriza-se cada item de informação, incluindo formato, origem e frequência de coleta, com a explicitação precisa de seus significados. Assim, pode-se descrever "*o valor do dólar*" como "*o valor da taxa de venda do dólar comercial americano, na data do faturamento da mercadoria, com quatro casas decimais, obtido do* site *do Banco Central*".

Passo 4. Por último, registram-se os caminhos utilizados pelas informações no trânsito entre origem e destino. Os fluxos de informação partem dos pontos detentores ou geradores (origem) para os pontos que dela necessitam (destino), e tomam caminhos tecnicamente práticos, com vistas à eficiência e rapidez.

Como algumas informações estão registradas em documentos em papel, é bastante comum que um mesmo documento trafegue na empresa portando informações distintas para áreas diferentes. Em uma distribuidora de cosméticos, os pedidos dos clientes são utilizados por diversos departamentos; o de cobrança extrai deles os endereços para o envio da fatura; o departamento de entregas precisa de informações para separação e expedição de mercadorias. Assim, é tarefa indispensável o estabelecimento do fluxo de tramitação desses documentos.

A seguir, alguns documentos de uso frequente em empresas:

Área usuária	Documentos usados
Depósito de matéria-prima	• pedido de fornecimento; • manual de operação e estocagem; • catálogo de materiais, com seus códigos, especificações; • mapa de localização das matérias-primas no depósito.
Chão de fábrica	• plano de produção; • manuais de operação; • especificação de produtos; • calendário de feriados.
Contas a receber/cobrança	• pedido do cliente; • tabela de preços; • cadastro de clientes com endereços; • folha de ponto com horas trabalhadas por cliente.
Departamento de pessoal	• folha de ponto, com o horário trabalhado; • calendário de feriados.

Em função do uso da informática para o tráfego de dados e uma vez que, ultimamente, todas as áreas consultam os dados a partir de uma base de dados centralizada, as empresas estão dando muito maior ênfase à compreensão das necessidades de informações pelos processos. Antigamente, a ênfase recaia na formatação dos documentos e em sua tramitação, atividades que eram de responsabilidade dos analistas de organização e métodos.

As informações e os níveis de decisão empresariais

As decisões empresariais, por questões de eficiência, funcionalidade ou risco, são tomadas nos níveis hierárquicos, tradicionalmente chamados de estratégicos, gerenciais e operacionais (Figura 7). Cada profissional, a depender do nível que ocupa na empresa, toma decisões sobre assuntos ou problemas diversos. São decisões tão variadas como abertura de capital, contratação de empregados, melhor forma de arrumação de vitrines. A qualidade dessas decisões requer que os sistemas informatizados que lhes dão apoio estejam preparados para fornecer informações apropriadas a cada nível. Assim, não só tornam melhor todo o processo e evitam dúvidas nas decisões, como, também, ao reduzir a quantidade de pessoas com acesso aos dados, minimizam o risco de roubo de informações.

A determinação das informações destinadas a cada nível de decisão é tarefa árdua, conduzida pelos analistas de sistemas e pelos gestores empresariais, em conjunto. É imprescindível estabelecer, no mínimo, os responsáveis por cadastrar novos usuários dos sistemas de informação. Uma correta atribuição de autorizações de acesso aos dados evita inúmeros problemas com o seu uso e dificulta a modificação indevidos desses dados.

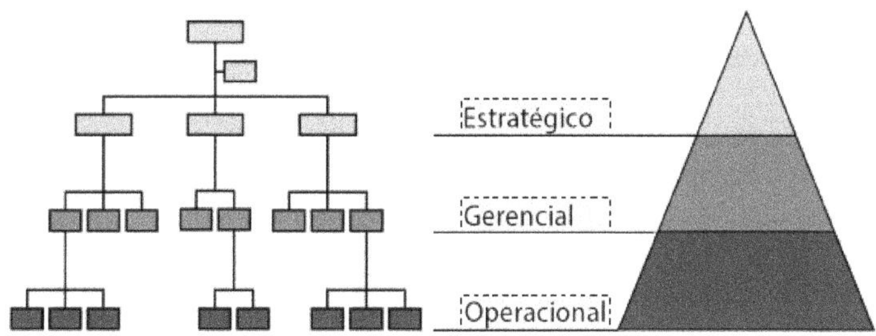

Figura 7 Níveis de decisão

A tomada de decisão requer entendimento preciso das condições atuais da empresa, de seus departamentos e setores, e depende de haver disponibilidade satisfatória de informações para cada um desses níveis de decisão.

Informações estratégicas

As decisões estratégicas, normalmente de responsabilidade dos proprietários, diretores e principais executivos, estão ligadas ao cumprimento dos objetivos empresariais e à determinação de novos rumos, tais como: abertura de filiais, novos produtos, nova imagem frente aos clientes, ampliação de fábricas. Decisões estratégicas produzem impacto de longo prazo e tratam da adaptação da empresa ao mercado atual ou ao previsto para os próximos anos.

Para subsidiar essas decisões, é necessário compreender corretamente:

- tendências do mercado comprador;
- disponibilidades de fornecedores;
- concorrência e outras ameaças;
- inovações tecnológicas;
- oportunidades de negócios;
- novos processo produtivos;
- limites de capacidade da empresa ou seja, as quantidades de itens que pode produzir ou de profissionais disponíveis.

Informações sobre estes temas devem estar presentes durante a tomada de decisões estratégicas. Redes varejistas, como a C&A, Lojas Marisa ou Renner, ao planejar a instalação de novas lojas, examinam atentamente, ainda, informações sobre a população da região e suas faixas de renda, a existência de lojas concorrentes e outras informações de caracterização do ambiente local.

Informações gerenciais

O pessoal que atua no nível gerencial, por outro lado, dedica-se a manter a operação da empresa no rumo preestabelecido e preocupa-se com sua eficiência geral. Para tanto, requer informações e dados que indiquem a conduta das áreas sob sua supervisão. Esses dados também são conhecidos como *indicadores de desempenho.* Alguns indicadores clássicos de informações gerenciais abrangem quantidades produzidas no último trimestre, índices de falta de pessoal, tempos médios de reposição de itens-chave e outros quantitativos que possam sintetizar o andamento de atividades operacionais.

O uso de indicadores de desempenho tem se desenvolvido muito com a TI, pois os computadores são extremamente eficientes para avaliar os milhares de dados constantes nos arquivos das empresas e sintetizá-los em quantidades e valores.

Com a análise dos indicadores, os gestores são alertados sobre as decisões que devem tomar para manter ou aprimorar o desempenho geral dos departamentos ou da empresa, tais como decisões sobre remanejamento de pessoal, seleção de fornecedores com preço mais atraente, substituição de transportadores de carga.

Administração por exceção

A localização e a avaliação do comportamento empresarial e a localização de problemas ficam simplificadas quando o Gerente Conectado utiliza a técnica chamada de administração por exceção [11] (APE). Com a técnica, ele determina faixas de variação toleráveis para os indicadores de desempenho e, assim, somente precisa focar sua atenção e tomar decisões, se ocorrer variação excessiva.

Para o monitoramento de atividades empresariais, são estabelecidos os limites máximo e mínimo toleráveis. O computador é, então, programado para realizar contagem periódica de produção e disparar alertas caso os limites sejam ultrapassados (Figura 8). Nestes eventos, avisos são enviados via *e-mail*, WhatsApp ou SMS, diretamente para o telefone celular do gerente responsável. Quando acionado, o gerente avalia detidamente a situação apontada, suas causas e consequências. Ela pode requerer, ou não, atitudes de correção.

O uso de indicadores de desempenho em conjunto com a APE libera gerentes e gestores para outras atividades, pois ficam confiantes em que serão acionados em caso de anormalidades. A Figura 9 mostra fluxograma descrevendo o funcionamento da APE.

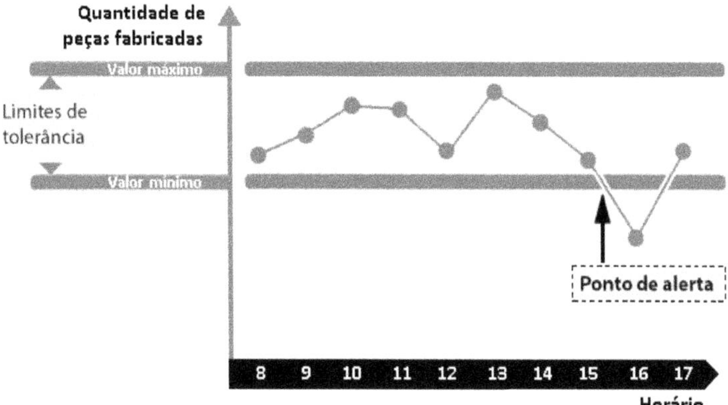

Figura 8 Evolução de indicador de desempenho e os limites de tolerância das variações

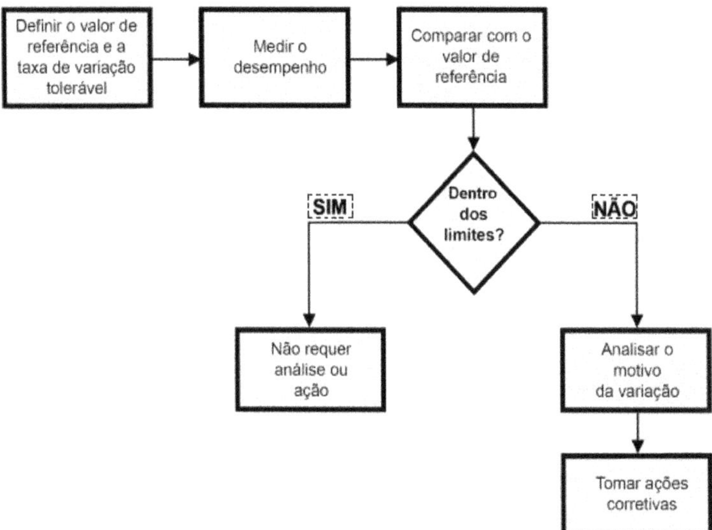

Figura 9 Fluxograma de atividades no uso de APE

Duas dificuldades na aplicação da APE se destacam:

- a determinação de quais serão as medidas (ou métricas) a utilizar como indicadoras de desempenho. Quantidade produzida ou quantidade despachada?
- a definição de valores de referência adequados. Quais devem ser os valores limites para o disparo de alertas? Devem ser utilizadas medidas de quantidade por hora ou por turno?

Os valores de referência a adotar podem ter origem na análise do comportamento histórico da medida ao longo do tempo (no último ano, por exemplo) ou basear-se na experiência de outras empresas. A utilização de critérios e padrões operacionais obtidos a partir de empresas julgadas mais eficientes, ou empresas modelo, denomina-se *benchmarking*.

Uma escola de inglês pode utilizar a referência de um concorrente renomado para determinar a quantidade de professores de que deveria dispor para a formação de um conjunto de 1.000 alunos-clientes.

Empresas com grande quantidade de lojas costumam se utilizar de *benchmarks* internos, ou seja, selecionam os indicadores de algumas lojas e os utilizam para avaliar o resultado de outras. Uma cadeia de lojas de *fast-food* poderia utilizar a quantidade de clientes atendidos por balconista, desconsideradas de diferenças regionais, culturais, de localização e outras que possam distorcer a avaliação de desempenho.

É importante que os indicadores para medir o desempenho dos diversos processos e departamentos sejam determinados de forma integrada, e não de forma independente. Consequentemente, apresentarão melhor correlação [12] e um excesso de medições será evitado, bem como medições superpostas e/ou, eventualmente, conflitantes.

Exemplos de indicadores de desempenho:

Área controlada	Indicador usado
Depósito de matéria-prima	• giro de estoque; • valor imobilizado dos itens armazenados; • área ocupada pelo depósito; • custo total de armazenagem; • perda de itens por motivo de validade vencida.
Chão de fábrica	• quantidades fabricadas por modelo; • quantidade de produtos rejeitados; • quantidade de acidentes; • quantidade de água/energia consumida; • volume e peso total dos rejeitos.
Setor de programação (TI)	• quantidade de programas codificados, por ano; • média de linhas de programas escritos, por programador; • pontualidade; • quantidade de erros detectados pelos clientes.
Contas a receber/cobrança	• quantidade de inadimplentes; • valor total pendente de cobrança; • tempo médio de cobrança; • tempo médio no atrasos de pagamentos.
Departamento de pessoal	• quantidade de faltas; • rotatividade de pessoal ou *turnover*.

A mera informatização do controle de indicadores de desempenho não é garantia de sucesso na gestão. É realmente importante que haja adequada interpretação de seus valores e significados. O indicador de "*duração média de pintura*" com o tempo de 12 minutos não significa "bom" ou "ruim" enquanto não for analisado por pessoas qualificadas e conhecedoras do contexto geral do indicador.

Informações operacionais

No nível operacional, trafegam informações que dão suporte às decisões tomadas durante a execução dos processos produtivos. São informações sem as quais o fluxo produtivo se interromperia. Correspondem a orientações, entre outras, sobre:

- quantidades de produtos a fabricar;
- formas de atender e anotar reclamações de clientes;
- tarefas que devem ser realizadas, como dobrar ou perfurar placas e costurar camisas;
- descrições dos processos e manuais de procedimentos operacionais.

Entre as várias fases dos processos produtivos, circulam matérias-primas, produtos, objetos de forma geral e, em paralelo, informações descritivas para suporte ao andamento da fabricação ou da prestação de serviços. Algumas vezes, as informações estão registradas em documentos e em sistemas informatizados, mas, em muitos casos, transitam de forma invisível, verbalmente entre colegas, ou, até mesmo, através de olhares.

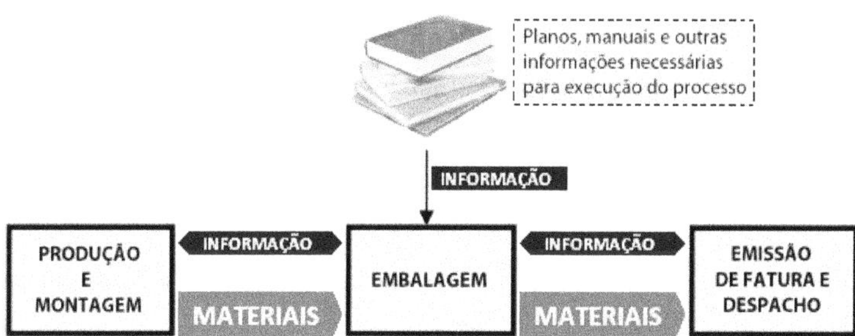

Figura 10 Intercâmbio de informações e movimentação de materiais entre processos

Entre processos operacionais circulam materiais e, simultaneamente, informações, as quais indicam que montagens foram completadas, produtos foram embalados, prazos foram cumpridos e demais mensagens para o bom andamento do processo produtivo (Figura 10). Também viajam informações dando conta de problemas, tais como solicitações para reposição de itens, reclamações sobre envio de produtos para embalar e pedidos de conserto de máquinas. Cada informação precisa ser adequadamente apreciada, de forma a orientar decisões operacionais.

Todos os processos operacionais requerem comandos sobre o que realizar, em que prazo, com que características, e instruções sobre os procedimentos para a execução das tarefas. As informações operacionais, se interrompidas, causam a quebra do processo produtivo, pois impedem decisões abalizadas. Na área de expedição de uma loja de vendas *online*, um embalador que não receba a informação sobre quantidade e tipo dos itens comprados pelos clientes, suspenderá seu trabalho, pois não poderá decidir o que colocar nas caixas.

Visão sistêmica

A expressão *empresário de visão* corresponde a um grande elogio atribuído àqueles que se destacam por sua capacidade de compreender toda a complexidade das situações e de propor novos caminhos. São pessoas que sabem avaliar todos os fatores componentes dos problemas e situações e, ainda, conseguem intervir neles de forma positiva.

Steve Jobs e Bill Gates, cada um à sua maneira, souberam avaliar os momentos e agir para obter sucesso. Steve Jobs soube aproveitar ideias, como a do *mouse* e a dos *tablets*, e lançar, no momento apropriado, produtos que revolucionaram o mundo. Os êxitos do Macintosh e do iPad, entre outros produtos da Apple, mostraram a agudeza de espírito de Jobs.

Na década de 70, Bill Gates, em conjunto com seu sócio, Paul Allen, imaginou a possibilidade de que cada mesa e cada casa pudessem, um dia, possuir um computador. A Microsoft foi criada para realizar essa visão, e ela está se tornando um fato.

Possuir visão global, ou visão sistêmica das situações não é habilidade limitada apenas às grandes personalidades do mundo, mas é essencial nos negócios mais simples. Os responsáveis pela gestão empresarial permanentemente avaliam implicações de todas as variáveis que afetam projetos, departamentos ou as próprias empresas.

Ter visão nos negócios requer, sem dúvida, astúcia e mente capaz, mas, também, a capacidade de saber estudar todos os aspectos dos momentos e situações, sem prejulgamento, discriminação, superstição e juízos preconcebidos. É preciso avaliar as circunstâncias em seu todo, sem parcialidade.

A célebre fábula dos indianos cegos e do elefante [13] (veja quadro) ilustra bem o problema das pessoas em formar visão integral, ou visão sistêmica, do mundo, o que também ocorre, em sua devida dimensão, nas empresas.

A parábola do elefante e dos cegos

Conta-se que na India, antigamente, havia três cegos que nunca tinham tido contato com um elefante. Um dia, um *vizir*, apiedado dos cegos, resolveu mostrar-lhes o animal. Chamou seu secretário e o instruiu: "Leve os cegos para o jardim e deixe-os observar, tocar, sentir nosso sagrado elefante para que possam percorrer suas vidas com mais sabedoria."
E assim foi feito.
O primeiro, ao aproximar-se do portentoso animal, deu de encontro com a enorme perna. Ao apalpá-la, concluiu: "Que extraordinário animal é este elefante: parece-se com uma árvore e facilmente pode suportar grande peso."
Foi chamado, então, o segundo cego, que pegou na presa de marfim, alongada e pontuda. Pensou consigo: " Oh! Grande *Ganesha*, este elefante se parece muito com uma lança."
O terceiro apanhou logo o agitado rabo e encantou-se: "Não há do que duvidar: o elefante é tal qual uma serpente".
Após terem conhecido o elefante, os cegos foram conduzidos à presença do *vizir*, que lhes perguntou: "O que acharam de nosso venerado elefante?"

Cada qual expôs sua opinião e, como eram todas conflitantes, entraram em grande desavença e debate, sem chegar a uma conclusão.
Cada um deles estava certo em parte, mas estavam todos errados!

A metáfora, e suas incontáveis variações, ensina que visões parciais dificultam a compreensão de um todo complexo. E que o ser humano, com suas limitações, por capricho, ideologia, ignorância ou conservadorismo, reage com má vontade às opiniões dos outros. Esse comportamento impede a ampliação do seu conhecimento.

Profissional de visão é aquele que não age como os cegos da fábula e procura construir, sempre, passo a passo, o entendimento mais completo, integrado e significativo do ambiente que o cerca. O uso dos conceitos de sistemas é excelente base teórica para desenvolver as formas de entender e avaliar situações e eventos do cotidiano. O capítulo III detalha diversos conceitos sobre os sistemas e suas características.

Questões relacionadas e de recapitulação

As questões marcadas com uma lâmpada possuem comentários ou dicas em seção colocada no final do livro.

Determinação de objetivos:
1. Qual pode ser, para uma academia de ginástica, um objetivo de informatização que siga as características SMART?
2. Quais são as vantagens de se estabelecer objetivos intermediários na busca de um objetivo final?
3. Supondo que os objetivos se estruturem hierarquicamente, crie exemplo de hierarquização para uma locadora de veículos, tomando por base o diagrama apresentado na Figura 3.

Tomada de decisão:
4. O que significam as iniciais do diagrama EDAR?
5. Cite situação, que você tenha presenciado, em que poderia ter sido utilizado o diagrama EDAR.
6. Localize, em seu dia a dia, ocasião na qual os gestores, em um momento de crise, agiram precipitadamente e não completaram uma fase antes de iniciar a seguinte, como é proposto pela técnica EDAR.
7. Cite exemplo que faça uso dos 8 passos para se tomar uma decisão; refira-se a uma loja de roupas.
8. Qual é a diferença entre o monitoramento de tarefas no passo 7, de execução, e a avaliação do resultado prevista no passo 8?

Origem e destino de informações:
9. O que é arquitetura de informações?
10. O setor de compras de uma loja de venda de mobília necessita saber os endereços dos fornecedores. Onde e como essas informações podem ficar registradas?
11. Como as informações sobre as características das matérias-primas são arquivadas, habitualmente, nas empresas? Qual é o nome usual do documento com esses dados?
12. Por que, hoje em dia, está se dando maior ênfase às necessidades de informações do que antigamente?
13. Quais são as necessidades de informações da área de cobrança/contas a receber? Como essas informações se materializam em documentos?
14. E quanto às informações necessárias para a área de contas a pagar aprovar cobranças dos fornecedores?

Níveis de decisão empresarial:

15. Quais poderiam ser os indicadores de desempenho para os departamentos:
a) de compras?
b) de estoques?
c) de pessoal?

16. Como funciona a técnica de administração denominada APE?

17. O total de frascos de perfumes produzidos num mês, por uma indústria, é informação operacional ou gerencial? Explique sua resposta.

18. A quantidade de frascos que deve ser entregue, hoje, na área de produção é informação operacional ou gerencial? Explique sua resposta.

19. Olhares podem transmitir informações operacionais em um supermercado? Explique como.

20. O preenchimento de cheques para pagamento de fornecedores é informação operacional ou gerencial? Explique.

- E a solicitação de compras de itens para reposição de estoque? Explique.
- E o controle de totais de tampas fabricadas na semana passada? Explique.

21. Localize, em uma universidade, exemplo de indicador de desempenho com o qual poderia ser realizado *benchmarking*.

22. Por que a preocupação com a produtividade da empresa é tipicamente preocupação gerencial e não preocupação mandatória dos diretores ou do corpo operacional?

23. Cite exemplos de informações estratégicas, gerenciais e operacionais em loja que comercializa sapatos femininos.

24. E exemplos para uma lanchonete de bairro.

Visão sistêmica:

25. O que é visão sistêmica?

Capítulo II
INFORMAÇÕES E DADOS

> *"Uma mente fechada é como um livro fechado, apenas um bloco de madeira."*
> Provérbio chinês.

Informação

O termo *informação* é usado, às vezes, para representar o produto final (um conhecimento adquirido ou a resposta a uma questão), e também empregado para representar os instrumentos que comunicam informação, como gráficos e artigos de jornais [14]. Este livro utiliza o termo informação com o primeiro significado, portanto, **informação é acréscimo de conhecimento, ou conhecimento novo**.

Assim, jornais e documentos apenas transportam elementos que transmitem informação; são canais e mecanismos de comunicação. A informação, consequência do entendimento, depende da maneira como leitura e análise dos conteúdos são feitas. É captada pelos leitores com variações, em maior ou menor grau, em função dos seus conhecimentos e interesses.

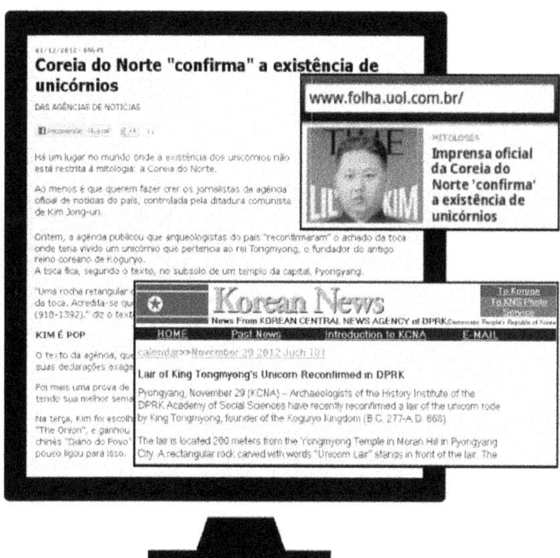

Figura 11 Notícia do *site* da Folha de São Paulo ecoando a agência Korea News sobre toca de unicórnios

A imprensa internacional noticiou, em 2012, que arqueólogos da Coreia do Norte anunciaram ter localizado uma toca onde teria vivido um unicórnio da época do rei Tongmyong (Figura 11). Já que informação é aquilo que se entende da leitura e interpretação da notícia, ela poderia tratar, de fato, de um erro técnico dos arqueólogos, de uma piada, de um uso religioso para ilusão do povo norte-coreano ou da efetiva localização da toca do ser mítico. Todas essas alternativas de interpretação são possíveis e dependem do público leitor, seja ele norte-coreano ou sul-americano, politizado ou alienado. O formato, o contexto, o viés de apresentação e o conhecimento dos destinatários é que estabelecem qual é, efetivamente, a informação transmitida. Da mesma forma, relatórios e documentos empresariais dependem dos contextos em que são avaliados, para que tenham eficácia na informação que se propõem transmitir.

A informação é um patrimônio intelectual, próprio de cada indivíduo, e é obtida através da análise, inspeção, observação e avaliação dos diversos estímulos (objetos, eventos, mensagens) recebidos pelo interessado (Figura 12). Como é fruto da compreensão que se dá ao mundo, e por ser eminentemente mental, existindo apenas no interior do cérebro, a informação de uma pessoa não pode ser medida com exatidão, e é apenas estimada. Isto fica claro na contratação de consultores e profissionais, cujo conhecimento real é apenas presumido, ao se tomar por base currículos, descrição de trabalhos anteriores ou indicações.

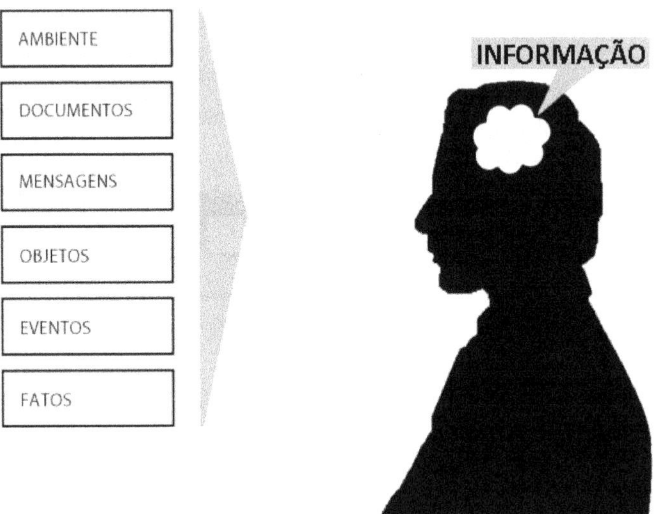

Figura 12 A informação é gerada no interior do cérebro a partir da análise de estímulos externos

Ao mesmo tempo, a informação não é estática, e o mesmo receptor interpretará mensagens e conteúdos de maneiras distintas, se tiver acesso a eles em outro momento ou numa segunda vez. O conteúdo de um currículo de um programador, ignorado hoje, poderá ser mais bem apreciado amanhã, em função de um novo projeto que eventualmente surja.

Já que envolvem entendimento e dependem de características e conhecimentos prévios dos interessados, constata-se que objetos, documentos, relatórios, gráficos, telas de programas não são informação, mas sim, possuem ingredientes para que os interessados possam extrair a informação que desejam obter, ou a que se desejou transmitir. Esses ingredientes são compostos por dados, conforme será visto em seção mais à frente.

Informação é redutora de incertezas

Diz-se que a informação reduz incertezas pois amplia a gama de conhecimentos do receptor: quanto menos dúvidas sobrarem depois de recebida a informação, melhor será sua qualidade. Isso fica evidente quando a informação proporciona maior clareza sobre as opções possíveis na tomada de uma decisão. Um aviso para um fornecedor sobre atraso de pagamento terá qualidade de informação tanto melhor, quanto maior for a riqueza de seus detalhes: motivo do atraso, previsão de pagamento, possibilidade de adiantamento parcial, responsável pelo pagamento e outros dados que simplifiquem eventuais decisões do fornecedor.

Consequentemente, todos os documentos utilizados no âmbito empresarial devem ser completos, o que não significa possuir excesso de conteúdo, sob risco de confundir ou sobrecarregar os destinatários.

Infobesidade

Em 1965, Alvin Toffler, autor do *bestseller* "O choque do futuro", cunhou a expressão *sobrecarga informacional*, para retratar o excesso de informações com que as pessoas têm que lidar no dia a dia. O neologismo infobesidade [15] surgiu para acentuar quão prejudicial é a quantidade de informações disponível, quando está além da capacidade de absorção. Além de prejudicar a concentração e a capacidade das pessoas em lidar com ideias mais complicadas, estima-se que a sobrecarga faz com que os empregados gastem até 15% de seu tempo na tarefa de procurar informações, com 50% delas sem resultado [16].

A infobesidade, ou sobrecarga de informação, é combatida com a substituição de informações em grande quantidade (*big data*) por informações no formato e na quantidade certa (*right data*) [17]. Os gestores não desejam mais receber relatórios sobre todos os movimentos e ações de seus empreendimentos; querem receber apenas relatórios sobre os assuntos que podem e devem examinar, para tomar decisões mais eficazes.

O mundo atravessa momento de banalização de informações, com excesso de entrega para pessoas que delas não necessitam. A sua profusão, vinda de diversas origens, não só interfere na capacidade de analisá-las, como também consome enorme tempo na simples tarefa de separar as úteis das inúteis. Torna-se, então, grande desafio para a Tecnologia da Informação organizar sistemas e processos que moldem e estruturem a informação, para permitir seu uso hábil. Analistas de sistemas e analistas de negócios são os profissionais capacitados para entender necessidades empresariais de informação e determinar processos para sua coleta, organização e distribuição eficientes, de forma informatizada ou não. Facilitam o entendimento de dados e informações.

Tipos de informação

Na esfera empresarial, a quantidade e a qualidade das informações dependem da complexidade das tarefas que as usam. A geração e a preparação da informação devem levar em conta o tipo e a dificuldade das tarefas a realizar, sejam científicas, tecnológicas, administrativas ou para estudos sociais. É preciso, ainda, que estejam adequadas às qualificações, exigências e demandas dos destinatários. Informações requeridas por médicos diferem, em formato e conteúdo, daquelas dirigidas aos recepcionistas do mesmo hospital.

As informações que os profissionais empregam para resolver problemas, buscar oportunidades ou avaliar situações pertencem às seguintes categorias [18]:

1. **Informações sobre o problema**. Descrevem estrutura, propriedades e requisitos do problema concreto. Por exemplo, para a criação de um novo controle de estoque de loja de roupas, as informações abrangeriam características das roupas, variedade de modelos, tipo de acondicionamento, organização do estoque, codificação usada, número de itens controlados. Normalmente, estão presentes no ambiente em que o problema ocorre;

2. **Informações sobre o domínio**. Consistem de fatos conhecidos, leis e teorias sobre as especialidades concernentes ao problema. No processo de gestão de estoques, incluiriam os modelos de cálculo de estoque mínimo e critérios de avaliação de itens estocados (preço médio ponderado, custo padrão ou outros). São informações por vezes científicas, algumas apenas obtidas em publicações técnicas e especializadas;

3. **Informações sobre a resolução do problema**. Envolvem técnicas para solucionar o problema, que descrevem como abordar e formular esse problema; quais informações sobre ele ou sobre o domínio serão usadas (e como). No controle de estoque, englobariam as formas de inventários, os processos de migração [19] e as alternativas de aquisição de sistemas existentes.

Busca e obtenção de informação para tomada de decisão

Uma grande parte da energia despendida na tomada de decisão envolve atividades relacionadas à obtenção de informações. As que estão de pronto disponíveis requerem análise e outras, adicionais, precisam de localização e coleta. Para se manter o foco e se obter decisões eficazes, é indispensável selecionar e delimitar as informações que vão embasá-las. Esse é um processo difícil, por ser fluido e variável, já que os meios de identificação de informação não são cartesianos e, a cada momento da análise, algumas informações se mostram desnecessárias e outras, complementares, se tornam essenciais.

Há, além do mais, informações vitais para a decisão que não são identificadas em momento algum. Dificuldade que é mais frequente em situações nas quais o problema não está completamente caracterizado.

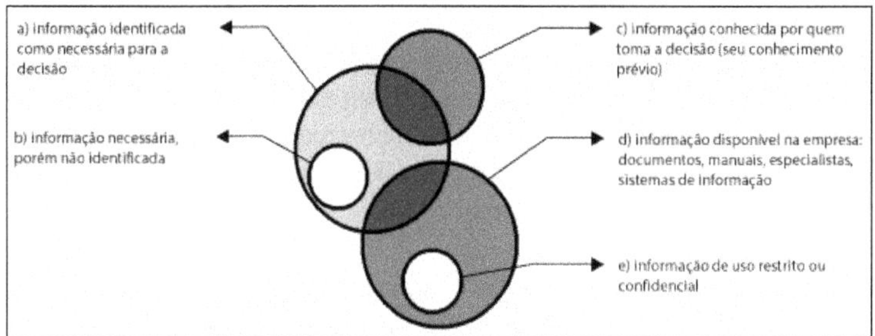

Figura 13 Necessidades e disponibilidades de informação para tomada de decisão

O diagrama da Figura 13 distingue diversas disponibilidades de informação relacionadas a uma determinada decisão. Há algumas informações requeridas para a decisão já identificadas (a). Entretanto, há outras que, embora importantes, não foram consideradas necessárias (b).

Parte das informações que serão usadas na decisão já é de conhecimento do responsável pela decisão (c); tem origem em sua formação escolar e em sua experiência como profissional ou como pessoa.

Muitas informações têm base no conhecimento distribuído na empresa, seja de seus sistemas de informação, documentos, relatórios, ou através de diálogo com outros profissionais (d). O acervo de conhecimento das organizações é muito mais amplo que o necessário para uma ou outra decisão a ser tomada. Uma das grandes complexidades empresariais é a localização das informações, dispersas em setores, departamentos e filiais. Grandes companhias procuram resolver essa dificuldade com o uso de métodos relacionados à disciplina denominada Gestão do Conhecimento (*Knowledge Management*), pela qual a localização de informações e conhecimentos é mapeada, e são estabelecidas políticas de incentivo para sua ampliação e conservação.

Há, ainda, uma fração das informações com circulação restrita ou confidencial (e). Se a decisão depender dessas informações, é recomendável obter autorizações e criar processos que garantam a manutenção da sua confidencialidade.

Do ponto de vista da TI, é importante que as informações necessárias para as decisões sejam claramente identificadas, de forma que sejam adequadamente fornecidas pelos sistemas de informação empresariais (pertencentes ao grupo d), com telas, relatórios, tabelas, gráficos ou mapas.

Dados representam informação

Dados são representações intencionais da informação, registrados em suporte físico, para sua transmissão [20]; são registros, lembretes ou anotações sobre eventos, fenômenos, conceitos, objetos e fatos, tais como os textos escritos em manuais, os conteúdos de arquivos magnéticos, as imagens impressas em *outdoors* e os mapas registrados nos equipamentos de GPS dos veículos.

Quando realiza um processo de comunicação, o emissor escolhe a informação que deseja transmitir, codifica-a sob o formato de *dados*, armazena-os ou envia-os para destinatários ou receptores. Um gerente, ao preparar convocação de participantes para uma reunião, codifica suas intenções em dados (os textos) e os registra na mensagem dos *e-mails* que remete.

O ambiente empresarial está repleto de dados que comunicam informações. Por exemplo, em uma nota fiscal, o "CNPJ" é um dado que se interpreta como o número do Cadastro Nacional de Pessoa Jurídica de quem emitiu a nota. Essa é a informação transmitida pelo dado. Em uma embalagem de um aquecedor, o dado 250W é prontamente interpretado como a informação da potência do aparelho.

Dados são códigos compostos por sinais e símbolos; seu significado — a informação — é deduzido a partir deles. Somente são compreendidos quando apoiados por referências e explicações adequadas, acompanhadas de procedimento formal de interpretação. Muitas vezes são agrupados com o propósito de facilitar seu entendimento.

Sempre se apresentam em meios físicos concretos, como documentos, formulários, relatórios impressos, telas de programas, cabos de rede. Logo, dados são entidades físicas, diferentemente da informação, que é abstrata e conceitual, resultado do pensamento.

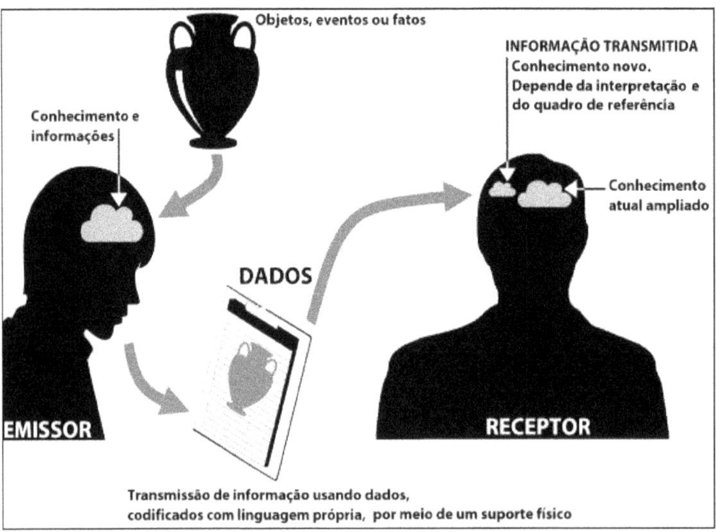

Figura 14 Processo de transmissão de informação através de dados

Na Figura 14, o Emissor dispõe de informação e conhecimento que tiveram origem em vasos gregos. A informação que deseja transmitir é selecionada e codificada em dados, neste caso, escritos sobre uma folha de papel. O receptor da informação, após ter acesso à folha e aos dados nela contidos, efetua a interpretação e recupera um conhecimento novo, ou informação, aproximado, mas não igual, ao conhecimento do emissor.

Durante o processo de interpretação participam: o conhecimento do receptor, o contexto, as regras de codificação e decodificação e a linguagem usada. De certo modo, todo o conhecimento do receptor é acumulado a partir de pequenos incrementos de informação, que são obtidos ao longo de sua vida.

Formatos dos dados

Dados se apresentam sob vários formatos, sempre adequados às características das informações que pretendem transmitir. A seguir, alguns formatos usuais de dados e informações que podem representar:

1. **números:** telefones, CNPJ, CPF, RG;
2. **quantidades:** total de itens a comprar, número de empregados;
3. **datas:** de nascimento, de compra;
4. **códigos:** placas de carros, senhas bancárias;
5. **palavras e frases escritas:** "inadimplente", "em falta no estoque", "percentagem de votos";
6. **palavras faladas, gritos e sussurros:** "Hiroshima", "meu amor";
7. **cores:** o verde e vermelho dos faróis ou sinais de trânsito;
8. **desenhos:** a placa de "proibido fumar";
9. **fotografias e imagens:** fotos da festa de aniversário do ano passado, imagens de assinaturas para verificação de autenticidade de cheques;
10. **sons:** sirenes de ambulâncias, apito do computador ao ligar, badalar de sinos;
11. **sinais eletrônicos/óticos:** gravações nos discos rígidos dos computadores e em DVDs.

Inicialmente, os sistemas informatizados trabalhavam apenas com informações codificadas sob o formato de números e letras. Com a evolução da multimídia, passaram a processar dados com praticamente todos os tipos e configurações.

Dados ou agrupamentos de dados se encontram distribuídos em incontáveis objetos nas empresas, tais como:

1. manuais de instrução;
2. folhetos de vendas;
3. telas de computador;
4. notas fiscais;
5. livros e artigos;
6. documentos, cartas, ofícios e relatórios;
7. gráficos;
8. rótulos de embalagens;
9. folhas de ponto;
10. ingressos;
11. etiquetas;
12. mostradores de instrumentos.

Cada um deles contém dados para transmitir informações específicas, algumas de entendimento óbvio, outras que requerem treinamento especial para interpretação. Dados constantes em relatórios de custos são, com frequência, somente compreendidos por especialistas no assunto.

Dados estão sempre em um suporte físico: em uma página de revista, no ar que carrega o som da fala, em uma placa de trânsito, em um DVD, no monitor de computador. Para que a informação se transmita, é indispensável que o receptor tenha acesso ao suporte físico. Somente no momento em que os dados da planilha surgirem no monitor do destinatário é que a informação poderá ser entendida.

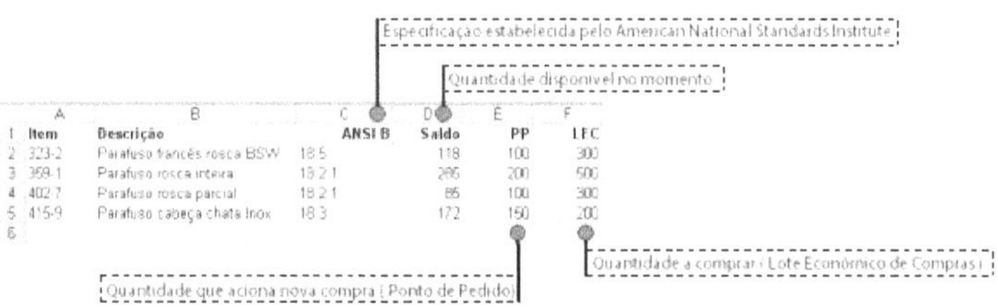

	A	B	C	D	E	F
1	**Item**	**Descrição**	**ANSI B**	**Saldo**	**PP**	**LEC**
2	323-2	Parafuso francês rosca BSW	18.5	118	100	300
3	359-1	Parafuso rosca inteira	18.2.1	285	200	500
4	402-7	Parafuso rosca parcial	18.2.1	85	100	300
5	415-9	Parafuso cabeça chata Inox	18.3	172	150	200
6						

Figura 15 Planilha com dados e as informações que representam

A Figura 15 mostra dados contidos em uma planilha eletrônica e as informações que se obtém deles, com a consulta, eventual, de outras fontes, como o manual explicativo sobre a própria planilha.

Figura 16 O que é isto?

Dados não são informação

É essencial distinguir a informação, ou mensagem que se quer transmitir, dos sinais usados para sua transmissão, ou dados. O célebre cachimbo pintado em 1929 por René Magritte (Figura 16, traduzida do francês) brinca com a tendência de confusão entre objetos reais e sua imagem [21].

Da mesma forma, alguns gestores e administradores confundem a realidade com sua representação em dados. É comum, embora indevido, ouvir-se frases como, "*Eu garanto que há 285 itens no estoque, pois estou vendo-os aqui em minha planilha*". Dados não são informação, apenas sua representação. Por este motivo, somente uma visita ao depósito, e contagem das peças, é que se pode confirmar a informação de que é real e efetiva a existência dos 285 itens. Sistemas de informação empenham-se em fazer com que seus dados espelhem situações reais, mas inconsistências e imprecisões são comuns.

Os mesmos dados, relatórios, imagens e figuras podem transmitir informações distintas, como consequência da interpretação que lhes for dada por receptores diferentes. Em uma multinacional, o mesmo dado divulgado, a variação positiva do valor do dólar em 0,5%, transforma-se em informação, vista como ótima notícia pelo gerente de exportação e péssima pelo responsável pela obtenção de empréstimos.

A Figura 17, criada pelo cartunista W. E. Hill em 1915, mostra uma mesma figura (dado) transmitindo, como informação, uma mulher velha, ou uma jovem, a depender da interpretação do leitor [um auxílio para ver ambas as mulheres está no fim do livro, na seção de Dicas].

A fisionomia enxergada depende das características psicológicas de quem a observa (no final do livro há dicas para compreender a imagem). Documentos e relatórios, pelo contrário, devem evitar ambiguidade na interpretação das informações, para evitar ruídos na comunicação e não causar atritos entre emissor e receptor. Um auditor de um banco comercial que redigisse, em seu relatório de vistoria, a frase "*Deparei-me, na agência do banco, com vários caixas-eletrônicos defeituosos e desligados*" deixaria dúvida sobre se havia alguns caixas sem defeito, mas que se encontravam desligados.

Figura 17 Minha esposa e minha sogra.

O valor da informação

A informação, disponível quando necessária, estruturada e precisa, é extremamente valorizada, pois é o principal ingrediente para a tomada de decisão.

Em geral, a importância da informação é atribuída a partir de sua expectativa em modificar o futuro. Atribui-se maior valor à informação que possibilite análise mais adequada da situação atual, permita obter melhores resultados com as ações decorrentes dessa análise e requeira menos trabalho adicional para produzir os efeitos ou o conhecimento desejados. Logo, para apoiar a reposição de itens em estoque, será de mais valia obter os totais de itens disponíveis, já calculados, do que toda a relação de entradas e saídas, a qual exigiria trabalho extra de totalização.

Pessoas preparadas são mais habilidosas para extrair ainda mais valor da informação, pois acrescentam eficiência aos seus afazeres e aos fluxos de informação que utilizam.

A informação, por ser produto do pensamento, só pode ter seu valor definido por aquele que a usa, uma vez que é ele quem avalia sua vantagem e o grau de ampliação de conhecimento obtido. Pessoas distintas podem atribuir graus variados de valor para a mesma informação, em função de suas múltiplas necessidades e expectativas. A informação sobre o aumento dos combustíveis pode ter grande valor para um gestor de transportes e quase nenhum valor para o de recursos humanos.

Fontes de informação

Informações são obtidas a partir de fontes ditas primárias ou secundárias.

Fontes primárias. As informações são obtidas a partir de fontes primárias, quando se *originam diretamente de situações, fatos e objetos do mundo real*, sem intermediários. O receptor tem acesso à fonte da informação, em primeira mão, e utiliza conhecimento e inteligência para entender a situação e extrair informações relevantes para suas necessidades (Figura 18a). É o caso de um operário de fábrica que presencia um acidente (fonte primária) e percebe que foi motivado pelo mau posicionamento do maquinário (informação obtida).

Embora a obtenção de informações diretamente de fontes primárias tenha a vantagem de permitir avaliação do contexto em que ocorrem, apresenta algumas desvantagens. Depende do humor, do ânimo e do temperamento do receptor. É, ainda, surpreendentemente difícil de ser obtida em cenários em que é muito grande a variedade ou quantidade de eventos a estudar, como nas análises de engarrafamentos nas grandes cidades, ou na avaliação de índices de audiência televisiva.

Fontes secundárias. Diz-se que as informações têm origem em fontes secundárias, quanto *baseadas em dados* produzidos anteriormente (Figura 18b) a partir de fontes primárias ou secundárias, e complementadas com impressões, análises, interpretações. Não raro, fontes secundárias apresentam conclusões.

Informações com origem em dados podem ser bastante ricas, quando estes são trabalhados e preparados por especialistas, que ampliam o conhecimento registrado. A consulta a relatórios de opinião de consumidores é mais completa e bem menos onerosa que a coleta de informações através de contato direto com todos os clientes. Por outro lado, o envolvimento emocional dos especialistas pode influenciar as informações que produzem, desfigurando-as.

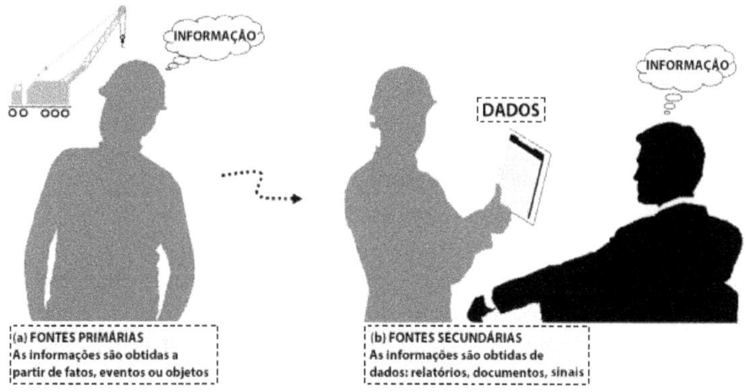

Figura 18 Informações têm origem em fontes primárias (a) e secundárias (b)

Agentes de trânsito, ao multar veículos, presenciam as infrações, desse modo obtêm informações de fontes primárias. Já os setores que julgam os recursos contra as multas trabalham com fontes secundárias: cópia do auto de infração, mapa com a sinalização de trânsito da cidade e outros documentos.

Um dos principais desafios dos sistemas informatizados é reproduzir, nos relatórios e telas — que são fontes secundárias —, situações e eventos reais, fielmente, sem ênfases ou manipulação.

Informação adequada ao nível de tomada de decisão

Com maior frequência, os profissionais de níveis gerenciais e estratégicos obtêm informações a partir de fontes secundárias, ou dados. Estes são, periodicamente, checados com os fatos reais, para eventual correção de dados imprecisos ou tendenciosos. O quantitativo de faltas de empregados e o total de produtos recebidos são alguns dados que precisam de permanente verificação para comprovação.

O nível operacional, ao contrário, é muito mais dependente de informações obtidas a partir de fontes primárias, dos próprios acontecimentos e diretamente de objetos. São situações concretas, tais como a visualização de falta de óleo em instrumentos e a percepção da insatisfação de clientes, que geram informações e orientam ajustes em ações e processos (Figura 19).

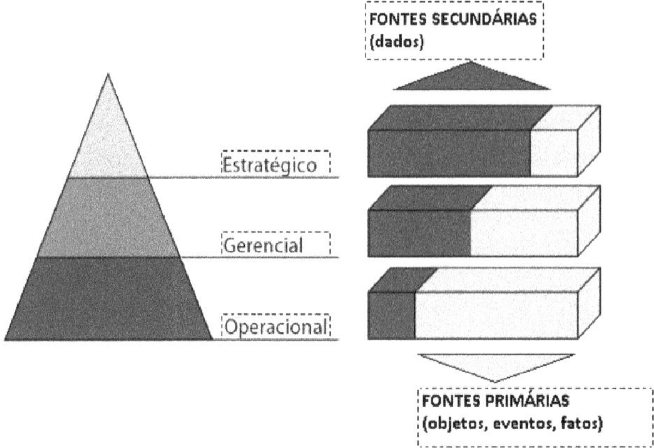

Figura 19 Participação das fontes de informações nos níveis de decisão

Como o uso de cada tipo de fonte, primária ou secundária, apresenta vantagens e desvantagens, a escolha mais adequada depende de análise caso a caso. Sistemas informatizados, uma vez que se baseiam em dados, são usados com mais ênfase em situações que privilegiam o uso de fontes secundárias.

Codificação de informação em dados

Uma informação, para ser transmitida, requer codificação em linguagem e vocabulário comuns entre emissor e receptor. A codificação se realiza com letras, números, sinais, imagens, sons e outras representações (Figura 20). Sinais de trânsito simbolizam, com dados (cores e formas), as informações destinadas aos condutores de veículos.

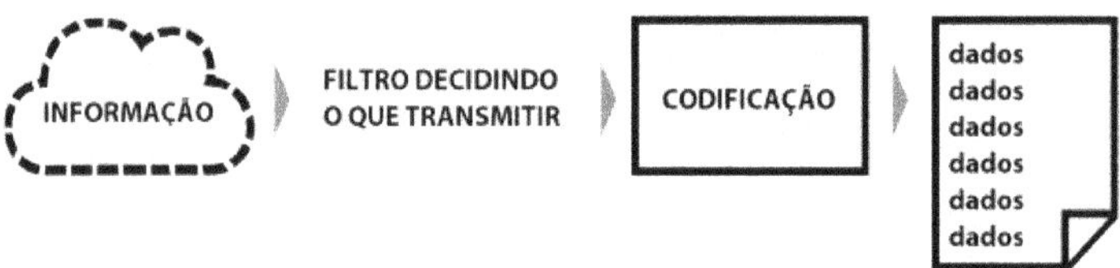

Figura 20 A informação é codificada em dados, registrados sobre suporte físico

Com o propósito de manter o máximo possível de informações registradas para eventual uso futuro, os sistemas informatizados codificam eventos empresariais (vendas, operações financeiras, pagamentos a fornecedores, problemas de entrega) em seus arquivos magnéticos. Por questões de eficiência, fazem uso de métodos baratos e padronizados. Analistas de sistemas são os responsáveis por criar e organizar os registros nos arquivos e, posteriormente, determinar quais informações serão mantidas neles. Esses registros, normalmente, apresentam-se aos usuários em formulários e telas, preenchidos com a descrição de eventos e objetos.

Qtd.	Código	Descrição do produto	Preço
1	78439458349	Chinelo de dedo	23,15
2	78493049304	Sapato grande	37,99

Total das compras: **61,14**

Data: 27/11/2013 Pago com: Dinheiro R$

Vendedor: Teodomiro Total Recebido: **61,14**

REGISTRAR COMPRA

px.42

Figura 21 Segmento de tela com formulário para digitação e registro de compras em loja

A Figura 21 ilustra tela para registro de transação [22] de compra. O evento é descrito nos dados que compõem o formulário, tais como data da compra, quem comprou, o que foi comprado, quem vendeu, qual o preço cobrado, qual o total pago, e outros dados com as circunstâncias da venda.

Perda de informação na codificação em dados

A transcrição de transações, objetos, eventos e fatos do mundo real em dados sempre causa perda de parte das informações existentes. No formulário da Figura 21, não há anotação da cor dos chinelos comprados e se houve, ou não, troco no pagamento. Essas porções da informação estarão perdidas após o registro na tela, e somente a memória do vendedor poderá recuperá-las.

Figura 22 Codificação de acidente real, em dados de relatórios, reduz a informação disponível

O acidente mostrado na fotografia da Figura 22, ocorrido em 1926, claramente teria perda de informação, se fosse registrado em um relatório de inspeção moderno. Nota-se isso ao se confrontar o relatório com a foto clicada no evento. A perda de informação na transcrição para dados causa dificuldades posteriormente, no momento em que os dados são usados para relembrar e recompor a situação original.

Há perda, também, se a equivalência entre a realidade e as opções para sua representação não for compatível, como na tentativa de descrever os estados civis em apenas quatro situações: solteiro, casado, divorciado e viúvo. A vida real é muito mais complexa.

Por envolver computadores, a Tecnologia da Informação, diferentemente das ciências humanas, utiliza processos mais formais e rígidos para codificação de informação e decodificação de dados. Emprega técnicas para minimizar falhas no uso de códigos, evitar entendimento inadequado de dados e, ainda, auxiliar na definição do conteúdo a ser guardado ou transmitido.

Para tanto, a TI tem desenvolvido, ao longo dos anos, mecanismos que melhoram a representação das informações em dados, reduzem as perdas durante as transcrições e, também, simplificam o trabalho de digitação pelos usuários. Com essas finalidades, cada vez mais se usam sensores automáticos, fotos de objetos e filmagens das transações. Em breve, comandos de voz provavelmente serão de uso generalizado e evitarão qualquer tipo de transcrição adicional.

Formas de apresentação

A maneira como os dados são formatados pode reduzir ou aumentar sua qualidade e utilidade. Uma vez que o meio de comunicação interfere na mensagem, ao veicular informações é muito importante selecionar o formato conveniente, como, por exemplo:

1. textos, narrativas, monografias, relatórios, manuais;
2. apresentações audiovisuais;
3. imagens e ilustrações;
4. sons;
5. tabelas;
6. gráficos;
7. *e-mails*;
8. torpedos SMS;
9. *show rooms* e feiras;
10. perfumes.

Pode parecer curioso imaginar que se usem perfumes como mecanismos de transmissão de informação, não obstante há redes de *fast-food* que utilizam *sachês* com odores de sanduíches para alertar sua presença aos clientes das proximidades das lojas. O mesmo acontece com lojas de velas artesanais.

A seleção da melhor alternativa de apresentação deve levar em conta o tipo de informação que se quer transmitir, as características e a disponibilidade do destinatário. Se forem escolhidas formas adequadas, a comunicação será mais eficiente. SMSs e WhatsApp são mais bem empregados para mensagens curtas e urgentes. O SMS foi a opção preferida pela Prefeitura do Rio de Janeiro para envio de aviso e alarme às áreas sob risco de chuvas fortes. Já *e-mails* permitem a inspeção do histórico daquilo que foi acordado pelas partes. Slides audiovisuais, por seu lado, permitem orientar a plateia para que acompanhe os raciocínios expostos pelo apresentador. A escolha da alternativa de veiculação exige considerar as finalidades e as particularidades das mensagens. Adicionalmente, deve considerar as características dos receptores, o tempo de que dispõem para analisar os dados e os instrumentos/programas exigidos para suporte à interpretação.

Certos gráficos dependem, para análise, de que o destinatário possua o programa Excel instalado em seu computador, por exemplo.

A própria estética de apresentação dos dados influencia, mesmo que subjetivamente, a mensagem transmitida. Assim, as formas de apresentação devem empenhar-se em promover clareza dos dados expostos e ter estética agradável. Se não houver arranjo organizado ou se a ordenação for confusa, normalmente, a qualidade das informações transmitidas é prejudicada.

Uso de gráficos.
No ambiente empresarial, o uso de gráficos é bastante difundido para a transmissão de informações, pois, além de permitir síntese de valores, ainda torna os relatórios mais atraentes. Seu uso, contudo, impõe que a mensagem oriente a seleção de formato e tipo (Figura 23), observando-se que gráficos mais simples são preferidos, pois têm compreensão mais fácil e rápida.

Figura 23 Tipos de gráficos para apresentação de informações (infográfico do Estadão PME)

As apresentações gráficas, com seus usos mais frequente, são:

- **gráfico de torta ou pizza**. Para apresentação percentual de itens sobre o conjunto total;
- **gráfico de linhas**. Usado na apresentação de evolução e tendências de valores e quantidades, geralmente referenciadas no tempo;
- **gráfico de barras ou colunas**. Escolhido no intuito de mostrar a relação entre valores, dando ênfase a diferenças quantitativas ou de grandeza.

Interpretação de dados

Para que os dados possam ser interpretados, é preciso estar em sintonia com eles, estudá-los e entender o contexto em que são utilizados. Durante o processo de análise da informação, o receptor cria em sua mente um *quadro de referência*, ou de contexto, que é composto por todo seu conhecimento prévio, necessidades, preconceitos e gostos. Somente após os dados sintonizarem com o quadro de referência é que serão interpretados e compreendidos, e captada a informação neles registrada (Figura 24). A frase "*caiu para 4,95*" passa a transmitir determinada informação quando interpretada à luz do contexto "*valor do dólar hoje*". Em outros contextos, a frase teria interpretação diferente.

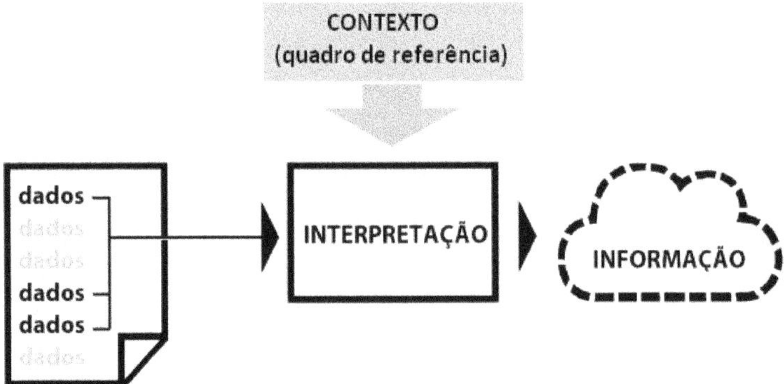

Figura 24 Dados passam por processos de seleção e interpretação para gerar informação

A interpretação de dados na obtenção de informação requer:

1. interesse em entender qual é a informação transmitida pelos dados;
2. qualificação técnica do receptor;
3. atenção adequada;
4. momento propício;
5. compreensão do contexto ou do quadro de referência;
6. uso da mesma linguagem e vocabulário pelo emissor e pelo receptor;
7. conhecimento de códigos de comunicação.

O ponto de vista do receptor e a intenção de uso da informação determinam a importância que será dada a cada dado e orientam o processo de interpretação. Os dados das etiquetas colocadas em roupas e vestimentas, com recomendações para sua limpeza, habitualmente são ignorados, exceto pelos responsáveis por sua lavagem (Figura 25). Essas pessoas, além de interessadas em compreendê-los, devem dispor de conhecimento dos códigos e símbolos utilizados, e conhecimentos complementares para entender o significado de *não usar alvejante*, por exemplo. Assim, embora a etiqueta contenha dados sobre a lavagem, a informação somente será captada por alguns interessados. É o mesmo caso do código "px.42" que aparece na tela da Figura 21. Ele é ignorado pela maioria dos usuários daquele programa, exceto por especialistas que compreendem seu significado.

Figura 25 Dados, em forma de ícones, utilizados em etiquetas de roupas

A participação do receptor na leitura de manuais de programas

É inadequado afirmar que determinado manual contém toda a informação necessária para operar um sistema informatizado. Na verdade, além do próprio manual, bem redigido e preparado, ainda é imperativo haver leitor preparado, interessado e sintonizado no assunto tratado. Isto explica a importância de conhecer bem o público a que se destina um manual, antes de redigi-lo.

Ocasionalmente, os receptores criam atitude defensiva na interpretação de dados. Relatórios extensos são famosos por inibir o interesse de gerentes, pondo a perder todo o conteúdo. A frase *fiz uma leitura diagonal do relatório* indica que foi lido apenas superficialmente. Não é por outro motivo que relatórios com grande número de páginas costumam apresentar um *resumo executivo* com a síntese dos principais pontos de interesse.

Figura 26 Detetive Charlie Chan com críticas a opiniões preconcebidas

A interpretação dos dados ainda exige do receptor tempo suficiente para que ela aconteça e, principalmente, que não haja ideias preconcebidas. As barreiras causadas por prejulgamentos limitam a capacidade de extrair o máximo de informação a partir de situações ou de dados disponíveis. No filme Charlie Chan no Egito (1935), dirigido por Louis King, o detetive chinês faz uma crítica aos preconceitos e às teorias preconcebidas que atrapalham o trabalho de investigação e o entendimento das informações que elucidam os crimes (Figura 26).

É conveniente que o Gerente Conectado esteja sempre aberto à assimilação de novos dados, pois sua expectativa interfere na maneira como serão interpretados. Veja-se a história de um chefe que participou de reunião em que foram feitas críticas ao sistema informatizado da empresa. Ele não as entendeu porque achava que o sistema atendia a todas as necessidades. Não era o caso, e o sistema continuou ineficiente.

O número mágico 5 +/- 2

As pessoas possuem diversas limitações em sua capacidade de compreensão, e isto, muitas vezes, afeta processos cognitivos e atrapalha a interpretação de dados, pontos que devem receber especial atenção no momento da preparação e da formatação dos dados.

Estudiosos [23] têm afirmado que o ser humano é capaz de administrar, memorizar e processar cerca de 5 situações de cada vez (veja quadro sobre o limite numérico de compreensão dos corvos [24]) e que, para quantidades maiores, é aconselhável realizar agrupamentos. Analistas de sistemas levam essas peculiaridades em conta no momento da criação de telas de computador ou de formulários; fazem projetos nos quais toda a informação seja realmente captada e entendida..

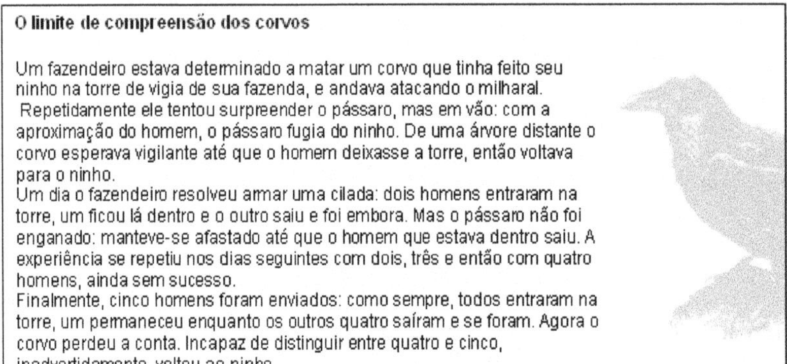

O limite de compreensão dos corvos

Um fazendeiro estava determinado a matar um corvo que tinha feito seu ninho na torre de vigia de sua fazenda, e andava atacando o milharal. Repetidamente ele tentou surpreender o pássaro, mas em vão: com a aproximação do homem, o pássaro fugia do ninho. De uma árvore distante o corvo esperava vigilante até que o homem deixasse a torre, então voltava para o ninho.
Um dia o fazendeiro resolveu armar uma cilada: dois homens entraram na torre, um ficou lá dentro e o outro saiu e foi embora. Mas o pássaro não foi enganado: manteve-se afastado até que o homem que estava dentro saiu. A experiência se repetiu nos dias seguintes com dois, três e então com quatro homens, ainda sem sucesso.
Finalmente, cinco homens foram enviados: como sempre, todos entraram na torre, um permaneceu enquanto os outros quatro saíram e se foram. Agora o corvo perdeu a conta. Incapaz de distinguir entre quatro e cinco, inadvertidamente, voltou ao ninho.

Quadro O Corvo

O conceito de limitar o volume de dados que devem analisados pelo usuário, agrupando-os, foi usado na tela de criação de novas contas de *e-mail* do Yahoo! (Figura 27).

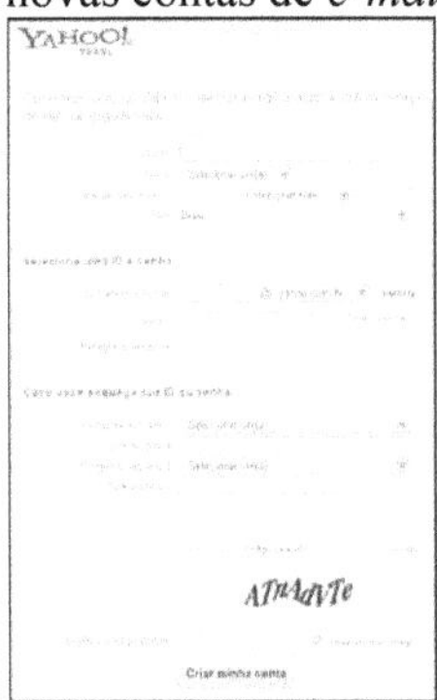

Figura 27 Tela do Yahoo! com agrupamentos de acordo com o limite de 5 +/- 2 dados

A interpretação depende do contexto.

Os mesmos dados podem veicular informações distintas, a depender do contexto utilizado durante a interpretação. É o assunto ou o tema que está sob consideração, que orienta o receptor, e o leva a uma compreensão mais ou menos apropriada.

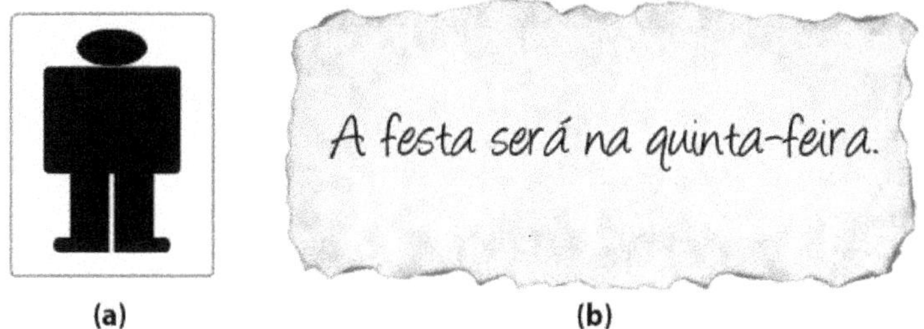

Figura 28 A interpretação de desenhos e frases (dados) dependem do contexto

O significado do desenho masculino da Figura 28a, pintado em uma porta, é completamente diferente daquele que possui quando colocado em sinal luminoso, junto à faixa de pedestres. Em função de hábitos culturais e conhecimentos prévios, a interpretação da imagem, no primeiro uso, leva à compreensão de que se trata de porta de banheiro masculino; no outro, que se trata de sinal de permissão para atravessar a rua.

Já os dados contidos na frase da Figura 28b se parecem com um pedaço de convite para festa. Mas, em outra conjuntura, durante uma guerra, um espião poderia descobrir um aviso, em código secreto, do dia da invasão.

Em resumo, uma vez que os mesmos dados podem transmitir informações bastante diferentes, requerem formatação ajustada para os momentos e contextos nos quais serão usados.

A interpretação depende do interesse.

O ponto de vista e o assunto tratado afetam a escolha dos símbolos/dados que serão utilizados na comunicação. Ao analisar os dados na busca pela informação, o público alvo, em função de seu interesse, destaca alguns pontos e descarta outros.

Sempre que o público a que se destinem as informações for muito amplo, é proveitoso incluir, além da informação essencial, dados explicativos ou de contexto, que gerem interesse e viabilizem a compreensão da mensagem transmitida. Dados de suporte, se considerados supérfluos, serão ignorados quase automaticamente.

Há alguns anos, a sociedade de radiodifusão alemã Deutsche Welle utilizou *homepage* destinada a público de múltiplas nacionalidades. Nela era possível entender algumas poucas palavras, e as demais, geralmente eram consideradas desimportantes e, praticamente, ignoradas (Figura 29). Mas os dados ignorados por uns são essenciais para outros. Leitores de língua hindi reconhecerão a escrita devanagari, mas verão os textos em alfabeto latino como desenhos irreconhecíveis e os ignorarão, ao contrário dos leitores de inglês ou português.

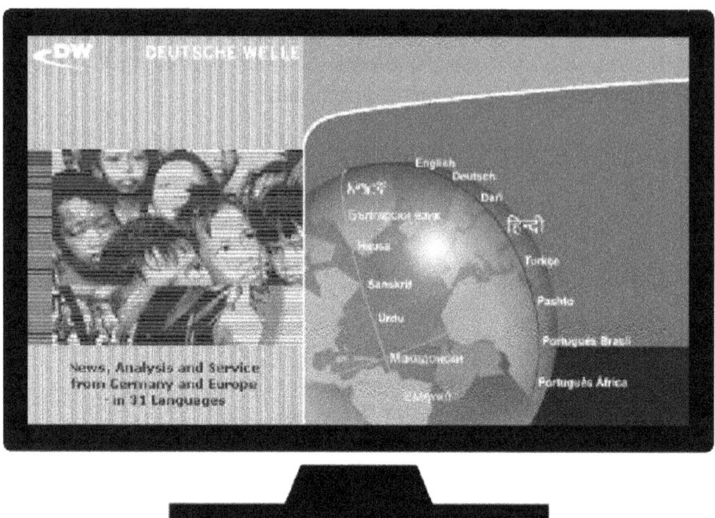

Figura 29 Antiga *homepage* da Deutsche Welle com relação de linguagens para escolha

Dados complementares apresentados em grande volume e desorganizadamente podem se transformar em ruídos e perturbar a compreensão dos dados principais. Problema muito comum em *sites* com excesso de propagandas, nos quais é difícil a leitura, e mesmo a localização dos dados procurados.

Qualidade dos dados e das informações

Muitos problemas empresariais são causados pela má interpretação dos dados existentes e não por sua ausência. Informação incorreta é pior que a falta de informação. A compreensão indevida de um dado pode gerar desde prejuízo do trabalho colaborativo e/ou ineficiência operacional até a discórdia entre empregados. Para evitar problemas como estes, as empresas investem cada vez mais energia em TI e sistemas de informação. São três os principais propósitos desses investimentos: (a) aumentar a velocidade com que as informações trafegam; (b) evitar perda de informações; e (c) melhorar a utilidade e qualidade dos dados e da informação.

Melhorar a qualidade é fazer com que as informações que se quer transmitir sejam recebidas a contento e atendam às necessidades dos destinatários. Em alguma medida, a qualidade das informações depende da qualidade dos dados que são usados em sua comunicação. Deste modo, os parâmetros usados para analisar a qualidade dos dados são os mesmos usados para analisar a qualidade da informação. Dentre estes parâmetros destacam-se os seguintes:

- **disponibilidade.** A informação deve estar disponível para as pessoas certas. A falta de informação pode acarretar em custos adicionais para as empresas. Por exemplo, deslocar-se até a Receita Federal e somente lá ser informado sobre novo horário de

atendimento para fornecimento de certidões pode trazer prejuízos aos contribuintes, em função do tempo que perdem.
Se tal informação estivesse publicada no *site* da Receita Federal, haveria menor desperdício de tempo e dinheiro;

- **confiabilidade.** A qualidade mais importante dos dados e informações é a garantia de que realmente reproduzem a realidade. Eles devem ser fidedignos e não forjados, falsos ou maquiados. Um jornal sério transmite maior confiança em suas notícias do que inconfidências ouvidas em elevadores. Ou seja, há distinta atribuição de confiança para dados, em função de sua origem.
Como contraexemplo, atente-se para o fato de que os dados apresentados nos balanços contábeis, embora pareçam confiáveis, algumas vezes são de má qualidade, pois não representam os lucros e perdas reais das empresas — talvez isto aconteça para evitar o pagamento de impostos elevados!

- **precisão.** Os dados necessários para a execução de tarefas dependem de graus diferentes de precisão: para se avaliar a compra de um veículo, pode-se pensar em valores com precisão de milhares de reais (ex. 58 mil reais). Em compensação, no momento de efetuar o pagamento e registrá-lo na contabilidade, a precisão de centavos é obrigatória (R$ 58.364,23);

- **oportunidade.** A informação deve estar disponível na hora certa. Um dado recebido tardiamente certamente não é de boa qualidade. No episódio do ataque contra Pearl Harbour, a declaração de guerra do governo japonês foi preparada para ser entregue à embaixada americana apenas 30 minutos antes do ataque, e assim, não dar tempo de reação aos americanos.
A obtenção dos dados com pontualidade e no momento conveniente é essencial para se obter informações de qualidade;

- **relevância.** Para que os dados tenham valor, é vital que seu destinatário lhes atribua importância. O resultado de pesquisas de opinião sobre as eleições norte-americanas é bastante importante para os cidadãos daquele país. Para os brasileiros, a relevância é quase nenhuma, exceto para especialistas e curiosos;

- **abrangência.** Dados de qualidade devem ter explicitados os limites que os envolvem. Por exemplo, dados sobre poder aquisitivo do Rio de Janeiro devem deixar claro que se referem à cidade do Rio de Janeiro, e não ao Grande Rio ou a todo o Estado. A depender das cidades que englobam, o significado dos dados terá conotação diferente.
A abrangência deve fixar também o período a que os dados/informações se referem, se são dados de determinado ano ou mês;

- **frequência.** Dados e informações apresentados aos diretores, gerentes e operários devem levar em conta a periodicidade com que são produzidos. Para um gerente, muitas vezes basta um relatório financeiro emitido mensalmente, mas, para o tesoureiro, o relatório dos saldos bancários é preparado diariamente;

- **clareza.** Os dados sobre um assunto devem estar destacados de outros conteúdos, para que sejam facilmente localizados e reconhecidos.
  Nas contas de luz, é comum que os dados institucionais, de faturamento, de cobrança e de consumo estejam separados de forma inequívoca, o que evita engano por quem as lê. A tela de criação de novas contas do Yahoo!, mostrada na Figura 27, faz uso de separação dos dados, para maior clareza;

- **ordem.** Toda apresentação de informações terá maior proveito se utilizar sequência de exposição adequada. Não é fácil determinar qual será a ordem mais interessante, pois dependerá do assunto e da necessidade do destinatário da informação. Relatórios podem apresentar receitas antes de despesas, regiões maiores antes das menores, itens mais importantes antes dos menos importantes, ou atividades mais urgentes antes das menos urgentes.

Existem inúmeros outros parâmetros com os quais se analisam a qualidade dos dados e informações, sendo o conjunto acima uma seleção dos mais frequentemente utilizados.

Qualidade dos dados em programas

A qualidade dos dados e informações também depende das funcionalidades dos programas de computador. Assim sendo, recebem atenção especial os seguintes outros critérios de avaliação de qualidade:

- **a exatidão dos significados dos dados.** Cada dado utilizado em telas ou relatórios deve permitir interpretação própria e específica. Se houver dúvida sobre qual é o seu sentido, a qualidade geral estará prejudicada. Uma tela que contenha o preço de um produto deve deixar claro se é o preço pago na compra do item ou o preço de venda;

- **autoexplicação.** As ações para executar processos informatizados devem ser evidentes, e, se não o forem, os programas devem apresentar orientações claras, sem exigir leituras de longos textos. Para que os usuários saibam quais são as etapas que devem cumprir em processos longos, é comum que os programas possuam telas com uma lista explícita de passos. O assistente de currículos do Microsoft Word apresenta uma sequência deles, mostrada na Figura 30;

- **interface visual objetiva.** Os programas devem evitar ao máximo a exigência de navegação por muitas telas antes de apresentar os dados desejados. Como regra, quanto menor o número de cliques de *mouse* para se obter uma informação, melhor é a estruturação do programa. O programa de busca Google é excelente aula de objetividade: basta um clique para visualizar a lista de páginas relacionadas. E, se uma das palavras procuradas tiver sido digitada incorretamente, o Google aponta o erro para conferência e lista os resultados com ele já corrigido. Assim procedendo, evita ações complementares do usuário;

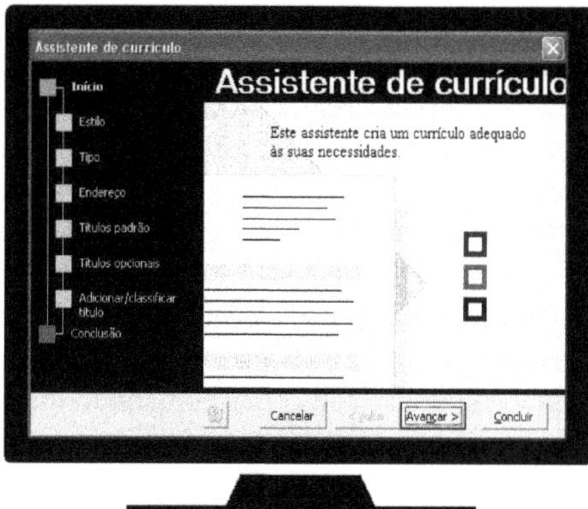

Figura 30 Tela do assistente de um antigo Microsoft Word com passos para se preparar um currículo

- **indicação clara dos erros detectados.** Os programas, ao apontar erros de preenchimento, devem informar as imprecisões encontradas e quais ações o usuário deve realizar para a correção. É muito comum programas apresentarem mensagens como "CPF inválido" sem explicitar se isto significa (a) que não foi encontrado registro com o CPF informado nos arquivos magnéticos; ou (b) que algum algarismo foi digitado incorretamente.

A criação de programas leva em conta diversos outros critérios, tendo em vista a importância de incentivar atuações proativas, ou mesmo, evitar rejeição pelos usuários. Por exemplo, *sites* decorados com cores que lembrem times de futebol adversários, ou com letras muito miúdas podem provocar, respectivamente, reações psicológicas e físicas indesejáveis. Temas como esses são apresentados nos cursos de graduação, em disciplinas como "desenvolvimento de interface homem-máquina", "desenvolvimento de interfaces gráficas para a WEB" e outras com títulos parecidos.

Questões relacionadas e de recapitulação

Informação e dados:

1. Qual é a diferença entre informação e dado?
2. Sir Francis Bacon (1561-1626) afirmou que conhecimento e poder são sinônimos. De que formas a informação pode se transformar em poder dentro do ambiente empresarial? Cite exemplos.
3. O que é infobesidade. Cite exemplo atual.
4. Cite exemplos de objetos, usados nas empresas, que possuam dados entre suas partes componentes. Justifique sua resposta.
5. As emissoras de televisão transmitem seus logotipos nos cantos das telas. São dados ou informações?
6. O que um gerente deve fazer para garantir que os dados que recebe, sob a forma de relatórios, são compatíveis com os fatos reais na empresa? 💡
7. A Figura 16 mostra um cachimbo. O que seu autor quis evidenciar com o quadro?

8. Ao se ouvir um apito de trem, qual seria o dado e qual seria a informação transmitida?
9. Na frase "João achou que os R$ 32.000,00 pedidos no anúncio eram demais por um carro naquele estado", o que é dado e o que é informação?
10. Cite exemplos de dados e fatos utilizados no nível operacional das empresas e também nos níveis gerencial e estratégico.
11. Um indicador de desempenho é dado ou informação?
12. Lanchonetes *fast-food* organizam sanduíches e refrigerantes em bandejas. Nas bandejas estão colocados objetos (toalha, copo, caixa de hambúrguer etc.). Alguns deles contêm dados. Cite 3 deles, com seus dados, e justifique sua resposta.
13. Cite uma situação na qual há perda de informação quando transcrita para dados.

Fontes de informação:
14. O que são fontes primárias e secundárias de informação? Quais são as vantagens e desvantagens de cada uma delas?

Codificação de informação em dados:
15. Por que relatórios com gráficos (torta, barra, linha) são mais comuns no nível gerencial das empresas e menos no nível operacional?
16. Por que há perda quando a informação é transformada em dados? Cite exemplos.
17. Qual gráfico (pizza, de barras, de linhas) seria mais adequado para:

- destacar as diferenças das quantias apuradas com a venda de 10 produtos, em um determinado mês?
- apresentar a participação de 3 ações em uma carteira de aplicações?
  Justifique sua resposta.

Interpretação de dados:
18. Quais são os principais requisitos para que uma informação seja bem compreendida pelo destinatário?
19. Que interferências podem atrapalhar a compreensão dos dados noticiados pelo rádio do carro?
20. O que é sumário executivo? Por que é usado em relatórios empresariais?
21. Explique o significado do número mágico 5+/-2. Dê um exemplo.
22. Um soldado e um general interpretam de maneira diferente uma batalha. Quais são as diferenças de interpretação?

Qualidade dos dados e da informação:
23. Para cada um dos parâmetros de qualidade de dados apresentados no texto, cite exemplos de uso em relatórios empresariais.
24. Cite situações de comunicação empresarial, em que seria mais adequado utilizar: (a) carta em papel; (b) SMS; e (c) *e-mail*.
25. Cite exemplo em que seja mais interessante obter informação a partir de fatos reais. Cite outro no qual seja melhor obter a informação a partir de dados.

Capítulo III
CONCEITOS DE SISTEMAS

> *"Quando comer um elefante, dê uma mordida de cada vez."*
> General Creighton Abrams.

O aumento da complexidade das tarefas e o consequente conhecimento incompleto sobre situações têm-se tornado cenário muito comum em empresas. No preenchimento das lacunas de conhecimento, o Gerente Conectado depara-se, frequentemente, com mais informação do que pode processar, e se vê importunado com informações que não solicitou e nem precisa, além de receber grande quantidade de informações heterogêneas ou contraditórias. Em consequência, ele e toda a alta administração encontram-se repetidamente sobrecarregados de informações. Impõe-se que aprendam a adotar uma abordagem sistêmica para o entendimento de situações e a organização das informações. O enfoque sistêmico propicia soluções mais acertadas para problemas e envolve:

- conhecer o todo pela análise de suas partes, da relação entre elas e de suas causas e efeitos;
- saber dividir o todo em partes sem, porém, perder a visão de conjunto;
- adotar mais de uma perspectiva de análise, com enfoque multidisciplinar;
- priorizar o objetivo a atingir e não o método usado para obtê-lo.

É preciso desenvolver estratégias de abstração para conviver com situações não totalmente compreendidas e buscar informações que completem, passo a passo, o mosaico da realidade (Figura 31).

Figura 31 Uma visão sistêmica é construída, passo a passo, complementando-se o conhecimento

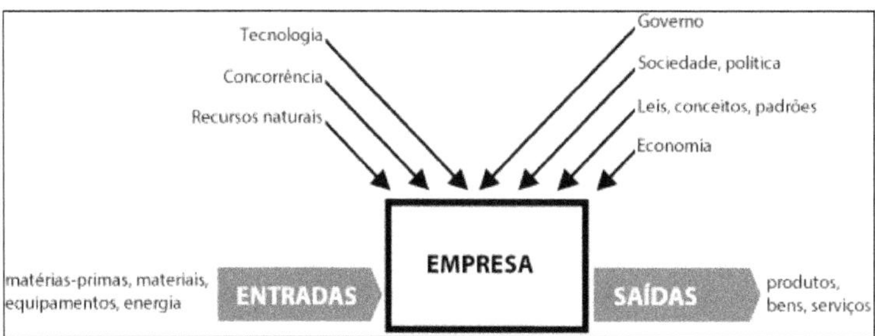

Figura 38 A empresa é um sistema aberto

A importância das relações com o exterior é tanta, que costuma receber acompanhamento direto por um responsável na estrutura hierárquica. Algumas hipóteses:

- clientes são atendidos pela área de vendas;
- fornecedores e a obtenção de matérias-primas são acompanhados pela área de compras;
- firmas concorrentes são observadas pela área de *marketing*;
- novidades sobre os novos modelos de computadores vendidos no mercado são pesquisadas pelo responsável pela área de TI;
- evoluções da legislação trabalhista são estudadas pelo gerente de recursos humanos, assessorado por advogados trabalhistas.

A existência de um responsável para o acompanhamento de cada canal de contato com o exterior torna qualquer companhia um sistema mais flexível, e faz com que responda mais rapidamente às modificações do ambiente.

Sistemas adaptáveis X sistemas não adaptáveis

O conceito de adaptabilidade refere-se à resposta dada pelo sistema às mudanças que ocorrem no ambiente em que está inserido. Um telefone celular que modifica a intensidade da luz de sua tela em função do ambiente é um sistema adaptável. Um determinado *tablet* que muda a orientação da imagem conforme posicionado na vertical ou na horizontal também é um sistema adaptável. É importante notar que a adaptabilidade refere-se a uma característica específica. Assim, o *tablet*, embora adaptável quanto à posição, às vezes não o é em relação à intensidade da luz ambiente.

Como regra geral, as grandes empresas têm muito mais dificuldade em se adaptar às transformações do ambiente que as pequenas, muito mais ágeis em perceber mudanças e fazer adequações para atender às exigências de mercado.

Preocupadas em melhorar sua adaptabilidade, as organizações, ao contratar um novo profissional, provavelmente procurarão alguém adaptável. Essa característica permitirá atribuir maior variedade de tarefas ao profissional, e simplificará as decisões futuras sobre seu aproveitamento: seu plano de carreira agregará mais alternativas de promoção.

Deste modo, a adaptabilidade é característica muito importante a ser levada em conta em todos os sistemas e situações.

Talvez a principal dificuldade encontrada para a formação de gestores seja desenvolver neles habilidades que permitam criar a visão sistêmica, ou integral, da empresa. A dificuldade talvez tenha origem no fato de a formação e experiência dos profissionais afetar suas avaliações quando em postos de comando. Gestores-engenheiros costumam enfatizar informações ligadas às técnicas; gestores formados em administração costumam destacar as decisões associadas aos recursos humanos e aos processos administrativos; aqueles com origem em operações de vendas priorizam *marketing* e comercialização. Assim, a história profissional dos gestores, embora extremamente importante, acaba por afetar sua forma de enxergar a empresa. Esses e outros fatores fazem com que ela seja compreendida com visão parcial e, algumas vezes, míope.

A Teoria de Sistemas, apresentada a seguir, é suporte teórico essencial para tornar gestores e administradores, homens de visão, e ampliar seus limites de percepção. Com ela, analisam mais profundamente as características dos problemas e das oportunidades com que se defrontam.

Os conceitos da Teoria são usados para desenvolver uma visão sistêmica, que propicia decisões mais bem embasadas e precisas. Aqueles que se utilizam dos conceitos de sistemas provavelmente serão menos surpreendidos por falhas, já que ficarão menos sujeitos a ignorar fatores importantes nas decisões que tomam.

Teoria de sistemas

Preocupado em entender os mecanismos de funcionamento dos organismos vivos, Ludwig von Bertalanffy, biólogo austríaco, deu forma, na década de 1940, a uma teoria que permitiu compreender sistemas complexos, não apenas pela análise de suas partes, mas também pelo entendimento das relações entre elas e com o ambiente. A Teoria Geral dos Sistemas, por ele criada, vem se aprimorando ao longo dos anos, e faz integração das várias ciências naturais e sociais. Nas palavras de Bertalanffy [25], a teoria tem como objeto a "*formulação de princípios válidos para os 'sistemas' em geral, quaisquer que sejam a natureza dos elementos que os compõem e as relações ou forças existentes entre eles.*"

Para o Gerente Conectado, o conhecimento de conceitos da Teoria simplifica, em muito, as tarefas de compreensão do funcionamento das empresas e a proposição de soluções que lhes resulte em aperfeiçoamento operacional, aumento do faturamento e do lucro. Com o emprego dos conceitos referentes aos sistemas, a elaboração de questões, a localização e a solução de dúvidas, a atribuição de importâncias e a determinação de prioridades simplificam-se.

O que é um sistema?

Diversas definições para o termo sistema estão disponíveis na literatura, quer se tratem de sistemas administrativos, sistemas financeiros, sistemas eletromecânicos, sistemas informatizados, sistemas de transporte. Este livro usa a seguinte definição:

"Sistema é um agrupamento de partes interligadas, cujo conjunto possui finalidade(s)"

Embora seja uma definição simples, abrange, de modo interessante, inúmeros objetos, fenômenos, procedimentos e outros aspectos pertencentes ao mundo real e, por consequência, ao ambiente de negócios. Criações humanas (carros, vestuário, clubes) e elementos das empresas (máquinas, empregados, técnicas, financiamentos) se organizam e interagem sob a forma de sistemas.

Os conceitos relacionados aos sistemas têm aplicação bastante difundida nas ciências biológicas e físicas, mas só recentemente receberam maior importância no apoio às operações administrativas e de gestão das organizações.

Criar o hábito de perceber os *objetos de estudo* [26], concretos ou abstratos, como sendo sistemas é extremamente enriquecedor, pois através dessa forma de pensamento, deles se consegue melhor compreensão e avaliação. Esses *objetos de estudo* podem ser, ou não, sistemas, a depender das respostas dadas às três questões do *checklist* da Figura 32. Se todas forem positivas, então se trata de um sistema. As respostas também auxiliam, de maneira regrada e minuciosa, a compreensão dos limites e conteúdos dos sistemas.

Exigências para Caracterização de Sistemas:

1 o objeto de estudo possui partes?

2 as partes estão interligadas e formam um conjunto integrado?

3 o conjunto possui finalidades? Quais são elas?

Figura 32 *Checklist* ECS para verificar se um evento, entidade ou situação é um sistema

O modelo, chamado de *Exigências para Caracterização de Sistemas* (ECS), estrutura os requisitos obrigatórios da definição de sistema, por meio de perguntas. O quadro a seguir exemplifica usos do *checklist* ECS na avaliação de eventos, situações e objetos cotidianos, concretos ou abstratos.

Exemplo 1: O sistema hospitalar municipal

Como seu nome já indica, é um sistema, pois:

1. possui partes: hospitais, leitos de enfermaria, médicos, enfermeiros, pacientes, ambulâncias, CTIs, remédios, planos de saúde, tratamentos de saúde, regulamentação legal, dentre incontáveis outras.
2. estas partes estão unidas, interligadas. Alguns vínculos possíveis:
   - os médicos interagem com os pacientes pois lhes receitam remédios;
   - os enfermeiros administram os remédios;
   - as ambulâncias transportam pacientes;
   - os planos de saúde pagam aos hospitais os gastos dos tratamentos prescritos;
3. o sistema hospitalar apresenta, entre outras, a finalidade de recuperar a saúde dos cidadãos do município a que pertencem.

Exemplo 2: Uma garrafa de vinho

Mesmo um objeto de uso cotidiano, como uma garrafa de vinho, também é um sistema pois:

1. possui partes: rolha, cobertura da rolha, garrafa de vidro, rótulo, marca, indicativo da safra e conteúdo (o próprio vinho).
2. as partes estão adequadamente conectadas, ligadas:
   - a rolha tampa a garrafa;
   - a cobertura protege a tampa de sujeira no transporte;
   - o rótulo é colado em uma posição padrão ao lado da garrafa;
   - a safra e a marca estão impressas no rótulo;
3. o sistema "garrafa de vinho" possui várias finalidades, como: permitir o transporte do líquido, simplificar o serviço à mesa e ser agradável ao olhar para induzir sua venda.

No caso de alguém colar, erroneamente, um rótulo de cerveja na garrafa, então não se terá nem uma garrafa de vinho, nem uma garrafa de cerveja. Não será o sistema "garrafa de vinho", mas um produto com defeito.

Exemplo 3: Um *site* de vendas pela Internet

Sites de Internet são exemplos clássicos de sistemas, como se observa:

1. possuem partes: telas de introdução e de informação, telas com a relação de produtos, telas com formulários para preenchimento dos dados sobre o pedido, o cliente e a entrega;
2. estas partes estão interligadas. Algumas ligações possíveis: um botão chama a tela de informações; outro chama a tela de dados de entrega; a tela de solicitação de dados de pagamentos apresenta-se na sequência da tela de dados do comprador;
3. a finalidade do sistema "*site* de Internet" é vender CDs, DVDs, roupas, ou outros produtos para o quais tenha sido criado.

Exemplo 4: Uma padaria

Com o uso do *checklist* ECS é possível verificar que uma determinada padaria é também um sistema, pois:

1. possui inúmeras partes: balcão, cesta de pães, padeiro, vitrine de frios, fornos, balconista, pães, farinha, caixas de leite, presunto, queijo, caixa registradora, ventilador de teto;
2. estas partes estão ligadas. O padeiro opera o forno, o balconista serve os produtos aos clientes, a farinha é usada na confecção dos pães.
3. as finalidades do sistema "padaria" podem ser: vender pães e outros produtos para os moradores do bairro, e também dar lucro para seu proprietário.

Exigência 1: Sistemas são constituídos de partes

Todo sistema é composto por, pelo menos, duas partes componentes. Enumerar suas partes é aparentemente simples, mas, ao se buscar uma listagem completa, surgem inúmeras dificuldades, causadas principalmente pela falta de atenção ou por esquecimentos, já que, muitas vezes, as listas são extensas. Tome-se o exemplo da padaria mencionada. Que outros itens poderiam ser acrescentados à lista de suas partes? É possível incluir: o frango vendido aos domingos, os tíquetes de venda, a contabilidade, a conta bancária, o talão de vendas fiado e centenas de outros. É imprescindível atentar para o fato de que nenhum item pode ser visto, de início, como pouco importante, e ser ignorado. Para o fisco, o tíquete de venda é, por certo, mais importante que o próprio pão vendido; para um determinado freguês domingueiro, somente importa o frango, pois não compra pão nessa padaria. Apenas a análise, item a item, é que permite atribuir-lhes a devida importância.

A lista de partes de um sistema, embora extensa, deve ser integralmente conhecida pelo Gerente Conectado, posto que todos e cada um dos itens requerem atenção, análise e entendimento de seus manejos específicos. No caso da padaria, o item "frango" origina tarefas importantes, como comprar o frango, definir-lhe o preço de venda, providenciar para que seja assado na hora certa, atender os fregueses durante a venda, cobrar adequadamente. Raciocínio semelhante é utilizado para o item "pão".

Todas as pessoas sempre enfatizam algumas das partes dos sistemas que investigam: ao estudar o sistema circulatório, um aluno que tenha problemas de circulação dará maior atenção às artérias e veias; uma aluna, cujo pai tenha tido um enfarte, dedicará ao coração maior importância. Esse destaque diferenciado dificulta a compreensão, pois o observador usualmente é induzido a conclusões parciais, em virtude dos seus interesses ou daqueles que lhes apresentam e explicam os sistemas.

Para reduzir a parcialidade na avaliação, é essencial que os profissionais estejam atentos e tenham como hábito consultar mais de uma fonte de informação — relatórios, livros, manuais, técnicos especialistas, fornecedores, Google, Bing, ChatGPT — e, assim, certificar-se da adequação das partes a considerar nos sistemas.

Exigência 2: As partes do sistemas devem estar interligadas

Para que se tenha um sistema, é obrigatório que suas partes componentes estejam unidas e interligadas a alguma(s) das demais partes. Por interligadas entenda-se: conectadas, integradas, acopladas, relacionadas, vinculadas, ligadas. Há ligações físicas, como uma nota fiscal que se conectado ao seu talão, ou abstratas, conceituais, como a relação que existe entre uma nota fiscal e as regras legais para sua emissão.

A determinação das interligações é, com frequência, muito difícil. Nas empresas, os analistas de sistemas são profissionais especializados na busca dessas conexões, e isto explica porque formulam tantas perguntas, nas entrevistas que realizam.

Nenhuma das partes de um sistema pode estar desligada, solta, sem relacionar-se com pelo menos algum elemento ou conjunto de elementos do sistema, uma vez que as partes não ligadas a alguma das demais não pertencem a ele.

A Figura 33 mostra as muitas partes concretas de um iPhone. A ligação entre elas é estabelecida por condicionantes eletrônicas e ergométricas. Os encaixes propiciam, ao mesmo tempo, funcionalidade e minimização do espaço ocupado. O sistema iPhone ainda é constituído por partes abstratas, os programas instalados.

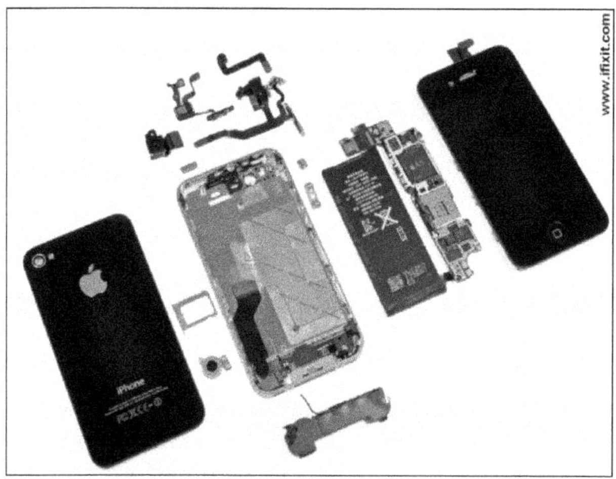

Figura 33 Um telefone iPhone é um sistemas compostos por grande quantidade de partes

Exigência 3: Todo sistema possui finalidade(s)
Sistemas possuem uma ou mais finalidades, ou objetivos. São essas finalidades que definem quais devam ser suas partes e ligações. Os componentes esperados de uma faca dependem de sua finalidade, se usada como faca de cozinha, como arma branca ou, ainda, com ambas as finalidades.

Os principais objetivos dos sistemas muitas vezes são óbvios. Já, muitos objetivos secundários ou colaterais requerem esforços para ser detectados e explicitados. Uma faca pode ter o objetivo de cortar frangos ou apenas para servir de decoração em uma parede. No contexto econômico, uma lei de restrição de importação pode ter o fim declarado de fortalecer a indústria nacional, mas pode, secundariamente, visar conter a alta do dólar.

Um determinado computador instalado na recepção de uma companhia nitidamente serve para auxiliar o trabalho do recepcionista. Pode também, ter a finalidade de funcionar como central de impressão, ou demonstrar que a empresa é muito moderna. Conforme os objetivos, terá uma ou outras partes componentes. Para demonstrar modernidade, é mais impactante possuir monitor grande e moderno; para atuar como central de impressão deve dispor de impressora robusta.

Somente com o conhecimento das finalidades de um sistema é que se pode avaliar a relevância de suas partes e conexões. A importância da impressora do exemplo acima se subordina ao uso que lhe é dado, se para mero apoio ao recepcionista ou para toda a carga de impressão.

Representação esquemática dos sistemas
É costume representar os sistemas de forma esquemática, por meio de diagramas com círculos representando partes e linhas represesntando as ligações, conexões, ou as relações entre as partes, como o mostrado na Figura 34.

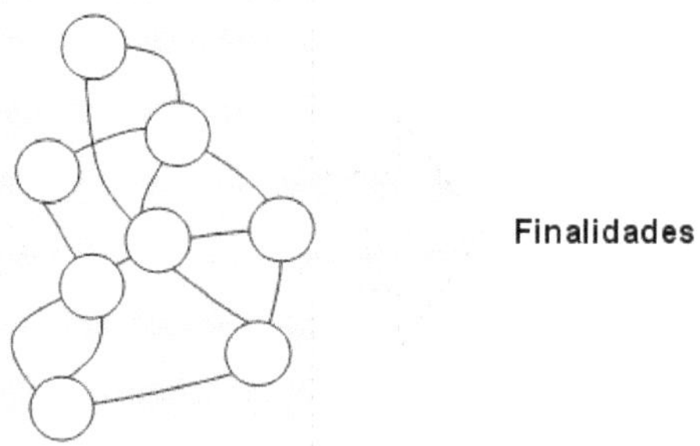

Figura 34 Representação esquemática de um sistema (partes interligadas para atingir finalidades)

Abrangência dos sistemas

Um sistema é delimitado por fronteiras, físicas ou abstratas, que o separam do ambiente em que atua, cujos elementos externos, ao se modificar, influenciam-no.

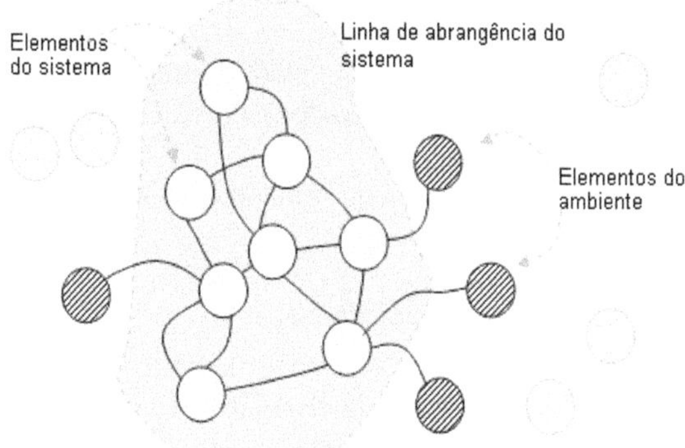

Figura 35 A linha de abrangência envolve todos os elementos de um sistema

A linha conceitual que distingue os elementos que compõem o sistema dos elementos externos é denominada de "*linha de abrangência do sistema*" (Figura 35). No interior estão seus elementos componentes. Ela pode ser definida explicitamente, ou de forma subentendida, baseada na tradição, no bom senso ou em acordos prévios.

Uma impressora é um sistema cuja abrangência pode incluir mais ou menos partes, em função dos interesses de seu fabricante. Assim, as lojas podem não vender junto com a impressora o cabo que a liga ao micro. Porém, alguns clientes, por suas necessidades, supõem que o cabo de ligação seja parte integrante da impressora. A fim de evitar mal-entendidos, tornou-se hábito que os fabricantes façam esclarecimentos formais e listem, nas embalagens das impressoras, as partes incluídas.

A determinação clara da abrangência do sistema é desejável para evitar confusões, desentendimentos e falhas em procedimentos empresariais. Um supervisor que comande "*leve a impressora para o 3º andar*" indica que o cabo impressora-micro deve, ou não, acompanhar a impressora?

No dia a dia, a delimitação da abrangência dos sistemas é trabalho árduo e requer empenho. Ao convocar empregados para uma reunião, o Gerente Conectado deve definir, previamente, quais os departamentos que serão afetados pelos assuntos a tratar, ou seja, qual é a abrangência dos sistemas que serão tratados.

Elementos externos que não afetam nem se relacionam com elementos do sistema não fazem parte do seu ambiente e são irrelevantes para seu funcionamento.

Abrangência de controle

Nas empresas, muitos de seus sistemas costumam ter sua abrangência definida pelo grau de controle que se tem sobre suas partes: profissionais, salas, mobiliário, objetos, documentos, equipamentos. É por este motivo que o sistema de compras abrange todos os elementos que são geridos (controlados) pelo gerente de compras. Similarmente, os sistemas de materiais e pessoal têm sua abrangência determinada pelo domínio de gestão dos gerentes de materiais e de recursos humanos, respectivamente.

A abrangência de controle inclui os itens sobre os quais se exerce autoridade, seja o domínio, o poder de modificação ou o de gestão. Sobre eles pode-se atuar diretamente, com o intuito de modificar os resultados gerados pelo sistema-empresa.

Ao contrário, os clientes, essenciais para o resultado da empresa, não fazem parte dos seus sistemas, pois ela não pode controlá-los.

Taxonomia — Classificação dos sistemas

O Gerente Conectado, ao analisar sistemas, procura evidenciar e entender suas características e propriedades, por meio de classificações ou categorizações. Neste livro, as seguintes categorias de sistemas são abordadas:

- simples ou complexos;
- abertos ou fechados;
- adaptáveis ou não adaptáveis;
- permanentes ou temporários;
- de informação ou não.

O emprego dos conceitos de taxonomia [27] permite formar uma visão mais completa sobre qualquer sistema. Como resultado das classificações, surgem dúvidas e questões, cujas respostas ampliam, certamente, o conhecimento disponível anteriormente.

Uma boa pergunta é metade de uma boa resposta. Um questionamento bem formulado caracteriza adequadamente necessidades e delimita estudos eventualmente necessários. Todo e qualquer gestor empresarial que tenta entender complexidades precisa saber extrair, das situações, questões cujas respostas possam expandir seu conhecimento. A taxonomia de sistemas ajuda na tarefa de localizar dúvidas e pontos obscuros em situações e incentiva a criação de perguntas para esclarecê-las:

Uma vez que a alocação de sistemas nas categorias é atividade subjetiva, é preciso que se tenha, sempre, justificativa explícita do porquê da categorização escolhida.

Sistemas simples X sistemas complexos

Sistemas são compostos por componentes e ligações (relações, articulações, etc.) entre eles. Será tão mais complexo quanto maior for a quantidade de elementos que o compõem ou o número e variedade das suas relações. Um carrinho de mão é formado por um conjunto reduzido de componentes e poucas conexões entre eles. Comparado a um caminhão, é um sistema simples, pois este possui milhares de peças e inúmeras conexões entre elas. Apenas o comando de válvula do caminhão já mais complexo que todo o carrinho de mão.

A avaliação de simplicidade/complexidade é sempre relativa a algum referencial. O caminhão é complexo, na comparação com um carrinho de mão, mas seria simples, confrontado coma um foguete da SpaceX.

Um time de futebol, com apenas 11 jogadores, pode ser percebido, durante um jogo, como um sistema complexo, quando comparado a um batalhão com 100 soldados, em um desfile. Embora possua menos pessoas, as relações entre os jogadores são em muito maior número e complexidade do que as existentes entre os soldados: durante o desfile, estes marcham com o mesmo passo e os jogadores se movimentam com muito maior liberdade (Figura 36).

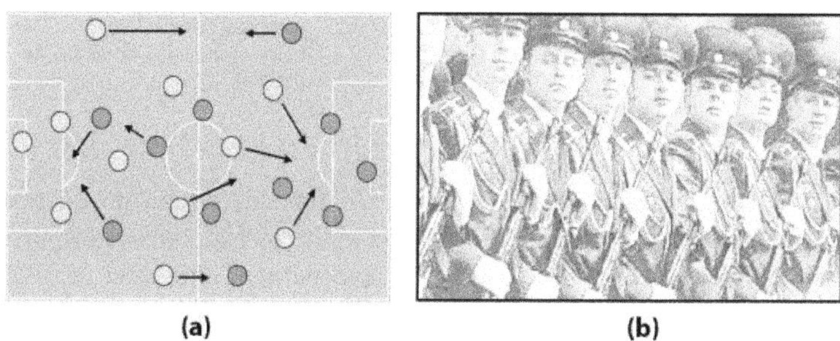

Figura 36 Do ponto de vista de movimentação, um time de futebol durante um jogo é mais complexo que um batalhão em marcha

Nas empresas, a característica simples/complexo é frequentemente averiguada, porque é por meio dela que se seleciona a qualificação do pessoal designado para atuação nos sistemas. Os mais complexos, em geral, requerem pessoal mais preparado para operá-los. Aos profissionais seniores são atribuídos os sistemas mais complexos, e os demais são destinados aos juniores.

Sistemas abertos X sistemas fechados

Sistema fechado é aquele que não possui qualquer interação com o meio que o cerca, diferentemente do sistema aberto que interage com o ambiente (Figura 37).

Na vida real, não há sistemas completamente fechados, uma vez que sempre há interações com o ambiente. O que existem são sistemas mais abertos ou mais fechados.

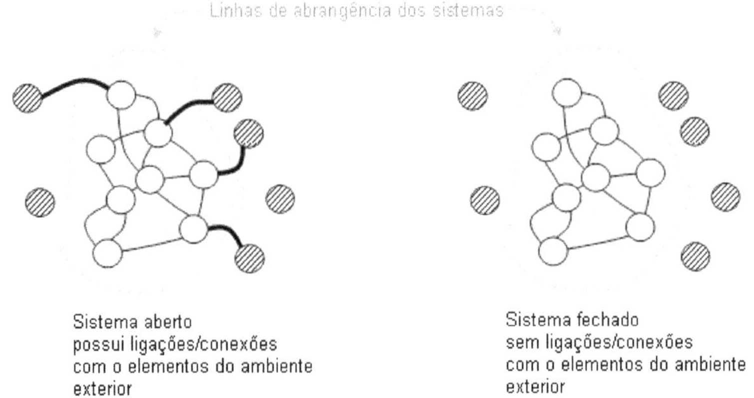

Figura 37 Sistemas aberto e fechado

Um exemplo de sistema considerado fechado é o tubo de ensaio no qual se colocam ingredientes para reações químicas. É um sistema muito fechado, mas, mesmo assim, pela abertura superior há contato com o exterior, o que permite interações, e, além dela, os ingredientes recebem, através vidro, calor e luz. Outro exemplo é a comparação entre o caixa de atendimento ao público e o cofre de banco comercial. Embora ambos guardem dinheiro, o cofre é classificado como um sistema bem mais fechado que o caixa, do ponto de vista de facilidade de acesso.

A característica aberto/fechado é muito usada para simplificar o entendimento dos sistemas. Como regra, ao se estudar o movimento de objetos, é costume concebê-los em sistema fechado e ignorar suas interações com o meio. Frases do tipo *imagine um objeto em movimento sem atrito* simplificam o estudo, mas, na vida real, não existe movimento sem atrito. Apesar disso, para estudar o movimento, costuma-se, deliberadamente, aceitar que o objeto em movimento está em sistema fechado.

Professores, ao ensinar o cálculo de juros compostos, frequentemente idealizam que não há interferência externa da inflação. Essa restrição pode facilitar o ensino, porém, como a evolução financeira é um sistema aberto, na vida real a inflação não deve ser ignorada. Consequentemente, no estudo de sistemas reais, é importante avaliar, com precisão, de que jeito cada uma de suas partes se relaciona, ou interage, com o ambiente.

A empresa é um sistema aberto

Uma empresa é um sistema aberto por excelência; sempre interage com elementos do ambiente: clientes, fornecedores, governo, fisco, sociedade (Figura 38). Essas interações, por vezes ignoradas nas apresentações didáticas, são extremamente relevantes e influenciam, em muito, o comportamento e composição das organizações em geral.

Sistemas concretos X sistemas abstratos

Sistemas concretos são aqueles que envolvem objetos físicos; podem ser observados e verificados por todos. São sistemas como relógios, talões de notas fiscais, vitrines de mostruário e todos os objetos do mundo real.

Sistemas abstratos são aqueles formados por elementos conceituais, correspondem a ações, estados, qualidades, comportamentos, tais como: a ação de realizar uma compra, a interpretação de normas legais, os critérios de investigação de diagnósticos médicos. São elementos que resultam apenas de reflexão ou pensamento.

Diversos sistemas são mistos, pois envolvem, ao mesmo tempo, elementos concretos e abstratos. O sistema de cobrança de passagem em ônibus urbanos envolve itens concretos: moedas, notas, cartões de idosos, e, ao mesmo tempo, itens abstratos, como o cálculo dos trocos e as regras de validade dos cartões.

Os sistemas concretos são de representação e análise mais simples que os abstratos, que dependem de interpretação e considerações subjetivas das pessoas que os avaliam.

Sistemas permanentes X sistemas temporários

Essa classificação de sistemas associada à longevidade considera permanentes aqueles com existência prevista para longos períodos, e temporários os demais. Embora o conceito "longos períodos" seja arbitrário, é classificação sempre levada em consideração na implementação de novo sistemas. Como seria tratada uma eventual solicitação de policiamento reforçado na orlas da zona sul do Rio de Janeiro? Seria sistema permanente, para atender à vizinhança que tem sofrido roubos e furtos, ou temporário, somente durante determinado show de rock?

A aquisição de um programa para tratamento de imagens deve ser avaliada considerando se atenderá apenas um projeto passageiro ou se será o programa definitivo para uso pela equipe de artes gráficas.

A solução adotada será bastante diversa, em função da classificação, se sistema permanente ou temporário. Ordinariamente, investe-se mais nos permanentes e menos nos demais.

Sistemas de informação

Do ponto de vista teórico, define-se sistema de informação (SI) como um sistema no qual pelo menos uma de suas partes é um dado ou informação (veja o Capítulo II sobre dados e informações). Sua representação esquemática está mostrada na Figura 40. O uso do *checklist* ECS para avaliar sistemas de informação, exige que seja acrescentada uma quarta pergunta, como apresentado a seguir [28]:

Exigências para Caracterização de Sistemas de Informação:

1. o objeto de estudo possui partes?
2. as partes estão interligadas e formam um conjunto integrado?
3. o conjunto possui finalidades? Quais são elas?
4. **pelo menos uma de suas partes é um dado ou informação?**

Figura 39 *Checklist* ECSI para verificar se um evento, entidade ou situação é um sistema de informação

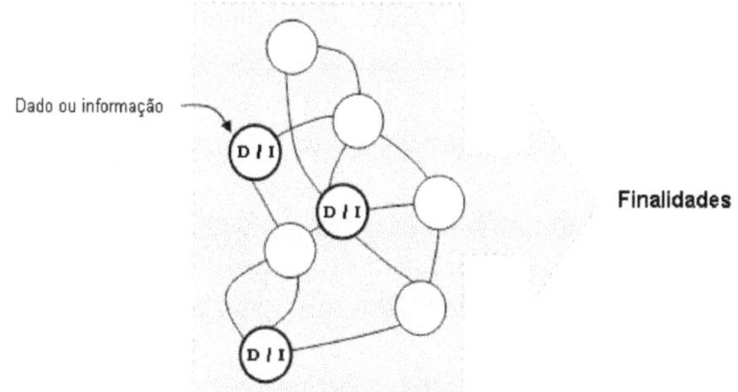

Figura 40 Representação esquemática de um sistema de informação

Uma nota fiscal é exemplo de SI, pois cumpre as exigências do *checklist* ECSI: contém partes (logotipo, número da nota, CNPJ, nome da empresa, lista e preço de produtos, data, nome do comprador), conectadas (o posicionamento relativo de cada item é preciso, visto que o somatório total fica logo abaixo da relação de preços; o nome da empresa localiza-se na parte superior, acompanhado do CNPJ). Sua finalidade é acompanhar a mercadoria e explicitar seu valor para o cálculo dos impostos devidos. E a nota, além do mais, cumpre com a quarta exigência, pois, entre suas partes, inclui dados: nome, CNPJ, datas e valores.

Tome-se um objeto corriqueiro, um sapato, para estudo. Ao analisá-lo, é preciso pensar em suas finalidades, nas suas partes componentes e na inter-relação entre elas. Se guardado sob uma cama, é meramente objeto de uso e não é visto como sistema de informação. Por outro lado, se for produto à venda, colocado numa vitrine de sapataria, apresenta dados importantes, tais como o número de tamanho, o preço e mesmo o código da mercadoria. Neste caso, é um sistema de informação.

Os SI são de enorme importância no quotidiano dos negócios, pois é com seu uso que se realizam procedimentos operacionais, gestão de processos, estratégias de comunicação. São eles, também, que estruturam o funcionamento das empresas e a própria vida em sociedade.

Consequentemente, é essencial determinar se os sistemas são ou não de informação. Os considerados como de informação requerem ações complementares complexas, em termos de treinamento, regulamentação e processos de comunicação, às quais estão menos sujeitos os demais. E, pelo fato de que estão sempre ligados à rede de sistemas de informação da empresa, sua análise torna-se bastante difícil.

A princípio, qualquer sistema que possua, como componentes, dados ou informações deve ser tratado como SI. Contudo, na busca de simplicidade, procura-se ignorar, deliberadamente, dados e informações, para evitar classificá-los como sistemas de informação. Isso ocorre na hipótese de que as informações e os dados sejam irrelevantes para o funcionamento do sistema a que pertencem. É o que sucede com o sapato do exemplo anterior, enquanto for apenas objeto de uso pessoal.

Embora o termo Sistema de Informação seja mais frequentemente associado aos *softwares* e aos sistemas computadorizados, também são de informação todos os demais sistemas de controle e gestão empresarial, neles incluídos os sistemas administrativos, financeiros, comerciais e de produção, mesmo que manuais e não informatizados.

Bons profissionais desenvolvem o hábito de realizar a análise de todos os sistemas com os quais convivem. Duas prioridades são frequentes: a verificação se são, ou não, sistemas de informação e o entendimento de suas finalidades.

Seguem-se exemplos de sistemas e situações nas quais são considerados SI:

Sistemas	Situações / exemplos de partes componentes que são dados ou informações, que os tornam sistemas de informação
mesa de escritório	se a mesa dispõe de etiqueta de patrimônio então poderá ser vista como sistema de informação;
manual de segurança patrimonial	contém dados: textos, diagramas, fotos;
farol ou sinal de trânsito	conta com lâmpadas sinalizadoras, codificadas em dados: verde para "siga", vermelho para "pare";
sistemas informatizados	possuem dados sob a forma de telas, arquivos magnéticos, relatórios. Todos os sistemas informatizados – compras, contas a receber, faturamento – são sistemas de informação, pelos mesmos motivos;
computador	possui teclado repleto de símbolos, mouse com botões codificados (esquerda / direita), rótulo com marca;
sistema administrativo de reposição de material	abrange documentos, regras, cronogramas, todos formados por dados;
sistema jurídico brasileiro	composto por inúmeros dados ou conjunto de dados, como leis, petições, processos judiciais, acórdãos; e engloba informações, presentes no saber dos juízes, advogados, defensores, promotores.
balcão de recepção de ortopedista	inclui pessoas – os recepcionistas com informações – e livro para marcação de horário, que contém dados;
item de supermercado	admite-se que é um sistema de informação se contiver uma etiqueta com o código de barras ou informações sobre o fornecedor, como enlatados, sabão em pó, vassouras. Peças de carne, se acompanhadas de etiquetas certificadoras, também são sistemas de informação;
extintor de incêndio	entre os dados que o compõe, encontram-se o rótulo com indicação de uso, o mostrador do relógio de pressão e a etiqueta de validade;
relatório	diversas partes são dados: a capa com o título do relatório, o índice, os textos e diagramas internos;
caneta BIC	a cor da tampa é um dado indicativo da cor da tinta, portanto a caneta é um sistema de informação ;
termômetro	conta com uma escala com valores, ou seja, dados;
bolas de sinuca	cada uma pintada de uma cor que são dados usados para represem seu valor;
equipe de vendas	engloba profissionais, portanto possui informações;
bandeira de clube	contém elementos representativos do clube, ou seja, dados;

Em decorrência da definição, os sistemas que não possuem dados nem informações entre suas partes componentes, ou ainda, se esses dados/informações forem julgados irrelevantes, não são SI. Alguns cenários nos quais sistemas não são de informação:

Sistema	Situação nas quais NÃO são considerados sistemas de informação
chave de fenda	no ambiente empresarial, uma chave de fenda é apenas um instrumento de uso de operários. Costumam ser ignoradas eventuais impressões, como marca e número de série, que, embora dados, são irrelevantes para o funcionamento da chave.
coluna dórica de uma construção grega	os enfeites dóricos são apenas decorativos e não são entendidos como dados, pois não foram colocados nas colunas para transmitir informações.
janela	a princípio, uma janela não é um sistema de informação. Já uma janela de ônibus que contivesse etiquetas com a descrição do que fazer em emergências, seria um sistema de informação.
o obelisco de Luxor em Paris	embora esteja coberto de hieróglifos (dados) da época de Ramsés II, não é considerado um sistema de informação pelos turistas, apenas interessados em sua beleza e grandiosidade.
sanduíche	não é um sistema de informação, mas, por outro lado, se estiver embalado em caixa que apresente textos explicativos e descritivos, seria um SI
poste de iluminação	postes costumam ser apenas mobiliário urbano. Contudo, se o prefeito mandar colocar neles uma capa de proteção azul com o logotipo da prefeitura, se tornariam sistemas de informação: informam de quem foi a gestão que colocou as capas.

O sistema e o observador

A avaliação sobre se um sistema é, ou não, de informação é feita por um observador, que é ente externo ao sistema. É importante que as informações do observador, uma vez que não pertencem ao sistema em estudo, não se misturem com as informações nele contidas.

Figura 41 Um observador externo analisa se um sistema é, ou não, de informação

O conhecimento do observador melhora quando extrai informações de todos os sistemas, sejam ou não de informação. A xícara da Figura 41 não é um SI pois não possui nenhuma parte que seja dado ou informação. Todavia, mesmo assim, permite ao observador expandir seu próprio conhecimento ao obter informações: ele nota que a xícara está lascada, percebe que o café está quente, sente seu cheiro e fica com água na boca. No entanto, essas informações não estão explicitamente colocadas no sistema (na xícara) sob a forma de dados. Logo, apesar do conhecimento adquirido pelo observador, a xícara não é um sistema de informação. Se houvesse uma mensagem escrita (dado), como "*Nescafé*" ou "*Café quente*", aí sim, a xícara seria um sistema de informação.

Em resumo: para avaliar se um sistema é de informação, é obrigatório verificar se qualquer de suas partes é um dado ou informação intencionalmente nele colocada para comunicar informações. Essa análise é feita apenas sobre os componentes do sistema, independentemente das opiniões e percepções do observador externo.

Pertencimentos simultâneos

Todos os objetos e elementos de uma empresa pertencem a, pelo menos, um sistema; muitas vezes, a mais de um. O computador de uma recepção pertence, ao mesmo tempo, ao sistema de atendimento e ao sistema elétrico.

Esses pertencimentos simultâneos fazem com que alguns sistemas se sobreponham. O Gerente Conectado deve dar atenção a essas sobreposições, para evitar frequentes desentendimentos no dia a dia. Ficar atento ao avaliar cada elemento integrante e questionar se ele, eventualmente, não pertence, também, a outros sistemas.

Diversas discussões acaloradas ocorrem apenas porque muitas pessoas não entendem que um mesmo objeto é parte de mais de um sistema e desempenha funções diferentes em cada um deles.

Os componentes empresariais, recursos financeiros, materiais, máquinas e mão de obra tradicionalmente estão alocados a alguns dos sistemas gerenciais reproduzidos nos organogramas: financeiros, comerciais, de produção e administrativos, como os relacionados aos recursos humanos. Além de pertencer a eles, ainda podem fazer parte de vários outros sistemas das áreas operacionais.

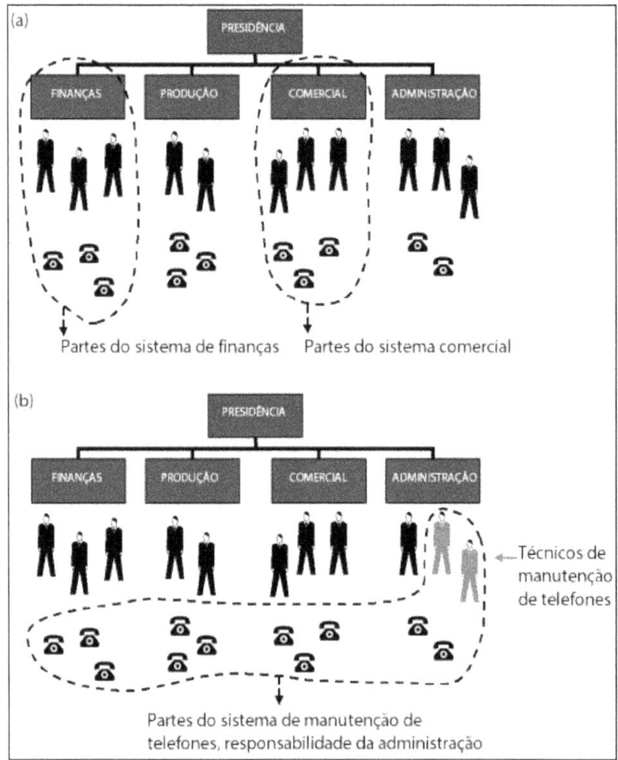

Figura 42 Componentes de uma empresa podem pertencer a mais de um sistema, simultaneamente

A Figura 42 mostra elementos empresariais pertencentes a mais de um sistema. Em (a) estão indicados pessoas e telefones alocados a cada um dos sistemas do organograma; em (b) estão alguns componentes do sistema de manutenção de telefonia, que abrange todos os telefones instalados e, ainda, os técnicos responsáveis por sua manutenção.

Outros exemplos de objetos pertencentes a mais de um sistema:

Um ventilador pertence, ao mesmo tempo:

- ao sistema de refrigeração, do qual fazem parte janelas e ares-condicionados; e
- ao sistema elétrico, do qual também fazem parte, tomadas, fiação, aquecedores.

Uma caixa registradora, por seu lado, pertence à abrangência:

- do sistema elétrico;
- do sistema de fiscalização, junto com outros mecanismos de controle, como os de estoque, de qualidade, de custos; e
- do sistema legal, com outros objetos associados ao cumprimento da legislação: os tickets fiscais, o certificado de vistoria dos bombeiros, o cartão do CNPJ.

Um formulário de cadastro de empregados pode pertencer;

- ao sistema de recursos humanos;
- ao sistema de pagamento de pessoal;
- ao sistema normativo da empresa, em conjunto com outros documentos padronizados.

A criação de sistemas de informação requer meticulosa apreciação de cada uma de suas partes, com a avaliação de suas funções, características, importâncias e impactos, em relação a todos os sistemas a que pertencem.

Analogias

Diderot, o filósofo que publicou a *Encyclopédie*, no século 18 já afirmava que "*O que a mente entende, entende por assimilação, por comparação ou por analogia*" [29]. Este ensinamento é cada vez mais fundamental no século 21, época na qual aprender é atividade permanente e imprescindível aos seres humanos. Analogias permitem imaginar coisas diferentes como sendo similares, apontando características que compartilham em comum. Se forem parecidas em alguns aspectos, então talvez o sejam em outros. Veja-se o exemplo a seguir.

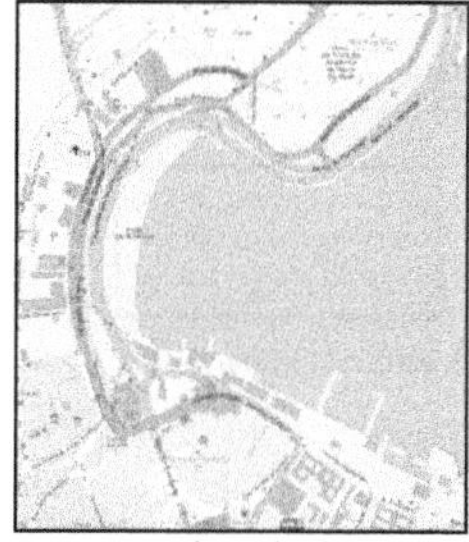
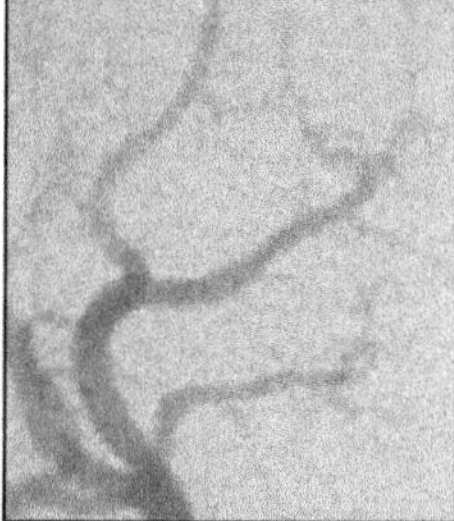

Figura 43 A Teoria de Sistemas permite relacionar conceitualmente ruas e avenidas com veias e artérias

Ao definir o corpo humano e, também, uma cidade, como sendo, ambos, sistemas, o enfoque sistêmico permite que se comparem veias e artérias com ruas e estradas e se extraiam conclusões dessa comparação (Figura 43). Com a analogia, pode-se entender, por exemplo, causas de engarrafamentos ou obstruções. Outra analogia pertinente envolve as similaridades entre um sistema hidráulico sob pressão e o sistema circulatório, cujo coração atua como a bomba que o pressuriza.

As similaridades existentes entre objetos distintos eram vistas, até a criação da Teoria de Sistemas, como meras coincidências.

Com o uso de analogias, os profissionais interpretam o desconhecido e estabelecem comparações com o já conhecido e dominado. Assim, mais facilmente, sistemas complexos são compreendidos. Para auxiliar a percepção de analogias, faz-se uso dos conceitos de sistemas, que ampliam, de forma extraordinária, o conhecimento sobre objetos, fatos, eventos e situações.

De acordo com Bertalanffy [30], analogias somente são aceitáveis se tiverem origem em isomorfismos, ou seja, quando se aplicarem abstrações e modelos conceituais coincidentes a fenômenos diferentes. Nesses casos deve haver correspondência formal de princípios gerais ou mesmo de leis especiais [31]. O isomorfismo, ou uma relação isomórfica, acontece se houver correspondência um-para-um entre as partes de dois sistemas, submetidas a aspectos limitados de um sistema teórico.

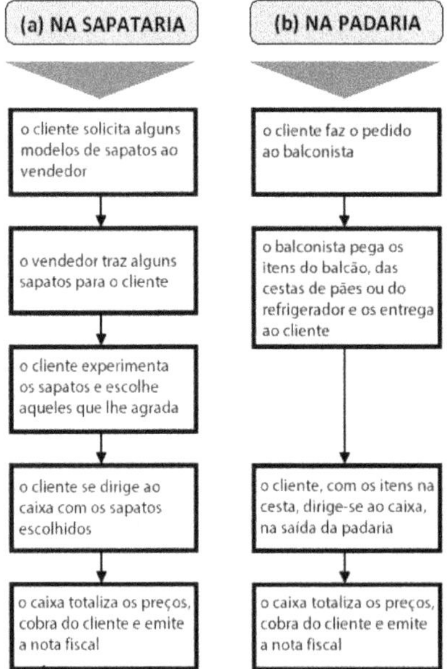

Figura 44 Analogia entre o fluxograma de atividades de uma sapataria (a) e de uma padaria (b) mostra que, enquanto sistemas, são empresas similares

Fluxogramas são ferramentas muito usadas para realizar comparação operacional e estabelecer analogias entre processos. Têm a vantagem de trazer para uma linguagem padrão, procedimentos de negócios, mesmo que distintos. A Figura 44, com fluxogramas simplificados de operações, permite comparar procedimentos entre duas empresas, uma sapataria e uma padaria, pois facilita analogias e o destaque de similaridades.

Interface entre sistemas

Chama-se *interface* ao sistema que conecta dois outros sistemas. O sistema de *interface* é usado quando a ligação entre os elementos de um sistema requer adaptação para sua conexão com os elementos de outro sistema (Figura 45). O termo é de uso comum pelos profissionais de informática e refere-se, com frequência, aos *softwares* que fazem conexão entre programas de computador e, além disso, às telas que permitem aos programas (sistema A) interagir com seres humanos (sistema B). Este último propósito recebe o nome de *interface* homem-máquina.

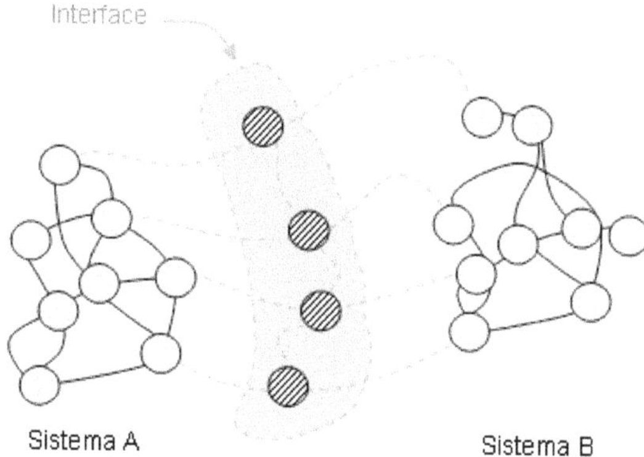

Figura 45 O sistema de *interface* viabiliza a conexão entre dois sistemas

Subsistemas

Sistemas podem ser divididos em conjuntos com menor número de partes, os subsistemas.

Subsistemas são pedaços de um sistema maior, que atendem aos três critérios que definem os sistemas (partes interligadas e com finalidades em comum). O conceito de subsistema é usado para simplificar o entendimento ou a construção de sistemas extensos e complexos.

Um sistema financeiro pode ser concebido como composto pelos subsistemas contábil, de custos, de fluxo de caixa, de contas a receber, de contas a pagar. O desmembramento simplifica os processos de gestão e operação deles.

Cada subsistema deve ter suas finalidades explicitadas, suas partes componentes identificadas e as conexões entre elas determinadas, como se exige de qualquer sistema.

Análise de sistemas

O termo "análise de sistemas" popularmente é associado somente às profissões vinculadas à TI. Entretanto, é atividade realizada por todos nós, diariamente, e envolve as tarefas de:

- entendimento da finalidade dos sistemas;
- decomposição em partes e o exame de cada uma delas;

- exame da inter-relações delas;
- definição clara da abrangência dos sistemas.

Essas tarefas são executadas com a intenção de compreender os sistemas para otimizá-los, e por consequência, torná-los mais úteis e efetivos. A análise de um sistema amplia o conhecimento sobre ele.

O analista de sistemas
A análise dos sistemas de informação empresariais é essencial para sua modernização e, eventualmente, sua informatização. Tarefa realizada pelo analista de sistemas, inclui quatro obrigações principais:

1. descrever e entender o sistema atual, seus componentes, relações e finalidades;
2. propor nova organização de elementos para cumprir com as finalidades do novo sistema, que substituirá o atual;
3. traduzir a nova organização em soluções de informática; e
4. programar, testar e implantar a solução de informática, também chamada de sistema informatizado.

Muitas vezes, o analista de sistemas que atua com mais frequência nos itens (a) e (b) adota o nome de analista de negócios. Já o analista que se dedica aos itens (c) e (d) recebe também o nome de analista-projetista ou analista de TI. Enquanto o primeiro exerce mais habilidades relativas à administração e à organização, o segundo deve ter conhecimentos mais profundos de *software* e de programação.

Questões relacionadas e de recapitulação

Conceitos de sistemas
1. Por que uma biblioteca é um sistema? Justifique com exemplos de cada um dos três requisitos do *checklist* ECS (Exigências para Caracterização de Sistemas).
2. Como analisar um jogo de pôquer aplicando os conceitos de sistemas?
   a) quais são suas partes?
   b) quais são as relações entre as partes?
   c) quais são as finalidades do jogo?
   d) qual é a abrangência do sistema?
   e) ele é análogo a um jogo de xadrez?
   f) como classificá-lo com o uso da taxonomia apresentada no texto?
3. Como analisar uma dança que você conheça? Ela é um sistema? 💡
4. No quadro de exemplos de aplicação do *checklist* ECS, apresentaram-se algumas finalidades de uma garrafa de vinho (exemplo 2). Quais finalidades teria seu conteúdo, o vinho?
5. Cite 3 sistemas de informação em uso em uma universidade. Justifique sua resposta.
6. Que sistemas são atendidos pelo *office-boy* da empresa na qual você trabalha?
7. Que problemas podem surgir quando um chefe "acumula" responsabilidades sobre dois sistemas independentes? 💡
8. A que sistemas podem pertencer:

a) os computadores da contabilidade?
b) o setor de treinamento?
c) a sala de reunião?

9. Uma tomada na parede, com a energia necessária para o funcionamento de uma impressora, pertencente ao sistema "impressora" ou ao seu ambiente? Justifique.
10. Identifique partes, relações, finalidades e abrangência do sistema de transporte urbano de sua cidade.
    a) É sistema de informação?
    b) O adjetivo "*urbano*" está relacionado à abrangência do sistema?
    Justifique suas respostas.
11. O que é sistema de *interface*?

Análise de sistemas

12. Cite exemplo de análise de sistemas realizada pelo síndico do seu prédio.
13. Explique as quatro obrigações, apresentadas no texto, de um analista de sistemas quando do desenvolvimento de um novo sistema de informação.

Analogias

14. Como adaptar o fluxograma da padaria da Figura 44 para representar uma *delicatessen* que fornecesse provas de queijos para seus clientes, antes da compra?

Taxonomia de sistemas

15. Como determinar se uma indústria é mais ou menos complexa que outra?
16. Classifique, utilizando as categorias citadas no texto:
    a) um sistema de controle de estoque ;
    b) um "extintor de incêndio";
    c) um sistema de segurança patrimonial de um condomínio.
17. Imagine exemplo no qual haja discussão, entre empregados, causada por má compreensão sobre se um sistema é permanente ou temporário;
18. Liste algumas interações entre o sistema empresa e o meio social que a cerca. Quem são os responsáveis pelas interações?
19. Descreva os limites de adaptabilidade de um aparelho de ar condicionado central. Aponte características que o fazem adaptável e características que o fazem não adaptável a cada circunstância.
20. O subsistema de compras de uma empresa é um sistema de informação? Por quê?
21. A lei brasileira define como possíveis estados civis, solteiro, casado, divorciado e viúvo. O conjunto de estados civis é um sistema? Classifique-o, com justificativas.
22. Em quais condições os sistemas do quadro abaixo são ou não sistemas de informação (os primeiros são exemplos):

a) um carrinho de mão?
    é um SI: se tiver o nome do dono pintado na lateral;
    não é um SI: se não possuir nenhuma placa ou outro identificador;
b) um liquidificador?
    é um SI: quando seus botões têm legendas exibindo suas finalidades;
c) um doce de padaria

não é um SI: se somente contiver partes, embalagem, doce, enfeite, mas se não contiver nenhum dado ou informação, então não é um SI;

d) uma empada de loja?

é um SI: caso possua marcação indicando qual é o seu recheio. Muitas lojas fazem marcas usando a própria massa da empada;

e) uma caneta?
f) um termômetro?
g) a injeção eletrônica de um carro?
h) uma bola de futebol?
i) um software de folha de pagamento?
j) um sistema informatizado de contas a pagar?
k) uma roupa à venda?
l) uma nota fiscal?
m) um formulário de pedido?
n) uma receita médica?
o) uma receita culinária?
p) o Arco do Triunfo, em Paris?
q) um pneu de automóvel?
r) um histograma?
s) uma carta?
t) uma bicicleta?
u) uma bandeira?
v) um jornal?
w) um tambor de banda militar?
x) uma carteira de motorista?
y) uma pauta musical?
z) uma reunião de trabalho?

Nota: para aqueles considerados SI, é sempre possível identificar qual parte componente é dado ou informação.

Capítulo IV
TECNOLOGIA DA INFORMAÇÃO

"O número de computadores, no Brasil é estimado em 215 milhões, um computador por habitante."
34ª Pesquisa Anual do Uso de TI. FGV. 2023.

Tecnologia da Informação (TI) são ferramentas, infraestrutura e instrumentos necessários para a disseminação e manipulação de dados e informações; também abrange os profissionais e o conhecimento para utilização e aperfeiçoamento adequados desses instrumentos e ferramentas. A manipulação corresponde aos atos de obter, transmitir, arquivar, modificar, compartilhar, administrar e organizar dados e informações.

[TI = FERRAMENTAS PARA MANIPULAÇÃO DE DADOS E INFORMAÇÃO
+ INFRAESTRUTURA
+ PROFISSIONAIS
+ CONHECIMENTO APLICADO]

Alguns instrumentos e ferramentas são concretos, como os computadores e as redes; outros são abstratos e conceituais, como os *checklists*, os fluxogramas e os métodos de trabalho.

A TI tem a finalidade de apoiar o funcionamento dos sistemas de informação, para tornar as empresas mais eficientes e eficazes.

Historicamente, a expressão Tecnologia da Informação é uma evolução dos termos *processamento de dados* e *informática*, e indica a importância que os computadores vêm adquirindo no apoio ao uso de informações pelas empresas.

Vários autores chamam a TI de TIC (Tecnologia de Informação e Comunicação), para enfatizar a comunicação ou transmissão. Neste livro, entretanto, usa-se o termo Tecnologia da Informação em seu sentido mais amplo, que abrange todas as manipulações realizadas sobre dados e informações, sem destacar uma ou outra operação.

Componentes da Tecnologia da Informação

Para efeito didático, a TI pode ser decomposta em diversos componentes que têm características próprias, embora sempre atuem de forma interligada (Figura 46). São eles:

1. *hardware*;
2. *software*;
3. redes de computadores;
4. bancos de dados;
5. conhecimento aplicado;
6. suprimentos;
7. instalações ou infraestrutura;

8. profissionais de TI;
9. estrutura organizacional da área de TI.

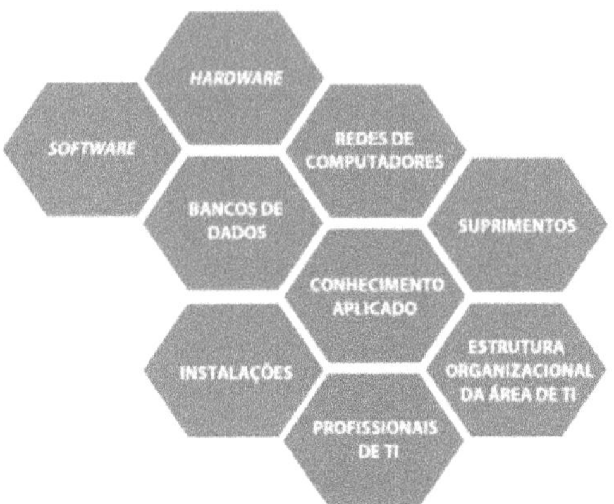

Figura 46 Componentes da Tecnologia da Informação

A gestão da Tecnologia da Informação requer que cada um desses componentes seja avaliado isoladamente e em associação aos demais componentes, na busca de sinergia. Muitas vezes o termo TI é utilizado, erroneamente, para indicar somente a área responsável pela informática da empresa e não todos os seus componentes. Essa imprecisão resulta em deficiências nos processos de gestão integral da TI.

Seus componentes são detalhados a seguir:

1. Hardware

O *hardware* compreende os equipamentos, acessórios e demais componentes eletromecânicos que compõem, fisicamente, um computador e suas conexões de comunicação. Inclui os computadores e os aparelhos denominados periféricos: impressoras, teclados, *mouses*, leitores de códigos de barras, *webcams*, *scanners*, fiação de rede, roteadores, *modems*, *hubs*, *switches*, celulares e *tablets* e inúmeros outros equipamentos empregados no tratamento e na comunicação de dados e informações.

Originalmente, o termo referia-se apenas aos computadores e periféricos. No entanto, a cada dia que passa, novos itens são adicionados ao grupo *hardware*. São equipamentos que passaram a ser controlados pelos computadores e que, direta ou indiretamente, são geridos pelos profissionais de informática. Alguns, como os aparelhos de reconhecimento biométrico [32], surgiram recentemente; outros, como os telefones, que eram tratados por área própria, agora, em função de programas de comunicação, como o Skype [33], têm sido selecionados e mantidos pela equipe de TI, e, portanto, vêm compondo o *hardware* das empresas.

O domínio das especificações técnicas do *hardware* é de responsabilidade de especialistas em TI, mas alguns conhecimentos básicos são essenciais para aqueles que participam da decisão sobre sua compra e instalação.

Considerações na avaliação do desempenho dos computadores
O desempenho dos computadores está relacionado ao seu preço e requer avaliação minuciosa por ocasião de sua aquisição. É apurado através do uso de muitos parâmetros, dentre os quais:

- **modernidade do computador**. Computadores mais modernos são mais eficientes que computadores mais antigos. Os fabricantes sempre desenvolvem novos equipamentos com o uso de tecnologias mais atualizadas, que priorizam melhorar o desempenho sem aumentar seu preço final;

- **velocidade do computador**. Por "velocidade" entenda-se a rapidez com que o computador efetua suas tarefas. Quanto mais rápido for o relógio embutido na placa-mãe, chamado de *clock*, maior a quantidade de operações realizadas em um segundo. Para indicar a velocidade, utiliza-se a unidade que mede a frequência do *clock*: MHz (megahertz) para um milhão de ciclos por segundo e GHz (gigahertz) para um bilhão. Quanto maior a velocidade, mais eficiente deverá ser o computador;

- **memória RAM** (*Random Access Memory*, ou memória de acesso aleatório). Medida em "quantidade de *bytes* [34]". Corresponde à área de armazenamento de dados utilizada pelos computadores para realizar suas tarefas. Os tamanhos das memórias RAM instaladas variam, tipicamente, de 512MB (megabytes) a 64GB (gigabytes), ou números superiores. Analogamente à área de uma mesa de escritório, mais memória representa uma mesa maior e, portanto, a possibilidade de trabalhar com maior número de documentos abertos simultaneamente;

- **velocidade do disco rígido**. Quanto maior a velocidade de rotação, menor será o tempo gasto para se obter um documento do disco e apresentá-lo no monitor, por exemplo. Deve-se buscar computadores com discos rígidos com maior velocidade dentro das limitações orçamentárias. Os discos de maior capacidade, mais modernos, são também são os de maior velocidade;

- **existência de componentes embutidos**. Por causa do alto custo das placas de expansão [35], os fabricantes usualmente embutem muitos componentes (controlador de vídeo, de som, conexão à Internet) na placa-mãe, que é o circuito principal dos computadores. O fato de evitar a necessidade adicional de placas de expansão reduz o custo, mas, ocasionalmente, prejudica o desempenho do computador e lhe reduz a eficiência.

Além destes parâmetros básicos de eficiência, outros — marca do fabricante da placa-mãe e tipo de tecnologia utilizada, principalmente — influem na eficiência dos computadores e, uma vez que sua avaliação é muito técnica, requer profissionais especializados.

Considerações na avaliação de custos de equipamentos
A aquisição de equipamentos de informática e seus acessórios (*hardware*) envolve outros custos, além do que é pago na compra do equipamento.

Chama-se de TCO (*Total Cost Ownership*) ou "custo total de propriedade" os custos diretos e indiretos relacionados à aquisição dos equipamentos e seu posterior uso. Incorpora o custo da compra e também os de manutenção e energia, além de outros gastos que ocorrerão durante a vida útil do equipamento, como será visto no exemplo a seguir.

Exemplo: custo de impressoras

A título de exemplo apresenta-se, a seguir, avaliação de fatores que interferem no custo final de uma impressora. O modelo de cálculo apresentado é similar ao cálculo de custos dos demais componentes de *hardware* como *scanners* e *webcams.*

Na busca de redução de custos, deve-se adquirir o menor número de impressoras possível, mas sem afetar o desempenho dos profissionais e serviços que as utilizarão. Uma maneira de fazê-lo é compartilhar as impressoras em rede, viabilizando seu uso simultâneo por diversos empregados. A Figura 47 mostra computadores ligados em rede e conectados a uma impressora. Se a impressora depender de um computador para seu comando, este recebe o nome de Servidor de Impressão.

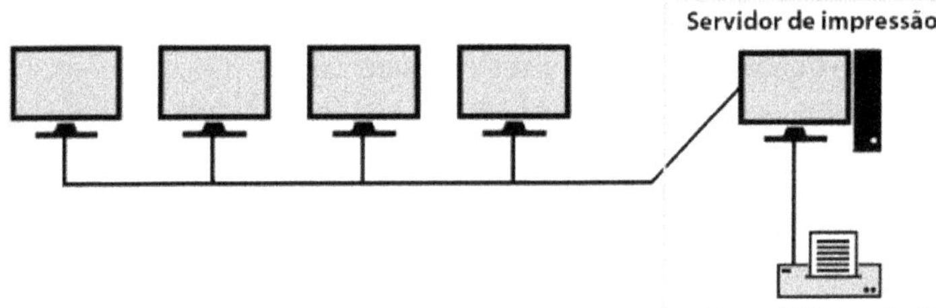

Figura 47 Computadores ligados em rede compartilhando impressora via Servidor de Impressão

Outra estratégia frequente para a redução de custos é limitar e padronizar os modelos das impressoras e, assim, compartilhar os mesmos suprimentos, com a consequente redução de estoques. Reduzir a variedade de modelos, além disso, simplifica o treinamento dos técnicos que lhes darão suporte.

É importante, também, determinar as características que serão exigidas das impressoras, pela análise das necessidades dos documentos que serão nelas impressos. Os modelos vendidos no mercado incluem impressoras voltadas para fotografias, documentos coloridos, documentos em preto e branco, impressão de alto volume (mais de 5.000 páginas/mês) e multifuncionais. A escolha adequada evita gastos indevidos na aquisição e na operação diária.

Impressoras de maior capacidade de impressão e impressoras coloridas são de custo mais alto, portanto, sua aquisição requer avaliação mais rigorosa. A seguir, as principais alternativas de impressoras presentemente disponíveis no mercado:

- jato de tinta doméstica — para impressões coloridas, em quantidade inferior a 1.000 páginas/mês— adequada para pequenos escritórios;
- jato de tinta profissional — para impressões coloridas, em maior volume;

- laser *low-end* e multifuncionais — para impressão, em preto e branco, de até 5.000 páginas/mês;
- laser *high-end* — para grandes quantidades de impressão em preto e branco. Esse tipo de impressora pode atingir 10 mil, 50 mil e até mais de 80 mil páginas/mês.

Algumas impressoras possuem complementos interessantes, que requerem avaliação na hora da aquisição, como, e principalmente: impressão restrita por senha, grampeamento, capacidade de impressão em formulários de tamanho maiores que o tradicional A4, como A3 e A2.

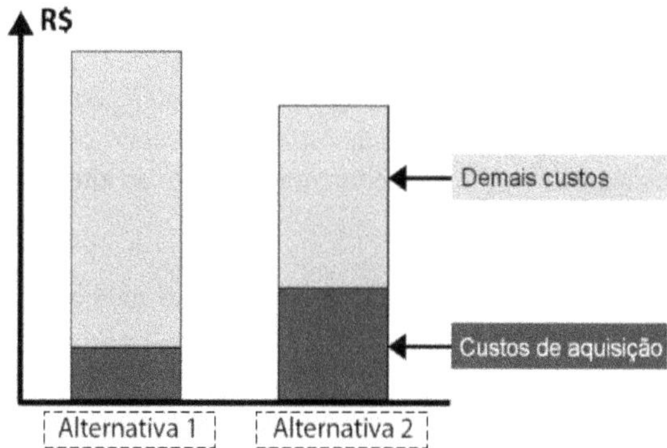

Figura 48 O custo total de uma impressora pode não ser proporcional ao seu custo de aquisição

Ao longo do tempo, o custo total de uma impressora nem sempre é proporcional ao seu custo de aquisição (Figura 48), se porventura forem agregados, em seu cálculo, importantes itens adicionais, conforme o modelo a seguir:

Custos únicos:

- **aquisição** — a impressora pode ser comprada à vista, em parcelas mensais, alugada, em *leasing* [36];
- **garantia estendida** — muitos fornecedores oferecem ampliação do prazo de garantia. O valor adicional cobrado pela garantia estendida costuma ser vantajoso, principalmente se oferecer cobertura de manutenção *in site* [37], o que reduz a futura carga de trabalho das equipes de suporte;
- **instalação** — inclui a instalação da fiação elétrica e de lógica (fiação de rede), de mobiliário para a impressora, de armários para papel.

Custos mensais:

- **suprimentos** — *toner* ou cartuchos de tinta para impressoras, bem como papel e grampos;
- **manutenção e suporte** — custos que podem ser em muito reduzidos, se a manutenção fizer parte do contrato de garantia do equipamento. No mínimo, sempre existe custo de gestão da manutenção, que envolve realizar o chamado do técnico,

verificar o conserto e coordenar o uso de impressora sobressalente durante o período de conserto;

- **administração** — inclui a gestão da utilização e o controle do estoque de papéis, *toners* e outros suprimentos. Esse aspecto também envolve o custo do treinamento dos usuários no uso das impressoras, muito demandado por aqueles que usam impressoras mais sofisticadas;
- **infraestrutura** — incorpora os custos de limpeza, segurança e energia elétrica. Em algumas situações, o custo de aluguel da área ocupada pela impressora requer consideração. É bastante relevante, em companhias instaladas em endereços com aluguel muito alto. Uma impressora que ocupe $1m^2$ no bairro do Leblon (Rio de Janeiro), pode custar, mensalmente, somente em aluguel de área, até R$100,00 [38].

Muitas vezes, o custo de uma impressora é calculado como "*custo por página impressa*" [39]. Este indicador exige que se disponha de estimativa precisa da vida útil esperada para os equipamentos, mas simplifica muito a comparação entre as alternativas de impressoras disponíveis.

Além dos custos concretos listados acima, é interessante avaliar os correspondentes a aspectos não evidentes, tais como:

- produtividade dos usuários;
- qualidade de impressão;
- dificuldade de treinamento da equipe;
- confiança na disponibilidade da impressora a qualquer hora.

Os demais equipamentos, como *scanners* ou câmeras, seguem um cálculo de TCO similar. Embora não incluam os custos referentes aos suprimentos, porque não se aplicam, podem incorporar outros, tais como custos de conexão à Internet, de reformulação de processos administrativo-financeiros, de capacitação e treinamento, em função de cada caso em análise.

2. Software

Chamam-se de software, os programas que dão "vida" aos computadores, e podem ser agrupados em:

a) **básicos ou sistemas operacionais** - responsáveis por controlar as operações básicas e indispensáveis dos computadores. Seu núcleo principal, chamado *firmware*, costuma estar embutido nos equipamentos. Eles são complementados por programas instalados por meio de CDs/DVDs, os sistemas operacionais, como Windows, Linux, MacOS, Android. Os sistemas operacionais costumam sofrer frequentes modificações e melhorias — chamadas de *updates* ou atualizações — que requerem a execução de rotinas de reinstalação;

b) **ferramentas** - são programas utilitários de apoio e complementação aos sistemas operacionais, tais como visualizadores de documentos PDF, conversores e compactadores de arquivos ZIP;

c) **de segurança** - evitam que os dados contidos nos computadores sejam utilizados por pessoas indesejadas. Envolvem programas para proteção, como antivírus e *firewalls* [40];

d) **compiladores e interpretadores de linguagens** - são programas que auxiliam os programadores na tradução da linguagem humana para a utilizada pelos computadores. Para uso comercial temos, por exemplo, os compiladores Visual Basic, Java, C++;

e) **gerenciadores de bancos de dados** - programas utilizados para arquivar os dados e facilitar sua recuperação, consulta e uso.

f) **aplicativos para automação de escritório** - editores de texto, planilhas, agendas, *workflow* [41] e outros programas que auxiliam o funcionamento de escritórios. Exemplos: Word, Excel, OutLook, Polaris Office, Br Office, Google Docs;

g) **aplicativos específicos** - *softwares* que apoiam alguma atividade operacional específica, como os que controlam as contas a receber, os estoques e a folha de pagamento.

A seleção dos *softwares* dos grupos (a) a (e) é de responsabilidade do gestor de TI e a dos grupos (f) e (g) é de responsabilidade dos usuários, com o apoio técnico da equipe de TI. Quando os aplicativos específicos operam integradamente e se distribuem por toda a empresa, ficam sob a gestão da área de TI, e são fruto de decisão corporativa.

Excetuando-se os aplicativos específicos (g), adquiridos de diversas maneiras (veja capítulo V, seção Obtenção de sistemas informatizados), os demais *softwares* frequentemente são adquiridos com a utilização de contratos de licenças de uso.

Esses contratos permitem a utilização dos programas em número restrito de computadores e não autorizam sua comercialização (não podem ser revendidos). Uma floricultura com 4 computadores pode adquirir o programa Word em um único CD e contratar 4 autorizações ou licenças de uso. Se exceder este limite, cometerá uma ilegalidade: a pirataria. Nas lojas de rua, o mais comum é que cada CD/DVD autorize apenas uma licença para uso em um único computador. Frequentemente, em lugar de adquirir um CD /DVD para a instalação, é feita o *download* a partir da Internet, contudo, os limites e as regras de uso são as mesmas.

O custo dos programas é regido, simplificadamente, pela seguinte equação:

CUSTO DO USO DE *SOFTWARE* = CUSTO DE OBTENÇÃO
+ CUSTO DA INSTALAÇÃO
+ CUSTO DO TREINAMENTO
+ CUSTO DO SUPORTE

A equação talvez explique porque o programa Word seja o preferido pelas empresas, no lugar de programas grátis. A licença de uso do Word é mais cara, mas, por ser dominado pela maioria dos usuários de computador, permite economia no treinamento de empregados e na capacitação da equipe de suporte.

> **Você sabia?**
> A instalação de nova versão de *software* faz com que os profissionais percam tempo para reaprender tarefas que já dominavam.
> Por este motivo, muitas grandes companhias evitam atualizar as versões de seus editores de textos e planilhas eletrônicas, para reduzir custos de retreinamento de pessoal.

A equação revela, também, que a mudança de versão de programas pode trazer custos complementares embutidos. Supondo-se que uma indústria química planeje substituir seu sistema operacional Windows XP por Windows 10, terá que estimar, além do custo das licenças, o custo adicional para instalar os novos programas em todas as máquinas e treinar toda a equipe. Deverá, ainda, revisar todos os outros programas que possui, e avaliar sua compatibilidade com o novo sistema operacional. Os incompatíveis serão adaptados, refeitos ou substituídos, e isso gera custo.

3. Redes de computadores

Redes são as conexões que permitem aos computadores trocarem dados entre si. São construídas com cabeamentos, denominados fiação lógica, ou com antenas, em solução *wireless* (sem fio, em inglês).

A capacidade de tráfego de dados de uma rede de computadores é chamada de "largura de banda" ou *band-width* e é medida em megabits por segundo (Mbps). Redes mais robustas, com 10Mbps [42], 50Mbps ou mais rápidas, são conhecidas como redes de banda larga.

Redes cabeadas

Os cabos que unem os computadores podem ser arranjados sob diversos esquemas, que são chamados de topologias (veja Figura 49). A seleção da topologia mais eficaz é de responsabilidade do gestor de TI, que utiliza critérios técnicos e financeiros para a decisão. Ele ainda determina as características dos cabos, se coaxiais, óticos ou telefônicos.

Já a instalação física dos cabos de redes é de responsabilidade do gestor administrativo, e exige obras civis, que compreendem a realização de furos em paredes e a colocação de canaletas, usadas para acondicionar os cabos e protegê-los de fontes magnéticas e do acesso externo. Uma instalação de qualidade é essencial para o bom funcionamento da rede, pois evita futuras interrupções de sinal e ruídos, cujas origens, após a conclusão das obras, são de difícil localizao.

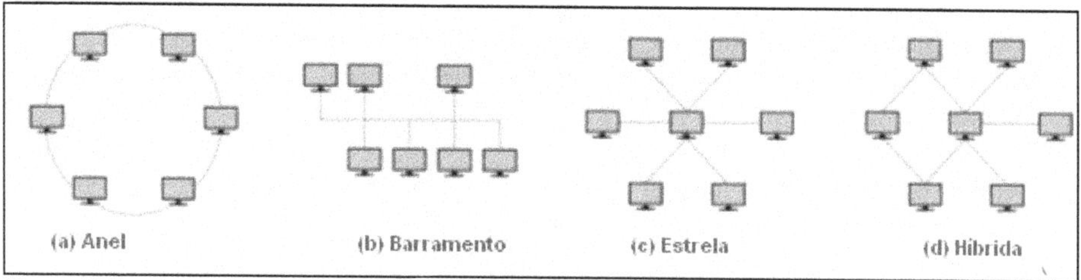

Figura 49 Topologias (formas de conexão) mais usadas em redes cabeadas de computadores

Redes sem fio

As redes sem fio, também chamadas de *wireless*, fazem uso de antenas para conectar os computadores e impressoras entre si. As tecnologias de conexão para redes sem fio mais utilizadas pelas pequenas e médias empresas são:

- ***Bluetooth*** — tecnologia de custo baixo, porém com alcance curto (normalmente um ou dois metros) e com baixas taxas de transmissão. Está embutida em dispositivos, como telefones celulares, *tablets*, *notebooks* e impressoras de uso pessoal. É utilizada, quotidianamente, para impressão de relatórios e transmissão eventual de pequenos arquivos em conexões ponto a ponto;
- **Wi-Fi** — tecnologia mais robusta que permite taxas de transferência maiores e atinge áreas mais amplas. Seu uso é bastante difundido na construção de redes locais (LAN). O aparelho com a antena que distribui o sinal de Internet chama-se *Access Point* (AP), e o aparelho que conecta o computador à rede chama-se adaptador *wireless* (Figura 50). Em redes domésticas, é costume reunir o AP no mesmo gabinete que o roteador.

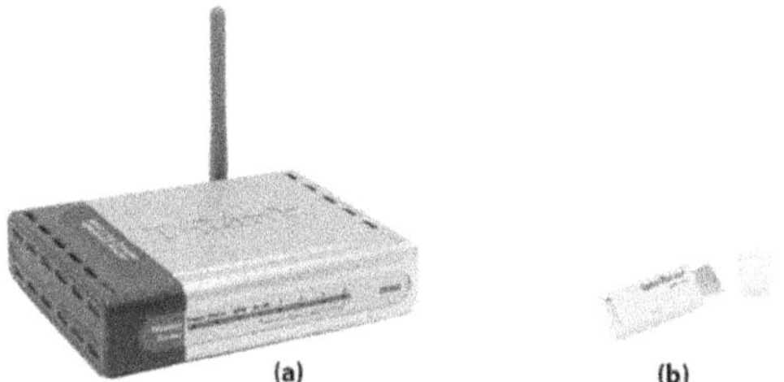

Figura 50 Equipamento integrando roteador e AP (a) e adaptador (b) para redes Wi-Fi

A principal vantagem na utilização de uma rede sem fio sobre uma rede cabeada é sua facilidade de instalação, pois evita as incômodas obras para permitir a colocação dos cabos. Por outro lado, apresenta limitações nas taxas de transferência, sofre com ruídos de sinal e, por ser rede invisível, está mais sujeita a invasões por *hackers* [43] mal intencionados.

Tipos de processamento, quando são utilizadas redes

Quando os dados de um sistema de informação empresarial estão em computador diferente daquele disponível para o usuário, há a necessidade de que os computadores atuem ligados em rede.

Na execução dos programas em rede, existem duas alternativas principais:

- processamento centralizado;
- processamento cliente-servidor.

No caso do processamento centralizado, um computador robusto [44], além de armazenar dados, efetua todos os cálculos e processamentos, e repassa para os computadores dos usuários (ditos terminais burros) dados consolidados sobre as operações realizadas. Os terminais são utilizados apenas para colher dados de usuários, enviá-los para o computador central, e apresentar resultados recebidos (Figura 51a). Neste caso, é fundamental que o computador central tenha grande capacidade de processamento e há, em consequência, pouco tráfego de dados na rede. Essa alternativa é utilizada na operação das máquinas de cartão de crédito disseminadas em lojas e restaurantes. Nessas máquinas, que atuam como terminais burros, o valor da venda e a senha do cliente são digitados e enviados para a autorizadora junto com dados do cartão e da loja. O computador da autorizadora de crédito realiza todas as verificações e cálculos necessários e transmite de volta aos terminais apenas os dados de aprovação ou de recusa.

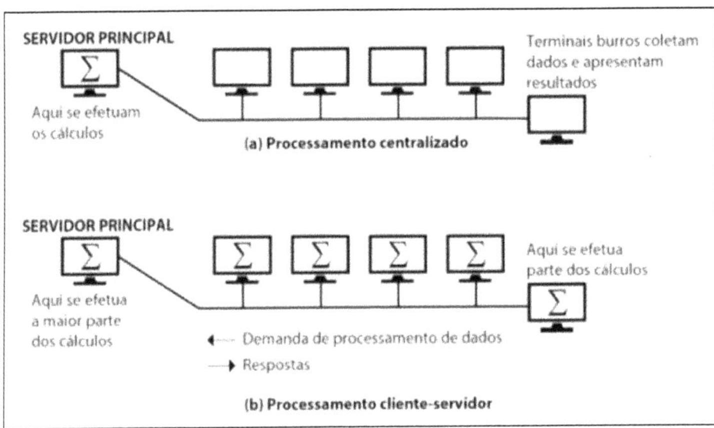

Figura 51 Alternativas de processamento em rede

Por outro lado, no processamento cliente-servidor, os cálculos são realizados em parte pelos computadores que formam a rede (ditas estações-cliente) e em parte pelo computador principal, chamado de *servidor*. Dependendo do modelo concebido para o processamento, o servidor pode concentrar a maior parte dos processamentos, ou apenas atuar como *servidor de arquivos* (como se fosse um disco rígido distante). Nesse último caso, as estações-cliente precisam ter maior capacidade de processamento (Figura 51b). É o modelo a ser utilizado que determina o tráfego na rede e as características apropriadas para os computadores.

A tendência atual dos administradores de TI é privilegiar o processamento cliente-servidor, concentrando a carga de processamento no servidor principal. Entre outras vantagens, essa conformação facilita o dimensionamento dos computadores, pois as estações, uma vez que não efetuam grandes processamentos, são baratas e pouco robustas, e o uso da rede e do servidor principal tem avaliação simplificada por programas de análise de carga e desempenho [45].

4 Bancos de dados

Bancos de dados são programas e arquivos computadorizados que servem para armazenar informações, documentos, textos, gráficos, fotos e figuras, de forma organizada, e, assim, simplificam e agilizam sua recuperação [46]. Uma metáfora válida para um banco de dados é a de um fichário eletrônico com mecanismos muito inteligentes de indexação, busca e recuperação dos seus dados. Com ele, basta pedir as fichas dos funcionários com os maiores salários e, *voilà*, elas são apresentadas imediatamente. Este tipo de arquivamento e pesquisa, antes do advento dos bancos de dados, era muito demorado, custoso e, às vezes, impossível.

São vistos, nas empresas, por duas óticas:

a) os profissionais de informática chamam de banco de dados os *softwares* utilizados para armazenar as fichas de dados e trabalhar com elas;
b) os gestores empresariais chamam de banco de dados o conjunto de dados que estão registrados nos computadores: fichas de controle de estoque, cadastros de empregados, tabelas de fornecedores.

No dia a dia, em inúmeros momentos as duas visões se confundem, mas é importante dar atenção à sua distinção. Os programas que arquivam os dados são importantes. No entanto, muito mais o são os próprios dados. Imagine-se o problema de uma universidade, se todos os dados sobre seus alunos fossem perdidos. Como seriam obtidos os graus dos meses anteriores? E como seriam cobrados débitos em atraso?

Para evitar problemas causados pela perda de dados, é comum copiá-los em arquivos chamados *backups*. Essas cópias, guardadas, por segurança, em local distinto e longe dos dados originais, em outro prédio, ficam protegidas de destruição e incêndios.

Os programas para gestão de bancos de dados mais frequentemente utilizados são Oracle, SQL Server, DB2, SyBase, MySQL, PostgreSQL, Ingres e Access. Sua escolha, contudo, não depende de popularidade, mas sim de fatores técnicos, tais como:

- capacidade necessária (quantidade de dados que serão mantidos);
- número de usuários que atenderá simultaneamente;
- velocidade de resposta (tempo que o banco demora para responder às consultas efetuadas);
- compatibilidade com o sistema operacional já em uso.

Há, ainda, fatores administrativos, como a experiência da equipe ou a disponibilidade, no mercado, de mão de obra com esse *know-how*.

5. Conhecimento aplicado

Não basta possuir computadores, redes e programas excelentes: é essencial dispor de conhecimento para utilizá-los. Todos os componentes da TI seriam inúteis se não houvesse capacidade para se beneficiar deles. É o conhecimento que permite construir obras excepcionais com ferramentas simples — a Vênus de Milo foi esculpida apenas com cinzel.

Os sistemas de informação e toda a informática dependem de estrutura organizada de procedimentos — regras, calendário de operações, métodos de trabalho — e de domínio sobre ferramentas, para que o resultado geral seja satisfatório. Esse conhecimento encontra-se distribuído:

- nos manuais de uso de programas, equipamentos e bancos de dados;
- no talento, na habilidade e na competência dos técnicos e profissionais;
- nas práticas de trabalho, sejam elas formalizadas e descritas, ou apenas convencionais e tradicionais;
- na utilização de consultorias complementares.

É essencial que o responsável pela TI atue na gestão do conhecimento de informática da empresa, dedique especial atenção ao seu desenvolvimento e aja para evitar que se perca ou não esteja acessível quando necessário.

Um exemplo simples de atuação adequada é planejar as férias dos analistas de bancos de dados para períodos durante os quais não haverá implantação de sistemas ou outras atividades que possam requerer a presença e o conhecimento deles.

6. Suprimentos

Suprimentos são os consumíveis utilizados durante a operação dos sistemas informatizados. Muitos deles estão relacionados ao uso das impressoras: etiquetas, papel e formulários para impressão, fita para impressão de *tickets*, grampos, cartuchos de tinta e toner para impressoras, mas ainda incluem fitas magnéticas, CDs/DVDs virgens, canetas marcadoras.

O componente Suprimento, essencial para a operação dos sistemas empresariais, é, tradicionalmente, de responsabilidades dos gestores administrativos. São eles que devem garantir a disponibilidade dos suprimentos, comprando-os a tempo, sem excessos e com preços adequados. Sua especificação técnica, no entanto, é atribuição dos profissionais da área de TI.

7. Instalações ou infraestrutura

Embora, do ponto de vista técnico de TI, possam parecer secundárias, as instalações físicas onde operam computadores e usuários são de importância capital no resultado geral de sistemas informatizados. Estão nelas incluídas as facilidades e utilidades [47]. A desatenção à infraestrutura de suporte pode tornar deficiente a operação diária, ser causadora de interrupções inoportunas, e causar funcionamento defeituoso. A Figura 52 exemplifica uma série de itens relacionados com a infraestrutura e instalações. O formato escolhido, de *checklist*, é ideal para garantir que todos os itens sejam efetivamente avaliados e, se for o caso, tenham suas dificuldades analisadas e eventuais problemas solucionados.

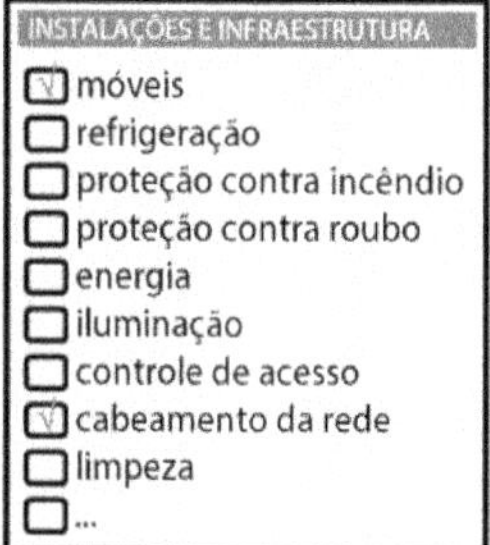

Figura 52 *Checklist* com exemplos de itens de instalação e infraestrutura

Todas as instalações e a infraestrutura de apoio aos sistemas de informação devem ser meticulosamente pensadas e planejadas, pois o custo de modificação de obras, pinturas e montagem de mobília, uma vez iniciadas, é demasiado caro. Deve haver atenção também à manutenção da infraestrutura, para corrigir eventuais danos causados pelo tempo de uso ou por pequenos acidentes.

8. Profissionais de TI

São os técnicos conhecedores dos diversos componentes da TI e responsáveis por garantir seu uso adequado e eficiente. Os principais:

- **Gestor de TI** — responsável pela gerência da área de informática, com as atribuições de: gerir a equipe de TI; planejar e acompanhar o desenvolvimento de projetos; selecionar e adquirir equipamentos, *softwares* e soluções de informática. Recebe as denominações de gerente de CPD, chefe do departamento de informática, gestor do órgão de TI e gerente de TI. Se, porventura, tiver grande influência nas decisões estratégicas, ainda recebe o nome de CIO (*Chief Information Officer*), denotando ênfase na distribuição de informações, ao invés de destacar o uso de tecnologia;
- **Administrador de banco de dados** (ou DBA, na sigla em inglês) — especialista conhecedor de programa de banco de dados, que se responsabiliza por planejar a estruturação dos dados, otimizar a velocidade de acesso e minimizar o espaço utilizado nos discos rígidos;
- **Analista de sistemas** — responsável pelo desenvolvimento (criação) de novos sistemas informatizados, pelo acompanhamento de sua vida útil e por sugestões de otimização. Coordena programadores, na implementação [48] dos sistemas;
- **Analista de segurança de dados** — responsável por avaliar os sistemas e estruturas de TI, com vistas a detectar e eliminar falhas que possam permitir perda, roubo ou alteração indevida de dados;
- **Analista de suporte** — responsável por apoiar usuários no uso da TI e por corrigir eventuais falhas no *hardware* e nos *softwares* operacionais. Eventualmente, analistas de suporte também atuam como administradores de bancos de dados;

- **Analista de redes** — profissional especializado em projeto, instalação, manutenção e operação de redes de computadores. Dedica-se a otimizar o desempenho da rede, acompanhar e resolver problemas de interrupção e sobrecarga;
- **Operador de computador** — realiza trabalhos operacionais para manter os computadores em pleno funcionamento. Entre estes trabalhos incluem-se troca de discos e cartuchos magnéticos, gravação de *backups*, acompanhamento do desempenho via programas de monitoramento;
- **Programador de computador** — conhecedor de linguagens de programação, tem a incumbência de transformar as necessidades empresariais em comandos que possam ser compreendidos e executados pelos computadores. Habitualmente, trabalham sob a coordenação dos analistas de sistemas;
- **Técnico de computadores** — realiza pequenos consertos nos computadores, substitui peças (*mouse*, teclados, monitores e, menos frequentemente, placas internas), instala programas nos computadores de usuários (sistema operacional, Word, Excel, etc.) e os auxilia com explicações básicas sobre o uso de equipamentos;
- ***Tester*** — profissional empenhado em efetuar testes de sistemas e programas. É um técnico, normalmente metódico e meticuloso, que atua para achar erros e falhas nos programas. Quanto mais erros forem encontrados na fase de testes, menos erros sobrarão para atrapalhar a operação normal do sistema após sua colocação em uso;
- **Consultor** — profissional não pertencente ao quadro de empregados e que é contratado para desenvolver um ou mais projetos específicos. São profissionais que têm treinamento especial e ampla experiência, com base em sua atuação em outras companhias; possuem experiência em situações similares àquelas que a empresa pretende resolver; podem agregar grande valor, ao trazer velocidade aos processos de desenvolvimento e de modernização de TI. Consultores costumam ter conhecimento de ponta em técnicas inovadoras e avançadas, como *e-commerce*, *Business Intelligence*, inteligência artificial, instalação e configuração de novos *softwares*, avaliação de desempenho de redes de computadores e novas metodologias de desenvolvimento. São contratados para trazer habilidades especializadas ou conhecimento que não esteja disponível com os profissionais do quadro técnico [49].

Há ainda outros profissionais, muitos surgidos das novas necessidades associadas à criação e operação de *sites* (veja outras denominações no capítulo VI).

9. Estrutura organizacional da área de TI

As empresas costumam ser apoiadas por um órgão chamado de Centro de Processamento de Dados (CPD), departamento de informática, área de suporte à TI ou, simplesmente, área de TI. Esse órgão, departamento ou setor, é responsável por administrar e executar as tarefas relacionadas aos componentes de TI, desde seleção dos modelos de computador a comprar, determinação de formas de manutenção, aquisição de programas e, mesmo, treinamento de usuários.

No componente *estrutura organizacional* incluem-se departamentos, setores e hierarquia funcional relacionados à TI e, ainda, a distribuição e a delegação dos processos decisórios e operacionais concernentes.

A área de TI

A área de TI atua com diversos objetivos, todos ligados, direta ou indiretamente, aos componentes da TI ou ao desenvolvimento de sistemas de informação informatizados. As suas finalidades principais são:

- fornecer soluções associadas à informática;
- prover e manter sistemas de informação;
- executar soluções de integração de sistemas de informação;
- analisar alternativas tecnológicas do mercado e adaptá-las;
- centralizar o conhecimento de TI na empresa;
- viabilizar/otimizar os mecanismos de comunicação empresarial;
- dar apoio à análise de alternativas de modernização tecnológica para as demais áreas organizacionais (produção, *marketing*, finanças, operação);
- promover privacidade e segurança de informações e dados;
- dar suporte aos usuários no uso dos recursos de TI e de sistemas de informação.

A estrutura organizacional da área de TI, seja como departamento ou setor, é fator-chave para o êxito, não só do uso da informática, mas também, da própria empresa, e, muitas vezes, é responsável por seu sucesso ou fracasso.

Gestão da área de TI

Um dos maiores problemas encontrados pelos gestores de TI é a necessidade de manter os programas funcionando adequadamente. Ao longo de sua vida útil, diversos eventos exigem atenção. Dentre eles: mudanças na legislação que impactem nos programas (mudança na lei do imposto de renda, por exemplo), necessidade de aquisição de complementos (compra de módulo para cálculo de vale-refeição), mudança dos relógios para acompanhar o horário de verão, troca de versão (do Windows XP para o Windows 8), defeito no *hardware* (em impressoras, teclados, *webcameras*). Estes e outros eventos devem ser bem administrados, para que os programas se mantenham em funcionamento. Em um hotel, o sistema da recepção tem que estar disponível 24 horas por dia, 7 dias por semana, caso contrário, causará uma catástrofe no *checkin* e *checkout* dos hóspedes.

Os departamentos ou áreas de TI estruturam-se de muitas maneiras, no intuito de cumprir seu objetivo. O diagrama da Figura 53 sintetiza uma das alternativas de organização. Ela contém as principais funções presentes nos organogramas que têm apresentado sucesso em aspectos de gestão.

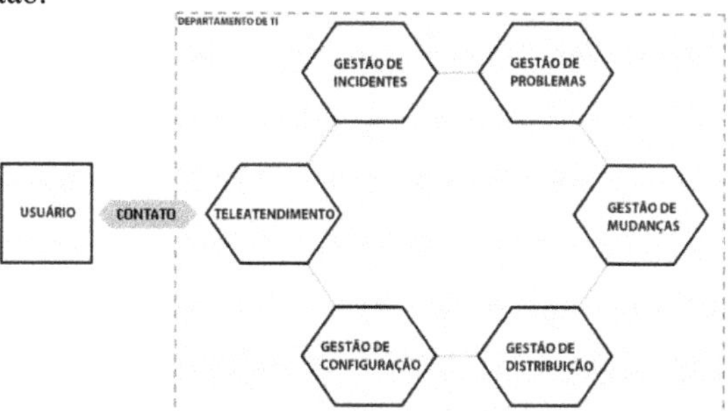

Figura 53 Principais funções na gestão do departamento ou área de TI no atendimento aos usuários

Teleatendimento. Toda a comunicação com os usuários dos sistemas de informação e de TI é centralizada em uma equipe de atendimento — telefônico, WhatsApp ou por *e-mail* — que se responsabiliza por receber informações sobre acontecimentos ou incidentes. Detectados pelos usuários, os incidentes são eventos de inadequação ou mau funcionamento dos sistemas de informação ou de componentes da TI. Podem ser problemas simples, como *mouses* estragados e falhas nas configurações de programas, ou mais complexos, como o travamento de programas e novas necessidades na topologia da rede.

Gestão de incidentes. Função com a responsabilidade de:

- gerir e acompanhar a lista de incidentes. Se o acompanhamento for realizado a contento, garante que todos serão atendidos e que não haverá omissões nem esquecimentos;
- acompanhar, com a equipe da área de TI responsável, o andamento da resolução dos incidentes; e
- comunicar ao Teleatendimento informações sobre o andamento, previsão de conclusão e processo de solução, para repasse aos usuários.

Gestão de problemas. Encarregada de analisar os incidentes informados, determinar causas e estabelecer soluções mais adequadas a cada um. São os técnicos que atuam nessa atividade que analisam circunstâncias, origens e similaridades dos incidentes, e relacionam-nos com outros previamente detectados. Assim, a descoberta de um vírus no computador de um usuário pode indicar a necessidade de: (a) limpar o vírus do computador; (b) instalar novo programa antivírus; e/ou (c) rever toda a política de segurança. Estabelecer qual é a solução indicada é atribuição da Gestão de problemas.

Gestão de mudanças. A equipe alocada na função de Gestão de mudanças responsabiliza-se por conduzir todo o processo de viabilização da execução da solução: providenciar compra ou desenvolvimento de programas, instalá-los e planejar sua substituição.

Gestão da distribuição. Incumbe-se de fazer com que os usuários recebam os programas e as correções planejadas. Inclui o envio e instalação de programas, o treinamento de usuários e a substituição de módulos obsoletos. Todos os caixas das lojas Renner precisam estar executando o mesmo programa, por exemplo. Isso pode requer todo um trabalho logístico de distribuição e instalação de programas.

Gestão de configuração. Responsável por manter o inventário (catálogo) daquilo que está disponível para os usuários. Registra, para cada um deles, o computador usado, se dispõe de impressora, câmera de vídeo acoplada, leitor ou gravador de CD/DVD, o mecanismo de acesso à rede, o sistema operacional e as versões e marcas dos demais programas instalados. A Gestão de configuração também é responsável pela fiscalização das quantidades de licenças de uso autorizadas, sua compra e renovação, conforme o caso.

O funcionamento integrado e harmônico dessas funções simplifica e otimiza, em muito, os processos de administração das áreas de TI.

Outsourcing

Como visto ao longo deste capítulo, há atividades associadas à TI que podem e costumam ser terceirizadas. A terceirização recebe, habitualmente, o nome de *outsourcing* e visa redução de custos, simplificação de processos de gestão, ganho de tempo, ou mesmo, ampliação de conhecimento técnico. Entre as formas mais difundidas estão:

***Outsourcing* de impressão.** A gestão da estrutura de impressão das grandes empresas, que emglobam disponibilização de equipes, manutenção de estoques de cartuchos de tinta, seleção e manutenção de impressoras, é tarefa bastante árdua e complexa. Cada vez mais, tem sido terceirizada. As firmas especializadas contratadas absorvem todas as atividades vinculadas e instalam núcleos de impressoras dentro dos escritórios. Cobram para isto uma tarifa, em geral preço por tipo/quantidade de páginas impressas.

Além das vantagens administrativas, este tipo de *outsourcing* costuma apresentar, simultaneamente, redução de custos. A contagem das impressões, para atestar o faturamento da terceirizada, inibe os empregados, que restringem impressões desnecessárias ou particulares (currículos, receitas, fotos, páginas de Internet).

***Outsourcing* de desenvolvimento de sistemas.** A terceirização das tarefas necessárias para o desenvolvimento de sistemas (veja o capítulo V) é uma das mais usuais. Isso se deve ao fato de que, durante o desenvolvimento, há grande demanda de analistas e programadores que têm sua carga de trabalho muito reduzida após a conclusão do sistema, tornando-os dispensáveis. O *outsourcing* resolve problemas de excesso de equipe como este, além de ter a vantagem de absorver conhecimento oriundo de firmas especializadas em metodologias e métodos modernos de desenvolvimento.

Ultimamente, tem havido a terceirização do desenvolvimento acoplado à operação dos sistemas. Deste modo, evita-se instalar grande parque de computadores e poupam-se inúmeras tarefas administrativas associadas.

***Outsourcing* de mão de obra.** Como o custo de alguns profissionais é bastante elevado, é comum terceirizá-los. Uma corporação que realize projetos de engenharia, no lugar de manter um DBA para atuação em tempo integral, pode contratar firma especializada em TI e, nos eventos em que o técnico for requerido, contar com profissionais qualificados. Através de uma tarifa mensal, e sem custos adicionais, dispõe de especialistas nas eventualidades.

A terceirização também ocorre com a contratação de consultores, principalmente nos momentos em que o trabalho urgente excede a capacidade ou disponibilidade temporária da equipe própria de TI.

Orçamento de TI base-zero (TIBZ)

Gestores empresariais, tradicionalmente, prepararam novos orçamentos de forma evolutiva, tomando por base orçamentos de anos anteriores. Muitas vezes, justificam apenas incrementos ou reduções, sem rediscutir a totalidade do que pretendem gastar.

Todavia, dado que a Tecnologia da Informação é extremamente dinâmica, os conceitos de orçamentação tradicional são de difícil aplicação. A explosão da venda dos *tablets* em 2011 fez com que orçamentos de anos anteriores tenham ficado completamente obsoletos, pois eram equipamentos praticamente desconhecidos. Da mesma forma, a computação em nuvem (*cloud computing* [50]) modificou totalmente os parâmetros de referência dos custos de processamento e de informática. Ambos os casos demonstram que estimativas adaptadas do passado nem sempre são boas bases para novos orçamentos.

Uma opção para o desenvolvimento de orçamentos poderia ser denominada planejamento de TI método base-zero (TIBZ). Neste método, similar ao orçamento base-zero [51], é preciso ignorar todos os investimentos realizados e projetos desenvolvidos, e reapreciar (justificar), a partir do zero, os projetos que serão mantidos, os investimentos que serão realizados e os projetos a desenvolver.

Todo ano, cada projeto em andamento deve ser reavaliado pensando no futuro, sem estabelecer dependências excessivas com o *já instalado* e o *já desenvolvido*.

A reavaliação integral de projetos esbarra, porém, em algumas questões culturais:

- restabelecer um orçamento global para um projeto, a partir do zero, causa insegurança em muitos gestores. É mais confortável aceitar que o orçamento anterior é adequado e, eventualmente, propor aumento de 5%;
- exige muito tempo e trabalho para análise e avaliação. Os gestores preferem aplicar essa energia à operação do dia a dia;

No âmbito da TI, este método de orçamentação é especialmente difícil, nos cenários em que os profissionais, que tratam com tecnologia em perene evolução, inclinam-se pelo continuísmo de soluções passadas, criadas em contextos tecnológicos eventualmente obsoletos. Percebe-se este comportamento ao se ouvir frases como *obviamente temos que manter o banco de dados X, que todos já conhecem* ou *já investimos muito neste sistema e, portanto, é melhor aprimorá-lo, que substituí-lo.*

A cultura do continuísmo é incentivada, com bastante sucesso, pelos fornecedores de equipamentos e programas, pois a eles interessa que haja vínculo das novas soluções com aquelas por eles anteriormente fornecidas. Uma comprovação dessa atitude é a permanente oferta de *novas versões* de *softwares*. A aquisição das novas versões é adequada ao orçamento evolutivo tradicional e evita debates sobre a efetiva necessidade de uso dos *softwares* ou sobre sua eventual substituição.

A tendência ao continuísmo é também induzida em atividades didáticas por algumas faculdades, pois há professores de informática que preferem ensinar conceitos antigos, por eles já dominados, em vez de novos conceitos, que exigiriam esforços e estudos. Cria-se assim uma cultura de medo à mudança.

Nesta época, em que a TI evolui com velocidade impressionante, é necessário que o Gerente Conectado invista energia na avaliação de todos os projetos e operações, questione sua real necessidade, e avalie, junto com os administradores de TI, quais seriam as novas alternativas tecnológicas viáveis.

O uso da TI pelas pequenas e médias empresas

A cada dia, os computadores e as novas tecnologias eletrônicas estão mais presentes em maior número de operações realizadas pelas empresas. As pequenas e médias, todavia, têm sido mais comedidas no uso de recursos de informática. Diversas barreiras podem explicar este comportamento:

- o desconhecimento dos conceitos referentes às novas tecnologias e sua relativa complexidade;
- os altos custos dos equipamentos, programas e profissionais;
- a falta de pessoal para acompanhar e incentivar a utilização da informática. O pessoal, quando disponível, muitas vezes não está adequadamente qualificado;
- a dificuldade de percepção das exatas vantagens em investimentos com informática;
- a necessidade de retorno imediato dos investimentos, o que privilegia a aquisição de máquinas e ferramentas diretamente ligadas à produção.

E, ainda, não devem ser descartados fatores psicológicos, como o medo do uso de novas tecnologias.

No entanto, progressivamente, a TI invade as empresas e participa de suas operações, mesmo que isto ocorra de maneira não objetivamente planejada.

Essa invasão se deve, provavelmente, aos vários benefícios decorrentes da aplicação da informática. Benefícios que podem variar enormemente em função das peculiaridades de cada empresa.

Um dos principais benefícios, bastante conhecido, é a utilização dos computadores para suporte a atividades referentes à contabilidade legal e ao processamento de folhas de pagamento. As vantagens do uso dos computadores para tratamento de operações ligadas à legislação e gestão de pessoal talvez tenham sido responsáveis pela ênfase com que foram usados pelos pequenos escritórios de contabilidade.

Questões relacionadas e de recapitulação

Componentes da Tecnologia da Informação:

1. O que é TI?
2. Qual é a finalidade da TI, dentro das empresas?
3. O acrônimo HS CRIS PEB é composto pelas letras inicias dos componentes da TI. Quais são eles? Cite exemplos de cada um deles.
4. Cite alguns problemas gerenciais relacionados a cada componente da TI.
5. Cite alguns indicadores gerenciais que podem ser usados para avaliar o desempenho de cada componente da TI.

Hardware:

6. Por que os telefones das mesas de escritório estão passando à esfera de influência da TI?
7. Quais são os principais parâmetros que influenciam a eficiência dos computadores e, por consequência, seu preço?
8. Que itens devem compor a planilha de custo de aquisição de impressoras?
9. O que é servidor de impressão? Por que é utilizado?
10. Que itens intangíveis devem ser considerados na aquisição de uma impressora?
11. O que é TCO?
12. Por que, em alguns casos, o aluguel de espaço é incluído no orçamento de custos de uma impressora?
13. Quais são os tipos de impressoras mais utilizados pelas empresas, hoje em dia?

Software:
14. Cite, com exemplos, os grupos dos vários tipos de programas utilizados nos computadores.
15. Qual é a diferença entre *software* básico e aplicativo específico?
16. Quais são os componentes de custo no uso de programas? Explique-os.

Redes:
17. O que é uma rede *wireless*?
18. Quais as vantagens e desvantagens de uma rede cabeada? E de uma rede *wireless*?
19. Diferencie os processamentos centralizado e cliente-servidor.
    Em qual deles há maior tráfego de arquivos pela rede?
    Em qual deles são requeridas estações mais robustas?
20. O que é banda larga?

Bancos de dados:
21. Cite fatores técnicos e administrativos que interferem na seleção do banco de dados a ser usado por uma empresa.

Conhecimento aplicado:
22. O que é conhecimento aplicado, quando se fala de TI?
23. Onde o conhecimento aplicado de TI é encontrado nas empresas?

Suprimentos:
24. O que são suprimentos?
25. Quem são os responsáveis habituais por sua especificação? E por sua aquisição? E por sua armazenagem?

Instalação ou infraestrutura:
26. Cite exemplos de itens de instalação necessários para o bom funcionamento de um conjunto de computadores em uma LAN House.

Profissionais de TI:
27. Cite 3 títulos de cargos dos profissionais de informática e descreva suas atividades.
28. O que é CIO? Quais são suas responsabilidades mais frequentes?

Estrutura organizacional da área de TI:
29. Qual é o departamento/setor responsável pela TI na empresa em que você trabalha ou na faculdade onde estuda?

Gestão de TI:
30. Quem são os responsáveis pela aquisição de *softwares* para as empresas?
31. Cite exemplos de problemas que devem ser resolvidos pelas áreas de TI.
32. Descreva as responsabilidades das funções apresentadas na Figura 53 do texto

- teleatendimento;
- gestão de incidentes;
- gestão de problemas;
- gestão de configuração;
- gestão de mudanças;
- gestão de distribuição.

33. O que é inventário de TI? Que itens controla?

Desenvolvimento de sistemas
34. Diferencie o método de desenvolvimento por fases do método que utiliza prototipagem.
35. Quais são as etapas no método de desenvolvimento por fases?
36. Quais são as vantagens e desvantagens do desenvolvimento por protótipos?
37. O que é um estudo de viabilidade?
38. Em que consiste e qual é a utilidade de uma relação de requisitos?
39. Diferencie requisitos obrigatórios, desejáveis e consequentes.
40. Que atividades estão incluídas na manutenção de sistemas?

Outsourcing
41. O que é *outsourcing* de profissionais? Cite vantagens para uma construtora de imóveis.
42. Quais são as vantagens de se realizar o *outsourcing* das estruturas de impressão de uma empresa?

Orçamento de TI pelo método base-zero
43. Diferencie o método de TIBZ do método de orçamentação tradicional.
44. O que leva alguns analistas e técnicos de informática a ter comportamento conservador e tradicional, quando se trata de modernização da TI?

Capítulo V
INFORMATIZAÇÃO DE SISTEMAS EMPRESARIAIS

> *"A informatização eficiente contribui drasticamente para o desenvolvimento econômico e prosperidade da sociedade."*
> Ion Bolun

Sistemas de Informação Empresarial informatizados

Para que um Sistema de Informação Empresarial (SIE) seja considerado informatizado, é necessário que utilize, obviamente, pelo menos um computador, eventualmente acompanhado de *hardware* adicional, *software* e demais componentes de TI, como apresentados no capítulo IV.

Os departamentos de uma mesma empresa podem estar em graus distintos de informatização, desde minimamente até totalmente informatizados, em razão da ênfase dada ao uso dos computadores. Organogramas sinalizados, como o mostrado na Figura 54, permitem formar uma visão geral do nível de informatização e auxiliam o planejamento de modernização.

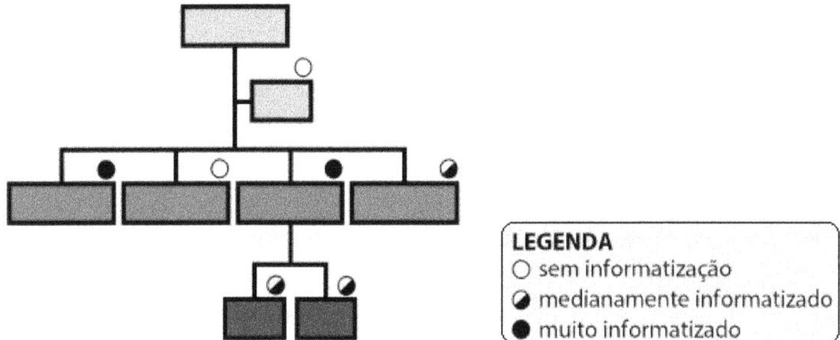

Figura 54 Organograma com os graus de informatização de cada departamento

Qualquer que seja a extensão da informatização, é essencial que esteja alinhada com a estratégia de negócios da empresa. Por alinhada, entenda-se que os sistemas de informação tenham sua alocação de recursos realizada de forma coerente com as prioridades e necessidades estratégicas e, sobretudo, sejam levados em conta na elaboração da estratégia empresarial. Ressalte-se que não existe vínculo entre o montante gasto com informática e o desempenho da empresa, pois o valor dos sistemas de informação é extraído de seu uso [53].

O processo de informatização costuma ser precedido de:

- análise de motivação;
- determinação de quais sistemas ou departamentos serão informatizados;
- estruturação da área de TI;
- planejamento detalhado de ações.

Por que se informatizam sistemas?
Existem inúmeros motivos que levam as empresas a buscar sua informatização. Alguns dos motivos mais frequentes:

- **redução de custos** — a informatização propicia a otimização de processos, seja por permitir realizar compras e outras atividades de forma centralizada, ou por viabilizar a redução de estoques, uma vez que estão garantidos controles mais eficientes. A eliminação de trabalhos ou sua substituição por processos informatizados é um dos grandes fatores na redução de custos operacionais [54]. Um pequeno escritório de serviços que substitua 3 pessoas que preenchem notas fiscais por um computador e impressora pode obter significativo corte em seus custos;
- **maior padronização de documentos** — os 3 empregados acima, certamente, preenchem as notas com *nuances* e variações. O uso de computadores faz com que as notas fiquem todas com o mesmo aspecto; ficam padronizadas. A padronização simplifica enormemente o treinamento de empregados e o esclarecimento de dúvidas de clientes e fornecedores;
- **redução de erros** — o computador efetua tarefas repetitivas sempre da mesma maneira e, assim, eventuais erros, uma vez corrigidos, a princípio, não voltam a se repetir;
- **maior proteção contra perdas** — um fichário de telefones em papel pode ser perdido, molhado ou queimado. Mas se o fichário estiver em um sistema informatizado, mais facilmente poderá ter sua cópia, em DVD ou meio magnético, guardada em outro local;
- **melhor organização dos arquivos de informações** — um banco de dados informatizado guarda informações de forma bem mais estruturada e planejada que um arquivo convencional. Dessa forma, tem maior sucesso em evitar duplicidade de dados e lacunas de conteúdo;
- **melhor execução de processos operacionais** — computadores, adequadamente usados, agregam valor aos produtos e serviços e aperfeiçoam processos operacionais;
- **melhor comunicação** — a informática permite relatórios mais explicativos, troca de correspondência mais clara, padronizada e ágil, com destaque para o uso de *e-mails*;
- **melhor decisão** — uma companhia informatizada consegue acesso mais rápido e eficiente aos dados que orientam as decisões e, com isso, aprimora sua qualidade;
- **maior controle** — em virtude de padronização, melhor comunicação e maior velocidade de obtenção de informações, pois, a informática propicia maior domínio sobre as atividades operacionais.

As empresas também investem em informática para atender a atividades que envolvem grande volume de documentos ou de operações. É usual informatizarem-se a fim de imprimir contracheques para 100 empregados, ou controlar um estoque de 1.000 itens.

Em diversas conjunturas, a informatização é motivada politicamente, e atende necessidades artificiais causadas por ambição (exemplo: desejar ganhar comissão em compras de *hardware*), vaidade (pretender se sobressair com a inauguração de um processo de informatização), inveja (buscar diferenciar-se de competidor interno) ou mesmo rixas internas. Quando a motivação é política, via de regra os resultados são pífios.

De qualquer forma, desde que a motivação não conduza a um processo com consumo exagerado de tempo ou dinheiro, qualquer aumento no grau de informatização traz consigo múltiplos aspectos positivos, associados à modernidade. Contudo, é preciso cautela para que o resultado obtido se transforme em diferencial competitivo.

O que informatizar?

A escolha dos departamentos ou sistemas que devem ser informatizados é definição estratégica. Igualmente é a ordem de informatização. As empresas, ao iniciar sua informatização, enfatizam o uso dos computadores na solução de problemas e, por este motivo, as seguintes questões ou pontos de análise costumam ser examinados:

- quais são os setores de importância estratégica?
- quais são os setores/sistemas com o maior volume de dados/operações?
- onde é requerido maior controle financeiro ou operacional?
- onde é requerida maior qualidade nos serviços (tempo de espera, precisão em dados, disponibilidade de informações)?
- onde há interesses políticos que induzem à informatização?
- onde há usuários mais preparados para absorver a informatização?

Para cada órgão/setor, devem ser analisados os itens acima, e outros similares. Uma tabela ponderada, como a mostrada na Figura 55, auxilia, extraordinariamente, decisões sobre estratégias de informatização e modernização.

A pontuação alcançada pelos departamentos ou sistemas é apenas indicativa de prioridades técnicas. Deve, entretanto, ser acompanhadas de reflexão adicional para estabelecer as prioridades reais, e levar em conta aspectos político-administrativo-financeiros.

QUESITOS	DEPARTAMENTOS: COMPRAS	CONTABILIDADE	CONTAS A PAGAR	FOLHA DE PAGAMENTO
redução de custos	3	1	1	1
padronização	3	2	2	1
menos erros	2	2	3	3
maior segurança	2	3	1	2
melhor comunicação	1	3	2	1
TOTAL	25	27	32	19

Figura 55 Tabela para determinação de prioridades técnicas na informatização de departamentos

Planejamento estratégico de informatização

A estruturação da TI exige o domínio sobre todas as atividades que se referem à infraestrutura requerida para criar e operar sistemas de informação e realizar o processamento de dados. Isto significa conhecer TI, ou seja, saber como comprar e manter computadores e programas, selecionar mão de obra, bancos de dados, redes, suprimentos, instalações (facilidades e utilidades) e saber gerir os métodos de organização, uso e desenvolvimento de sistemas de informação (assunto tratado mais frente, neste capítulo). Para cada um desses componentes da Tecnologia da Informação, é indispensável dispor de especialistas que possam definir quais são as soluções mais adequadas. É importante frisar que é muito raro dispor-se de um único especialista com experiência e domínio sobre todos os componentes. Assim sendo, é corriqueiro contratar equipes de consultores para desenvolver o que se chama de plano estratégico de TI.

Plano Estratégico de TI (PETI)

Um PETI [55] contém todas as especificações de cada um dos componentes da TI, como a marca/modelo dos computadores que serão adquiridos e o padrão dos *softwares* (operacional, de *workflow*, de automação de escritório) planejados. Também orienta a forma de obtenção dos programas destinados ao controle de dados gerenciais e operacionais. Estabelece, ainda, cronogramas e diretrizes para o desenvolvimento, aquisição ou implantação dos sistemas de informação, acompanhados de justificativas pertinentes. Por exemplo, "*Inicialmente desenvolver o sistema de contas a pagar; em seguida o de contas a receber; deixar a folha de pagamento por último em razão de ...*"

O Plano Estratégico de TI é um guia para o processo de informatização e deve ser visto como tal, sem, no entanto, tratá-lo como regulamentação restritiva que impeça renovação e modernização. Sua finalidade é organizar a integração da infraestrutura dos sistemas e dos profissionais, para evitar desperdício de dinheiro e de tempo. Como resultado, quaisquer sistemas que venham a ser comprados ou desenvolvidos devem submeter-se ao plano, sem conflitos.

Conteúdo mínimo de um Plano Estratégico de TI:

- descrição sumária da situação atual da empresa para que se possam entender as proposições contidas no documento que compõe o plano;
- descrição das necessidades ou solicitações de sistemas de informação feitas pelos usuários finais; condicionantes internas e externas dessas solicitações;
- situação presente do parque computacional e tecnológico de informática;
- descrição das proposições: ampliação ou modificação do parque de *hardware*, criação ou modificação de sistemas, alterações no quadro de pessoal de TI e de usuários finais;
- diretrizes para a implementação das proposições do item anterior;
- recomendação de características de *hardware* para aquisição;
- recomendações sobre forma de obtenção dos sistemas, se serão desenvolvidos, comprados ou terceirizados;
- mecanismos de monitoramento e acompanhamento do plano, seja com relatórios mensais ou reuniões periódicas;
- estimativa de custos, prazos e cronograma;

- recomendações de atribuição de responsabilidades na condução do plano.

Obtenção de sistemas informatizados
A informatização de uma empresa, ou de parte dela, exige a seleção e aquisição de equipamentos e instalações, a preparação da equipe de usuários e a obtenção de programas de computador. Os programas, ou sistemas, como também são chamados, podem ser obtidos por meio de:

- aquisição de programas prontos;
- desenvolvimento próprio;
- terceirização;
- *software* como serviço (SaaS);
- solução mista integrando mais de uma opção.

Qualquer que seja a opção escolhida, requer orçamento adequado, acompanhado de especificação precisa e detalhada das necessidades das áreas que atenderá.

Aquisição de programas prontos ou programas-pacote. Programas-pacote são aqueles previamente desenvolvidos, testados e acompanhados de documentação sobre seu uso; são criados com vistas a atender companhias com características e necessidades semelhantes. Habitualmente os programas-pacote costumam ser abrangentes em suas funcionalidades e dispor de relatórios, telas e cálculos controláveis por meio de parâmetros [56]. Os profissionais da área de TI costumam se referir a estes programas como "*genéricos*", por sua capacidade de atender, de forma ampla, a diversos modelos de gestão empresarial.

No mercado, existem fornecedores de programas-pacote para atender a cada uma das atividades empresariais. Existem programas-pacote para edição de textos — como o onipresente Microsoft Word -, tratamento de imagens, suporte ao cálculo de folhas de pagamento, controle de estoque, contas a receber, entre incontáveis outras finalidades.

O fato de os programas-pacote não serem feitos sob medida obriga as empresas, eventualmente, a se adaptar às características deles. Pode ser inevitável modificar a codificação de produtos ou restringir-se aos relatórios pré-formatados embutidos no *software*.

Antes da aquisição, é recomendável que seja preparado um *checklist*, ou lista de requisitos, com todas as necessidades a que o programa deverá atender, para que seja conferido em conjunto com o fornecedor do programa. Assim, clarificam-se pontos em que algum tipo de adaptação será necessária. A figura a seguir mostra exemplo de lista de requisitos:

CHECKLIST DE EXIGÊNCIAS PARA AQUISIÇÃO DE SISTEMA DE CONTROLE DE ESTOQUES

- [x] processar mais de 5.000 itens de matéria-prima
- [ ] aceitar nossa codificação de matéria-prima: 123.456/78
- [ ] permitir acerto na conferência do inventário, feita semestralmente
- [x] guardar código, descrição, peso e medidas das peças
- [ ] guardar a lista dos últimos 4 fornecedores dos itens de matéria-prima
- [ ] controlar ponto de reposição e emitir ordens de compra
- [ ] possuir senha para evitar acesso por pessoas não autorizadas
- [ ] ...

Figura 56 Exemplo de *checklist* com lista de requisitos para aquisição de sistema informatizado

Dois problemas contraditórios são habituais na aquisição de programas-pacote:

- compra de um programa muito mais completo do que o exigido. "*Um canhão para matar passarinho*", fato que acarreta excesso de custos, na aquisição, no treinamento de usuários, e também durante sua utilização;
- compra de programa muito mais simples do que o necessário. Costuma obrigar grande número de adaptações em procedimentos. As adaptações, caso não sejam bem especificadas e corretamente implementadas, podem originar erros e falhas, com altos custos deles decorrentes.

Vantagens dos programas-pacote:

- possuem, em geral, custos e prazos de implantação inferiores, se comparados à opção de desenvolvimento próprio;
- costumam ser programas pré-testados, com utilização efetiva em outras companhias. Muitas vezes, antes da aquisição é possível marcar visitas, para conferir *in loco* suas funcionalidades e qualidades em operações reais;
- habitualmente consolidam experiências provenientes de diversas empresas. Os programas possuem as soluções de relatórios e telas criadas e aprimoradas por outros usuários, e trazem, embutidos, conhecimento, *expertise* e melhores práticas (*best practices* [57]).

Ao se adquirir um programa-pacote, normalmente compra-se "*uma licença de uso do programa*", ou seja, com o pagamento de uma tarifa, passa-se a ter o direito de utilizar o programa. A tarifa pode ser única, na compra, ou paga mensalmente. O contrato de licença de uso [58] estabelece quantas instalações são autorizadas ou permitidas.

A aquisição de programas-pacote não permite modificá-los ou revendê-los. Quaisquer modificações deverão ser contratadas ao fornecedor original do programa, que costuma, para tanto, apresentar orçamento específico.

Terceirização do desenvolvimento e operação. Para poder se dedicar às suas atividades-fim, ou para reduzir custos, muitas vezes as empresas terceirizam, isto é, contratam firmas especializadas para criar e operar alguns sistemas de informação. O Gartner, Inc. informou, em estudo [59], que a terceirização bem-sucedida de processos de TI pode economizar até 30% dos custos.

O exemplo mais frequente, em pequenas empresas, é a terceirização da operação dos sistemas de folha de pagamento e da contabilidade, normalmente contratados com escritórios de contabilidade. Nelas, os gestores apenas coletam as notas e documentos fiscais e os encaminham para os contadores contratados. Também o fazem com todos os documentos relativos aos pagamentos e descontos de funcionários, para que os contadores os registrem nos sistemas de folha de pagamento. Grandes corporações dão prioridade à terceirização do desenvolvimento de atividades não essenciais e procuram preservar a segurança e confidencialidade de seus dados, com o desenvolvimento interno apenas de sistemas fundamentais e relevantes.

Desenvolvimento próprio. O desenvolvimento próprio é a opção utilizada por empresas que dispõem, em seus quadros, de técnicos qualificados em TI: programadores, analistas de sistemas, de suporte e de banco de dados.

Desenvolvimento é a atividade de criar os programas de computador, desde a concepção inicial até sua entrega, pronto e funcionando. Para o desenvolvimento podem ser utilizadas diversas metodologias (i.e. abordagens de desenvolvimento), como o desenvolvimento através do ciclo de vida tradicional ou o desenvolvimento através de protótipos (veja a próxima seção: Desenvolvimento de sistemas informatizados).

Com o desenvolvimento próprio, obtém-se um programa de computador completamente adaptado às necessidades e particularidades da empresa. É a solução preferida para as atividades específicas, especiais e típicas, e que fazem parte do seu diferencial competitivo. Como o desenvolvimento é realizado internamente, eventuais segredos do negócio ficam protegidos.

Frequentemente, as indústrias dão prioridade ao desenvolvimento de programas para informatização do controle de sua produção (PCP [60]), pois, como habitualmente o PCP apresenta características próprias e distintas das de outras empresas, normalmente é criado sob medida.

Tradicionalmente, alguns problemas acompanham a realização do desenvolvimento:

- custos elevados, quando comparados às demais soluções;
- limites orçamentários excedidos;
- prazos dilatados e muitas vezes não cumpridos; e
- eventuais mudanças de prioridades que interrompem o desenvolvimento.

Sendo assim, essa alternativa exige planejamento bem elaborado e processo de gestão bastante complexo e intenso.

***Software* como Serviço (*Software as a Service* — SaaS).** Com o uso difundido da Internet, os fornecedores de programas passaram a oferecer solução integrada, que inclui os próprios programas, os sistemas de bancos de dados e os computadores nos quais ficam instalados. As empresas clientes passam a ter acesso aos *softwares*, de forma remota, via Internet, sem necessidade adicional de infraestrutura, bastando possuir computadores para acesso e conexo à Internet. Podem adquirir o conjunto, composto por infraestrutura e programa associados. Yahoo Mail, Zoho Office e Google Docs são exemplos gratuitos de SaaS.

Os fornecedores de SaaS, por outro lado, responsabilizam-se por manter os programas em operação e atualizados, fazer backup dos dados, e disponibilizar, em suas centrais, computadores eficientes para a execução dos programas. Esses programas e os serviços neles agregados são oferecidos para muitos clientes, simultaneamente, o que traz ganho de escala e permite o compartilhamento da infraestrutura computacional.

A principal vantagem no uso dessa opção é evitar a necessidade de instalação de programas adicionais nos computadores da empresa cliente. Com ela, barateiam-se muito os custos de suporte e manutenção. Se, porventura, um computador der defeito, basta reformatá-lo, ou substituí-lo por outro, e acessar normalmente o programa, via Internet.

Em geral, os custos de uso de SaaS são cobrados mensalmente, e dependem do tipo de programa fornecido e da capacidade computacional contratada. Quanto maior a capacidade (memória, espaço em disco, largura de banda para troca de dados), maiores os gastos.

Diferentemente da solução de terceirização, o SaaS requer que o próprio usuário opere o sistema, tarefa que exige treinamento específico. Esse treinamento, muitas vezes, está incluído na contratação de *Software como Serviço.*

Os termos *Software as a Service* e *Cloud computing* (computação nas nuvens) estão associados. Enquanto o SaaS se refere ao uso de programas de terceiros instalados nos computadores deles, o conceito de computação nas nuvens refere-se ao uso de programas próprios, ou de terceiros, instalados em provedores acessados via Internet. O SaaS é um caso específico de *Cloud computing.*

Responsabilidade.

A escolha entre as alternativas de aquisição de programas depende das características das empresas, das soluções adotadas e dos programas vendidos no mercado. A responsabilidade por determinar a melhor escolha é compartilhada pelo titular do órgão de gestão de TI e pelo usuário que fará uso do sistema.

O administrador do órgão de TI preocupa-se com o cumprimento do plano estratégico de TI, com a eficiência do sistema e com a viabilidade técnica de sua implantação. Já o usuário responsabiliza-se pela seleção adequada, pela qualidade das funções e pelo custo do *software.*

Desenvolvimento de sistemas informatizados

Desenvolver sistemas é mais do que construí-los. Abrange desde a fase de sua concepção até as fases de programação e instalação para os usuários. É função eminentemente de responsabilidade dos gestores de TI, para a qual foram preparados e treinados.

O termo "sistema" costuma abreviar "sistema de informação informatizado". Nesta acepção, é também usado como sinônimo de programa e, portanto, desenvolver sistemas ou desenvolver programas é frequentemente considerado a mesma atividade. A maior parte das metodologias de desenvolvimento de sistemas têm origem em duas modalidades tradicionais:

- desenvolvimento em fases;
- desenvolvimento com protótipos.

Desenvolvimento de sistemas em fases

Uma vez que o desenvolvimento de um sistema informatizado abrange ampla variedade de atividades, envolve profissionais distintos (usuários, analistas, programadores, *webdesigners*) e formas de trabalho também distintas (coleta de dados, planejamento, programação, teste de programas, redação de documentos), é tradicionalmente dividido em fases ou etapas. A figura a seguir apresenta segmentação clássica na divisão do desenvolvimento de sistemas. Outras segmentações são possíveis e, basicamente, dependem da metodologia a ser adotada e das ênfases aplicadas. Em geral, distinguem as fases relacionando-as às seguintes perguntas: Para que o sistema será feito? O que deverá ser feito? Como deverá ser feito? E às etapas de Fazer e Usar.

Durante a execução de cada fase, é normal surgirem problemas que exijam o retorno para fases anteriores, em busca de acertos, reavaliações e revisões. Isto é mais frequente durante as fases de Análise e de Levantamento de requisitos.

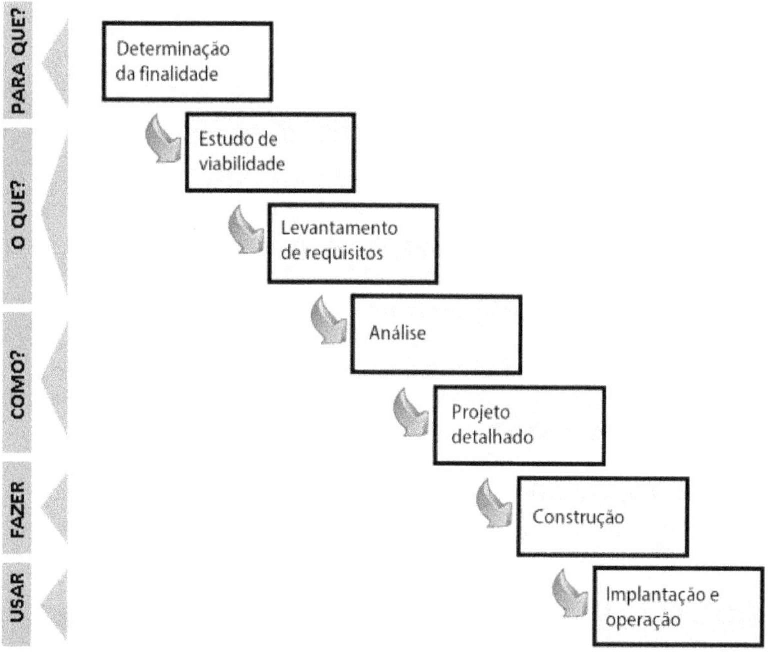

Figura 57 Desenvolvimento de sistemas em fases

Logo no início do desenvolvimento propriamente dito, duas atividades são obrigatórias:

- definição da finalidade do sistema de informação;
- estudo de viabilidade.

Com certeza, atividades mais dispendiosas somente devem ser iniciadas após estar definida qual será a finalidade (ou utilização) do futuro sistema de informação, e ter sido analisada as viabilidade técnica e financeira.

1. Determinação da finalidade.

Qual será o objetivo do sistema a ser desenvolvido? Esta pergunta, pelo menos em grandes linhas, deverá ser a primeira a ser respondida para que todo o processo de desenvolvimento tenha início. Poderá ser um sistema de gestão de pagamento de pessoal ou um sistema de apoio ao recebimento de faturas. Seja como for, saber qual a finalidade permite designar as pessoas que serão chamadas a colaborar no seu desenvolvimento (chefe do setor de pessoal ou supervisor da área de faturamento?), além de dar condições para avaliar os custos e tempos consumidos no desenvolvimento.

Um documento sintético, denominado de *descrição sumária do sistema*, deverá ser preparado, para responder questões básicas como:

- qual é o principal objetivo a ser alcançado?
- quais são os objetivos secundários a ser atingidos? Objetivos esses, que podem ser fruto de percepção de necessidades ou de definição originada em circunstâncias estratégicas;
- quem são os principais usuários que se beneficiarão?
- quem são os principais usuários que se envolverão?
- qual é a importância do novo sistema para a empresa?
- quais são os riscos de se obter um sistema inadequado ou da falta de um sistema?
- quais são as leis e os regulamentos a ser atendidos?
- quais são os prazos de desenvolvimento vistos como oportunos?

Esse é um documento que requer clareza de visão das necessidades empresariais, e exige dos gestores estratégicos algum tipo de análise para compreensão da abrangência e importância do sistema a ser desenvolvido.

2. Estudo de viabilidade.

Um sistema é dito viável quando é possível realizá-lo. Para realizar essa avaliação, três análises de viabilidade devem ser estudadas:

- análise financeira: Quanto custará? O orçamento é condizente com os interesses da empresa e disponibilidade de recursos?
- análise técnica: Há capacidade técnica para o desenvolvimento? Essa capacidade (tecnologia e técnicos) pertence à empresa, ou será obtida com a contratação de terceiros?
- análise de prazos: Os prazos prováveis de obtenção de resultado são compatíveis com as necessidades?

Nessa fase, avalia-se, no mercado, a existência de programas prontos, que possam ser adquiridos e adaptados. Muitas vezes a alternativa de aquisição é mais interessante, não só do ponto de vista financeiro, como, também, técnico.

Definido o objetivo do sistema e estabelecida a viabilidade de seu desenvolvimento, passa-se então para as demais fases, de perfil mais técnico.

3. Levantamento de requisitos do sistema.
Requisitos do sistema são as exigências de funcionalidades que o sistema deverá cumprir para bem atender sua finalidade. Correspondem a modelos e campos de dados de relatórios e telas, características de integração com outros sistemas, tempos de resposta, cálculos e outras imposições da situação a ser atendida pelo sistema.

São obtidos a partir do levantamento das necessidades dos usuários atuais e futuros, por meio de entrevistas, discussões em comitês de usuários, consultas a documentos, estudo dos sistemas atualmente em uso. Requisitos não são desejos improdutivos, mas sim necessidades concretas cuja importância é demonstrável.

REQUISITOS PARA O SISTEMA DE CONTROLE DE PAGAMENTOS DE PESSOAL

REQUISITO / EXIGÊNCIA	CLASSE
1. controlar empregados mensalistas, horistas e pessoal *part time*	obrigatório
2. emitir contracheque para todos os empregados	obrigatório
3. permitir que o empregado imprima seu histórico de recebimentos	desejável
4. efetuar os cálculos legais (INSS, IR, FGTS, etc.)	obrigatório
5. permitir totalizações por departamento e setor	obrigatório
6. permitir visualização de gráficos gerenciais em *tablets* Android	desejável
7. possuir controle de férias e faltas	obrigatório
8. conectar-se automaticamente ao sistema de ponto eletrônico	desejável
9. utilizar as impressoras matriciais disponíveis na empresa	desejável
10. treinar equipe de suporte para *tablets* Android	conseq. de 6

Figura 58 Exemplo de lista de requisitos de sistema de gestão de pagamentos de pessoal

As listas com os requisitos dos sistemas (Figura 58) devem ser organizadas nas seguintes classes:

- **requisitos obrigatórios** — cumprimento de prazos ou leis, utilização de um banco de dados específico e outras funcionalidades indispensáveis, sem as quais o sistema não atenderia seus objetivos;
- **requisitos desejáveis** — a impressão em cores, o grau de informatização, alguns relatórios específicos e outros recursos que agregariam valor ao resultado apresentado pelo sistema, mas que podem ser eliminados, em virtude de altos custos ou de dificuldades técnicas;
- **requisitos consequentes** — vinculados ou dependentes — são aqueles que surgem em função dos requisitos obrigatórios e desejáveis. Se fosse obrigatória a utilização de um banco de dados Oracle (por já estar comprado), então, por consequência, seria necessário dispor de um analista de suporte de *software* com essa especialidade. Os

requisitos vinculados devem ser bem identificados, pois a extinção de algum requisito obrigatório ou desejável anulará os requisitos que dele dependem.

O contexto de atuação de um sistema abrange espaço muito mais amplo do que apenas os ocupados por programas ou *softwares* e, durante a determinação da lista de requisitos, a abrangência completa exige estudo detalhado. O levantamento de requisitos de um "*sistema de pessoal*" engloba, inclusive, estudos sobre o processo de recrutamento, feito com publicação de anúncios em jornais, ou sobre o processo de desligamento, executado no âmbito do Ministério do Trabalho. Essas são atividades obrigatórias e essenciais, mesmo que dificilmente informatizáveis ou sequer passíveis de suporte por programas de computador. Incluí-las no levantamento e na apreciação dos requisitos, todavia, torna-os mais precisos e pertinentes.

Após a adequada compreensão do sistema e do arrolamento de seus requisitos operacionais, faz-se a análise detalhada de todas as exigências que deverão ser cumpridas pelo *software* a ser desenvolvido e que dará suporte às atividades informatizáveis do sistema. Listam-se relatórios que deverão ser gerados; informações que deverão se apresentadas para os usuários, sejam eles gestores, operadores ou público em geral; exigências no tratamento de volumes de dados (quantidades de transações, prazos obrigatórios de entrega); restrições associadas a normas e procedimentos ou à legislação.

A elaboração da lista de requisitos traz várias vantagens, tais como permitir estabelecer prioridades, avaliar eventuais descartes para minimizar custos, e explicitar as demandas para que possam ser cobradas ao final do desenvolvimento.

Nessa fase, busca-se compreender a abrangência e a finalidade do sistema, e arrolar todas as exigências para que, ao ser implantado, seja considerado eficiente e bem-sucedido.

4. Análise.

Depois de conhecidos os requisitos e o ambiente para o qual será proposto um novo sistema, é necessário que seja feita a análise das exigências, pois, muitas vezes, algumas podem ser sanadas por simples mudanças de estrutura ou de pessoal, não requerendo o desenvolvimento de novos sistemas. Uma loja pode reduzir a fila do caixa meramente com a troca do empregado responsável, sem necessidade de desenvolver novo sistema de controle de caixa.

A revisão das necessidades deve gerar um documento claro (metas e objetivos detalhados do novo sistema), que estabeleça quais são, efetivamente, os problemas e as necessidades existentes e quais, dentre eles, devem ser solucionados pela concepção e implantação de um novo sistema. Essa revisão inicial de requisitos é das primeiras e mais fundamentais atividades da fase de análise no desenvolvimento de sistemas.

Aplicando suas experiências e seus conhecimentos técnicos, analista e usuário criam, então, um projeto de solução integrada para atender às necessidades de funcionamento do novo sistema.

A solução consiste nas descrições funcionais do futuro sistema e inclui:

- descrição geral do sistema informatizado;
- delimitação dos problemas que serão resolvidos pelo sistema;
- subdivisão em módulos;
- conteúdos das telas de apresentação;
- conteúdos dos formulários para entrada de dados;
- conteúdos de relatórios;
- descrição das rotinas de cálculos;
- descrição da inter-relação das telas e estrutura de navegação entre elas;
- exigências de permissões de acesso e de segurança;
- conexão com outros sistemas, informatizados ou não;
- descrição do novo funcionamento dos postos de trabalho que vão se beneficiar do sistema;
- conteúdos das tabelas dos bancos de dados, por exemplo, empregados (matrícula, nome, endereço, salário, telefone), filiais (código, gerente, endereço, centro de custo), departamento (código, gerente);
- recomendações sobre o cronograma de desenvolvimento.

O texto detalhado que registra a solução adotada é denominado de *especificação do sistema*. É essencial que tal especificação seja adequadamente redigida, pois será a base para todas as fases de construção que virão a seguir. Termos genéricos como *mais rápido*, *mais eficiente*, *mais econômico* devem ser banidos e eventuais parâmetros numéricos de referência devem ser claramente quantificados.

A especificação do sistema, completamente documentada e revisada é submetida à aprovação pelo usuário ou, como é frequente, por um comitê de usuários. Pontos questionados devem ser repensados, novamente analisados e, posteriormente, validados, para aprovação. A aprovação da especificação, mesmo que seja de forma parcial, é o indicativo mandatório para que a construção efetiva do sistema possa ser iniciada.

Essa fase de análise é uma das mais complexas, e seu resultado depende, em muito, da qualificação dos responsáveis por sua realização. Requer, principalmente dos analistas que a desenvolvem, características destacadas de criatividade, conhecimento técnico e relacionamento interpessoal. Embora sejam atividades distintas, é cabível comparar a fase de análise com a fase de criação realizada pelos arquitetos de edifícios.

5. Projeto detalhado.

As unidades especificadas na fase de análise são posteriormente construídas pela elaboração de módulos (programas, rotinas, textos) projetados detalhadamente com precisão e clareza. A fase de elaboração do projeto detalhado determina finalidades de cada módulo a ser programado; especifica formas de validação técnica dos módulos/programas, com ênfase em atividades vinculadas aos *softwares*, linguagens de programação e bancos de dados que serão utilizados. O projeto detalhado pode ser visto como análogo a um projeto de engenharia, no qual as plantas e diagramas, com grande precisão, são pormenorizadamente desenhados.

As diversas tarefas englobadas no processo de construção obedecem a diferentes prazos para a sua execução. Enquanto um módulo ou programa pode tomar uma semana para ser programado, o manual descritivo de operação pode consumir de duas a três semanas de trabalho. Para que estejam prontos e disponíveis ao mesmo tempo, seu início ocorre em momentos distintos. As necessidades de implantação definidas na fase anterior (de análise) e as disponibilidades de recursos (programadores, equipamentos), orientam, durante o projeto, a preparação do plano de construção do novo sistema, também chamado de *cronograma de programação*.

6. Construção do sistema, ou Programação

Durante essa fase são efetivamente preparados os componentes do sistema. Dentre eles, os programas e a documentação explicativa de como será operado/utilizado. Diz-se que, nessa fase, realiza-se "*a codificação e a depuração*" dos programas, momento em que estes são escritos e eventuais erros corrigidos.

A tecnologia de construção de sistemas modernos distingue-se pelo reaproveitamento de trabalho, normalmente padronizando telas e rotinas. Para tanto, vários métodos são usados, como a programação orientada por objetos, ou o mero encapsulamento de código [61], com a utilização de bibliotecas-padrão [62].

Uma atividade importante, durante a construção do sistema, é a de avaliação de qualidade dos produtos [63], que é comumente chamada de testes dos programas. Testar um programa é conferi-lo e utilizá-lo previamente à entrega, com vistas a averiguar se:

- cumpre a finalidade a que se destina;
- demanda e apresenta todos os dados e informações que foram previstos;
- efetua seus cálculos corretamente;
- realiza as conferências sobre dados digitados, para verificar se estão como requerido;
- apresenta mensagens de erro ou orientadoras com textos simples e precisos.

Durante a fase de construção do sistema, ainda recebe atenção a preparação do ambiente no qual o sistema operará. Isso inclui, além das exigências de TI (computadores, licenças de uso de programas de bancos de dados, redes), a preparação dos futuros usuários, seja com sua contratação e treinamento, ou apenas sua sensibilização, com divulgação formal do sistema em desenvolvimento e de suas vantagens.

7. Implantação e operação

Implantar um sistema é colocá-lo para uso em definitivo. Antes de sua efetiva operação, é necessário implantá-lo, momento no qual todo o trabalho realizado é posto à prova e o sistema sai da prancheta e torna-se real. A implantação é a fase na qual os programas são instalados nos computadores de "produção" e o sistema é posto a funcionar pela primeira vez e são realizados os ajustes para que possa ser operado permanentemente.

O sucesso dessa fase depende bastante do desenvolvimento adequado das fases anteriores. É bom ressaltar que, na fase de implantação, sempre são exigidos pequenos ajustes (ou "sintonia fina") no comportamento do novo sistema. Essa sintonia deve ser criteriosa e bem administrada, para que não coloque em risco todo o projeto.

A operação do sistema, que é a sua fase mais duradoura, é acompanhada de revisão periódica de procedimentos, pois os processos administrativos estão em constante evolução e aprimoramento e requerem que os sistemas sejam adaptados para que os acompanhem. As atividades de revisão periódica, correção ou melhorias pontuais de programas, após a implantação, recebem o nome genérico de *manutenção de sistemas*.

Desenvolvimento de sistemas com protótipos (prototipagem)

Nessa modalidade de desenvolvimento de sistemas, o usuário e o analista reúnem-se e, com o auxilio de um *software* de apoio ao desenvolvimento, vão criando, em trabalho conjunto, pequenos modelos simplificados do sistema desejado, composto por telas. Esses modelos serão aperfeiçoados por revisões, ajustes e modificações sucessivas e incrementais.

Na prototipagem, inicialmente realiza-se processo de identificação dos principais requisitos do sistema (como visto anteriormente). Em seguida, constrói-se um protótipo do sistema, ou de um módulo, que é avaliado pelo usuário. As diversas sugestões e correções são incorporadas ao protótipo até que é, finalmente, aprovado. Depois de aprovado, desenvolve-se o sistema, já como produto final, e nele se colocam acabamentos, artifícios de segurança e requisitos de desempenho (Figura 59).

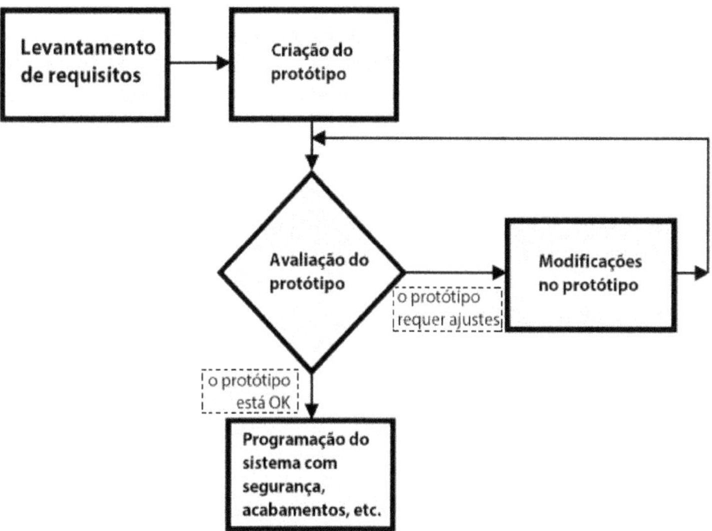

Figura 59 Desenvolvimento de sistemas por meio de protótipos

Dentre as vantagens no uso da prototipagem, podem ser citadas maior velocidade de desenvolvimento (criação) do produto final, grande redução de custos e melhor qualidade da *interface* de uso do sistema. Mas, ao contrário do método de desenvolvimento em fases, a precisão do sistema criado deixa a desejar, assim como sua integralidade e exatidão. A prototipagem, embora rápida, é tecnicamente imprecisa.

Exemplos de sistemas de informação empresarial

Qualquer que seja a área de negócios de uma empresa — serviço, comércio, indústria ou agrícola -, ela se utiliza de um conjunto básico de sistemas de informação, informatizados ou não, para apoio à sua gestão. Esse conjunto é bastante similar entre empresas, com pequenas variações: sistemas de folha de pagamento são muito semelhantes, seja para um pequeno escritório de serviços ou uma grande indústria. As principais diferenças são encontradas na variedade dos relatórios apresentados; na disponibilidade adicional de um ou outro módulo complementar, como o controle de emissão de vales-transporte; no uso de novas tecnologias de arquivamento; ou na *interface* homem-máquina [64].

Segue-se uma lista de sistemas tradicionalmente encontrados nas empresas e, muitas vezes, parcialmente informatizados:

Na área comercial:

- Cadastro de clientes — um arquivo com todos o dados sobre clientes — datas de visitas, últimas vendas, principais demandas — é vital para a operação comercial (veja CRM no capítulo VIII). Um sistema informatizado de gestão de cadastro alavanca o relacionamento com os clientes, mesmo que sejam apenas planilhas eletrônicas rudimentares;
- Comissões — vendas podem propiciar aos vendedores participação sob a forma de comissão, e isto impõe dispor de sistema para fazer o controle sobre as comissões a ser pagas: quem faz jus? Qual o valor a pagar? Quando deverá ser pago?
- *Marketing* — sistema que engloba as atividades referentes à divulgação e propaganda. Pode-se entender o *marketing* como um sistema para tornar conhecidos os produtos e motivar clientes a efetuar compras;
- Processamento de pedidos — pedidos de compra realizados pelos clientes precisam ser conferidos e arquivados adequadamente. Em seguida, a área de produção é acionada para que os produtos sejam, efetivamente, fabricados. Todo o processo é acompanhado, para garantir que os produtos fiquem prontos nos prazos acordados e com a qualidade esperada pelos clientes. O sistema de processamento de pedidos responsabiliza-se por essas atividades;
- Vendas — abrange todos os procedimentos e dados referentes aos processos de vendas, como o acompanhamento das atividades de vendedores e dos planos de visitas a clientes.

Na área de administração de recursos humanos:

- Avaliação de desempenho — muitas empresas possuem sistemas com procedimentos para avaliação periódica de desempenho de seus funcionários, com vistas a promoções e/ou realocações. Podem ser entrevistas periódicas com os chefes, avaliações de profissionais com base na média mensal do número de clientes por eles atendidos, entre outras formas utilizadas;
- Folha de pagamento — sistema que efetua o cálculo dos valores a pagar aos funcionários, computando horas-extras, abonos, férias, e descontando faltas, retenções e impostos. Esse sistema também gera relatórios para envio ao fisco, previdência social, bancos e, ainda, emite contracheques.

- Ponto eletrônico — sistema responsável pela apuração das horas trabalhadas pelos funcionários por meio do uso de cartão de ponto eletrônico;

Na área financeira:

- Contabilidade — sistema de obrigação legal que registra todas as transações financeiras realizadas pelas pessoas jurídicas. Todos os pagamentos e recebimentos realizados são registrados na data em que efetivamente acontecem;
- Custos — sistema para acompanhamento dos gastos, vinculados à prestação de serviços e à produção de mercadorias; é utilizado gerencialmente para entender quais são os custos dos produtos, e assim atribuir-lhes preço adequado. Uma padaria que tenha gastado, no mês de abril, 320 homens-hora (R$ 6,00 por hora), 1.500 quilos de farinha (R$ 2,00 / kg) e R$ 1.000,00 em outros gastos para produzir 30.000 pães, pode, então, estimar o custo de cada pão. O sistema de custos é subsídio para a otimização do orçamento empresarial e determinação de preços.
- Orçamento — sistema que controla as previsões de receitas e despesas para um período definido, como um mês ou ano.

A contabilidade é obrigação legal, e, portanto todas as empresas dispõem de sistemas para realizá-la, informatizados ou não. Já os sistemas de orçamento e custos, que se destinam a aprimorar processos de gestão, habitualmente costumam existir, seja de forma artesanal ou estruturada.

Existem, ainda, na área financeira, outros sistemas importantes como os de contas a receber, de contas a pagar e de fluxo de caixa.

Na área de produção encontram-se os sistemas de:

- Controle de estoque de matéria-prima — acompanha a entrada/saída de matérias-primas, controla as disponibilidades, e evita que haja falta ou excesso;
- Controle de estoque de produtos acabados — monitora os produtos já prontos, para que não fiquem tempo demasiado aguardando ser entregues aos compradores;
- Desenvolvimento de produto — auxilia engenheiros e técnicos que planejam modificações ou criações de novos produtos. Engenheiros e arquitetos contam com programas de apoio ao desenho de plantas e de projetos técnicos, denominados CAD (*Computer Aided Design* — projeto auxiliado por computador);
- Planejamento e controle de produção (PCP) — acompanha o parque produtivo (máquinas e pessoal), e contribui para a elaboração dos planos de produção. Muitos sistemas apoiam, adicionalmente, o planejamento de paradas para manutenção e outras atividades essenciais para o chão de fábrica das indústrias;
- Automação do chão de fábrica — controla automaticamente os equipamentos utilizados no chão de fábrica, como fresas e tornos eletrônicos.

Conhecer todos estes sistemas, sua articulação e sua unificação em um sistema maior, o Sistema de Informação Empresarial, traz ao Gerente Conectado visão de conjunto, que propicia enorme ganhos nos momentos de tomadas de decisões.

A estruturação dos componentes do Sistema de Informações Empresarial, para que trabalhem em sinergia e de forma interdependente, é tendência atual. A integração completa recebe o nome de ERP, e está detalhada mais à frente, neste capítulo.

Exemplo de sistema integrado: Fábrica de Pizzas Ltda.

Nesta seção descreve-se, em um exemplo, o funcionamento de uma indústria, e apresentam-se alguns de seus principais documentos e sistemas, explicando a mecânica de ligação existente entre eles. Todos os sistemas e documentos expostos são bem conhecidos e de uso corriqueiro. Entretanto, o exemplo procura explicitar, mais formalmente, seus objetivos e utilidades. Embora se refira a uma indústria, os conceitos apresentados são muito similares aos encontrados em empresas de outros ramos econômicos, como o de comércio, de serviços, financeiro e agrícola.

É essencial que o Gerente Conectado tenha noção básica sobre a finalidade de cada um dos sistemas e documentos utilizados, e também que os compreenda à luz dos conceitos da Teoria de Sistemas (veja capítulo III): finalidades, partes e relações existentes.

A integração dos sistemas que compõem o Sistema de Informação Empresarial pode ser representada como um diagrama de conexões, como o mostrado, mais à frente, na Figura 61. Nele estão inseridos os mais frequentes sistemas utilizados para a gestão de uma pequena indústria. Representa o funcionamento de uma fábrica fornecedora de pizzas para lanchonetes e pequenos restaurantes.

Para simplificar a compreensão da análise que é apresentada em seguida, devem-se considerar os seguintes fatos sobre a fábrica:

1. produz pizzas embaladas uma a uma e semiprontas, ou seja, para prepará-las basta aquecê-las por alguns minutos;
2. processa até 300 pizzas por dia, de vários sabores: calabresa, 4 queijos, rúcula com tomate seco, etc.
3. fabrica pizzas sob encomenda/demanda. Não possui estoque de pizzas prontas para entrega, e somente fabrica as solicitadas por meio de pedidos.

Os clientes se relacionam com a empresa através de pedidos de fabricação de pizzas, por exemplo:

- cliente A: pedido de 30 pizzas de calabresa, 20 de muzarela e 4 de chocolate;
- cliente B: pedido de 72 pizzas de calabresa, 20 de muzarela, 6 de chocolate, 8 portuguesas.

FÁBRICA DE PIZZAS LTDA.

PEDIDO: 412

CLIENTE: Boteco M.E.
DATA: 14-Fev-2014
SOLICITADO PARA: 21-Fev-2014

QTDE.	DESCRIÇÃO	PREÇO
30	calabresa	120.00
20	muzarela	64.00
4	chocolate	18.00

TOTAL: 202.00

Figura 60 Exemplo simplificado de pedido de fabricação de pizzas

Um pedido é composto por dados: nome do comprador, data do pedido, lista com as quantidades e tipos de pizzas, data para entrega, como será feita a entrega, e outros que possam descrever as necessidades comercias, operacionais e financeiras do processo. Cada dado preenchido abrange uma ou mais utilidades durante o processo operacional. Alguns, como o nome do cliente e a data de entrega, são usados para organizar o despacho da mercadoria; e outros para a emissão da cobrança (Figura 60).

O pedido pode ser recebido pela fábrica através de várias opções, dentre elas:

- WhatsApp;
- telefone;
- *e-mail*;
- representante ou vendedor, que anota o pedido em talão (em papel), ou utiliza alguma solução informatizada, como *tablet* conectado à Internet;
- portador, ou *boy* do cliente, que entrega o pedido no próprio endereço da fábrica de pizzas;
- formulário de pedido acessado no *site* da fábrica;
- troca eletrônica de informações diretamente entre os computadores da Fábrica de Pizzas e os dos clientes. Essa opção recebe o nome de EDI [65]. Não trafegam mais papéis, mas somente "documentos eletrônicos". O EDI está em fase de grande desenvolvimento, porque seu custo é muito pequeno, sua rapidez é enorme, e é de alta confiabilidade.

O EDI pode interligar os computadores do cliente e da fábrica, diretamente, ou ainda ocorrer (numa extensão do conceito) com a utilização de formulários via *site* da empresa vendedora.

Cada uma das opções acima apresenta vantagens e desvantagens e, com frequência, é empregada mais de uma opção. Vendedores são de alto custo de deslocamento, mas graças às suas habilidades geram pedidos de valor maior. O telefone é de ação instantânea, custo baixo, mas como não deixa registrado claramente o que foi solicitado, foi substituído, quase completamente, pelo WhatsApp ou *e-mail*. As soluções de formulário no *site* ou EDI exigem grau maior de informatização da fábrica e de clientes, com os correspondentes custos associados.

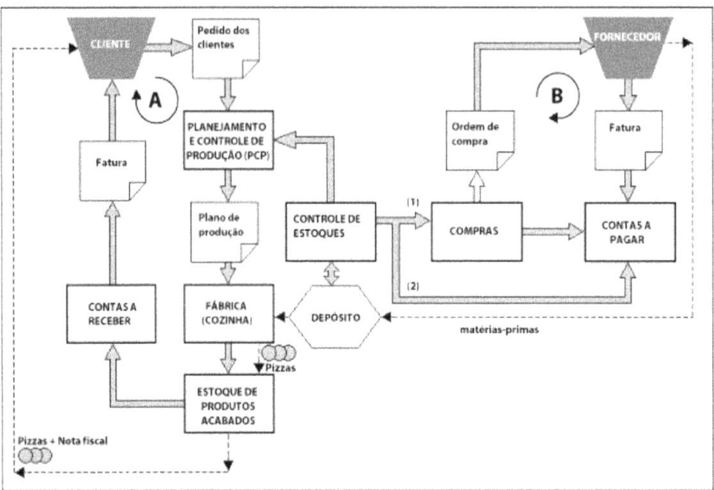

Figura 61 Exemplo de fluxograma de sistema de informação empresarial

A Figura 61 mostra as articulações (as ligações) existentes entre os principais sistemas da Fábrica de Pizzas. Para facilitar a compreensão, pode-se supor que cada sistema é representado por um setor ou área da empresa, e que há um responsável pelo seu funcionamento. Assim, os termos área e setor serão usados como sinônimos de sistema, na descrição do funcionamento geral, a seguir:

1. Os *pedidos* recebidos dos clientes, depois de conferidos — dados preenchidos corretamente, cliente com pagamentos em dia — são enviados para uma área (ou sistema) de Planejamento e Controle de Produção (PCP), normalmente localizada nas proximidades das áreas de fabricação e de estoque.

2. A área de planejamento (PCP) efetua um *plano de produção*, indicando quantas pizzas e de quais tipos devem ser produzidas pelo setor de fabricação, que, nesse tipo de empresa, também é chamado de Cozinha.
Saber efetuar este planejamento é de grande importância, e representa a diferença entre o sucesso e o fracasso da empresa.

Para efetuar o planejamento, o responsável investiga inúmeros aspectos:

- devem ser somados vários pedido para fabricação de um lote de pizzas?
- quantas pizzas de calabresa, no total, devem ser produzidas?
- para quando devem ser produzidas?
- existe material suficiente no estoque?
- como reduzir o desperdício na fabricação?
- há equipamentos (fornos, fogões) em manutenção no parque de máquinas?
- há falta de pessoal, hoje?

Diversos outros itens devem ser levados em conta. Comandar número excessivo de pizzas pode sobrecarregar a cozinha e levar ao descontrole total; ou ainda provocar a perda de material, pela falta de espaço nos freezers.
O dimensionamento adequado do plano de produção é tarefa árdua e complexa, muitas vezes protegida como segredo industrial e diferencial competitivo. Sistemas informatizados são frequentemente utilizados para apoiar as diversas tarefas realizadas pelo PCP.

3. A Cozinha, ou fábrica, de posse do plano, efetua a fabricação das pizzas. A matéria-prima será retirada do estoque de acordo com a necessidade.

4. As pizzas produzidas serão entregues aos compradores acompanhadas da nota fiscal [66], ou por eles retiradas, conforme acordo comercial prévio. Enquanto esperam, ficam, enquanto isso, em área denominada de "estoque de produtos acabados" onde pode ser que haja necessidade de equipamentos especiais de conservação, como refrigeradores.

5. Associada à área de estoque de produtos acabados, encontra-se a área de expedição, que realiza a emissão de notas fiscais e a logística de distribuição, atividades que não estão registradas no diagrama.

6. A quantidade de pizzas fabricadas é informada à área (sistema) de Contas a Receber, para que emita a fatura [67] e a cobrança dos compradores. Repare-se que também é necessário que o Contas a Receber possua dados sobre os clientes e sobre os pedidos efetivamente completados — opcionalmente essas informações poderiam ser dadas pelo sistema de planejamento e controle de produção.

7. O Depósito, ou estoque de matéria-prima, dispõe de sistema de controle de estoques, que faz o acompanhamento das quantidades armazenadas de matéria-prima, e informa o PCP sobre as disponibilidades. Na medida em que percebe haver possibilidade de falta de produtos, aciona o sistema de compras, para reposição (seta 1).

8. O setor Compras seleciona um fornecedor dentre aqueles que estão em seu cadastro, e emite um *pedido* ou *ordem de compra*, que é uma espécie de autorização para que o fornecedor entregue as mercadorias necessárias.

9. O fornecedor, ao receber a ordem ou pedido de compra, providencia a entrega e emite *fatura de cobrança*, que será recebida pela área Contas a Pagar da fábrica de pizzas.

10. Para analisar e conferir a fatura que chega, a área de contas a pagar precisa de diversas informações, dependendo do caso:
(i) se a cobrança coincide com o que foi solicitado pela ordem de compra; e
(ii) se o material efetivamente chegou no estoque e estava correto, sem defeitos (seta 2).
Como regra geral, o sistema de contas a pagar é responsável pela aprovação das faturas, mas a autorização do pagamento requer ainda verificar se há saldo financeiro disponível. Essa atividade é realizada pela tesouraria, não mostrada no diagrama.

Existem dois fluxos básicos, indicados no diagrama pelas setas circulares A e B. Ambos são muito semelhantes, iniciam pelo pedido ou ordem de compra e terminam pelo envio da fatura:

- o primeiro, pedido-fabricação-cobrança, envolve o Contas a Receber e as receitas;
- o segundo, ordem de compra-faturamento-aprovação, envolve o Contas a Pagar e as despesas.

Há também um fluxo de tráfego de materiais concretos (assinalado no diagrama com linhas tracejadas), que envolve o fornecedor, o depósito de matéria-prima, a fábrica e os clientes.

Os três fluxos (fabricação, compra e materiais) costumam estar presentes nos processos empresariais, e percebê-los facilita a realização de análises e otimizações.

Outros sistemas, como o controle de qualidade, a gestão de pessoas, e a contabilidade, poderiam ser acrescidos ao diagrama, tornando-o mais completo.

O diagrama e a descrição acima, obviamente, apresentam visão parcial, simplificada e incompleta dos sistemas de uma empresa, mas pretendem dar uma ideia do relacionamento entre sistemas e das finalidades dos documentos mais usados.

A integração informatizada: ERP

Enterprise Resource Planning — *ERP (planejamento de recursos da empresa)*

As empresas, e em especial as indústrias, utilizam a informatização de forma cada vez mais intensiva. Uma das tendências é que a gestão e o controle geral sejam realizados integralmente pelos sistemas informatizados, e isto inclui o controle de produção, materiais, equipamentos, recursos financeiros e, inclusive, de recursos humanos.

O ERP é abordagem de informatização total e geral da empresa. Os programas computadorizados de ERP são conhecidos como Sistema de Informação Empresarial, Sistema de Gestão Empresarial ou, também, como Sistema Integrado de Gestão.

Histórico

O ERP é evolução natural do processo de controle e planejamento, que se iniciou como simples controle de estoque informatizado: ao faltar um produto ele era reposto.

Já nos anos 1970, as indústrias ampliaram sua visão do processo produtivo e desenvolveram processos de planejamento de necessidades de materiais (denominados MRP [68]). Assim, em função da demanda esperada, faziam-se estimativas dos quantitativos de insumos e matérias-primas a adquirir, para dar suporte à produção.

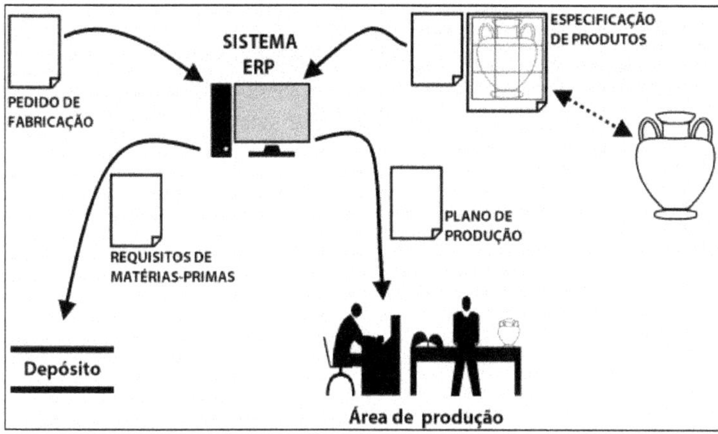

Figura 62 Os sistemas de ERP controlam todas as atividades vinculadas à produção

Ao longo dos anos seguintes, a evolução natural foi a de incorporar ao planejamento de compras todas as atividades vinculadas diretamente à produção. O detalhamento do processo de produção de cada produto foi formalizado pelo setor de engenharia das fábricas; o comando e o uso das máquinas-ferramentas de produção (fresas, tornos, plainas, furadoras, guilhotinas) foi otimizado, e passou a ser gerido pelos sistemas computadorizados. O processo passou a ser alimentado com os pedidos de fabricação (quantidade e características dos produtos) e, com base nas listas de consumo de matérias-primas e disponibilidade de mão de obra e equipamento, o sistema passou a gerar um plano de produção: "*produza esse item com essa máquina em primeiro lugar, depois esse outro item com essa segunda máquina, etc*" (Figura 62).

ERP

Atualmente, o ERP passou a abranger todos os recursos da empresa no planejamento. Sua meta é apoiar a otimização do gerenciamento desses recursos: envolve o planejamento de utilização de mão de obra; a utilização do máquinário; a compra, a movimentação e a reposição de materiais; e também a gestão do fluxo de caixa e da disponibilidade financeira.

A gestão do recurso essencial, que pode ser denominado conhecimento empresarial ou *know-how*, é auxiliada pelo ERP de forma indireta, com o registro de métodos e formas de trabalho, rotinas, melhores práticas (*best practices*).

Os *softwares* de ERP procuram dispor de rotinas e módulos dedicados a apoiar todas as áreas:

- no planejamento de produção, dá-se ênfase ao planejamento de capacidade produtiva da fábrica e à alocação de equipamentos e de operários;
- no planejamento de finanças, os sistemas passam a controlar as disponibilidades de caixa (o fluxo de caixa), para viabilizar a manutenção de estoques adequados às expectativas de produção. Também se controlam os empréstimos, financiamentos e as receitas oriundas das vendas (parceladas ou à vista);

- na gestão de relacionamento com o cliente, CRM (veja capítulo VIII), controlam-se e acompanham-se os contatos dos clientes com todos os departamentos;
- no planejamento de mão de obra, passa-se a levar em conta o dimensionamento da equipe e atividades vinculadas, como o recrutamento e seleção, a contratação e a alocação adequada dos empregados.

Cada área, sistema ou departamento, ao ser informatizado, preocupa-se, não só com a sua própria eficiência e eficácia, mas também enfatiza o fornecimento de dados e informações para a otimização de outras áreas, o que gera um amplo sistema integrado.

O exemplo mostrado na Figura 61 representa um modelo típico de integração de sistemas passível de ser informatizado com solução ERP.

Informatização completa

O controle completo da empresa, da forma proposta pelo ERP, somente é viável com informatização ampla e geral: tudo passa a ser monitorado e gerido por sistemas informatizados.

O ERP é fornecido por desenvolvedores de *software*, acompanhados de auxílio para sua implantação, em processo que pode durar de 18 a 36 meses. Os custos para a implantação do ERP abrangem o custo dos programas, o custo da consultoria de implantação e os custos da informatização (*hardware*, *software*, redes).

Como fornecedores de soluções ERP, destacam-se a SAP AG, a Microsoft e a Oracle. Entre as brasileiras, destacam-se a Nasajon Sistemas, a ArtSoft e a Totvs.

Aproveitando os investimentos, junto com a informatização completa é comum que as empresas mirem na eficiência e implementem *best practices*.

Vantagens e desvantagens do ERP

A extensão do impacto causado pela informatização e substituição de procedimentos traz consigo vantagens e desvantagens.

Dentre as principais vantagens percebidas:

- quebra de feudos de informação, fazendo-a transitar com maior fluidez;
- estruturação de fluxo de trabalho consistente entre os departamentos;
- melhor planejamento ao unificar os padrões de registro de informação e mesmo centralizar todos os dados nos mesmos bancos de dados;
- possibilidade de implantação modular, de modo sistemático e controlado;
- redução de estoques. O ERP viabiliza a integração com fornecedores e o uso da filosofia de trabalho chamada *just-in-time*. Criada por japoneses, tem sido adotada ao longo dos anos, para a manutenção de estoques mínimos. Com ela, o material a ser usado na produção não fica parado no estoque da fábrica, mas chega ao operador exatamente na hora em que é necessário.

Em contrapartida, as soluções de ERP possuem dificuldades, ou desvantagens:

- fazem uso de *softwares*, em geral, de alto custo;
- podem requerer muitas adaptações de procedimentos operacionais e gerenciais, o que torna sua gestão bastante complexa;
- criam grande dependência do fornecedor de *software* e de seus consultores;
- exigem o treinamento de praticamente todos os profissionais da empresa e dependem de sua participação ativa, esforço nem sempre fácil de ser obtido;
- podem mudar a cultura e a flexibilidade da empresa, com as inquietações resultantes.

Questões relacionadas e de recapitulação

Sistemas de informação empresarial informatizados:
1. Qual é o conteúdo básico de um plano estratégico de TI?
2. Diferencie as seguintes formas de obtenção de sistemas informatizados:
    a) aquisição de programas-pacote;
    b) terceirização do desenvolvimento;
    c) desenvolvimento próprio;
    d) SaaS — *Software as a Service*;

Exemplos de sistemas de informação empresarial:
3. Quais são as vantagens e desvantagens de cada um dos meios de envio de pedidos do cliente ao fornecedor, como telefone, WhatsApp, vendedor, página de Internet etc., vistos no texto?
4. Que dados estão presentes, e qual é a finalidade de cada um deles nos pedidos de uma loja de conserto de roupas?
5. O que é EDI? Cite exemplo cotidiano.
6. O que é um plano de produção empresarial? Para que serve? Qual é seu conteúdo básico?
7. Quais são os itens levados em conta pelo PCP na confecção do plano de produção?
8. Esboce um *plano de produção* adequado para a Fábrica de Pizzas.
9. Que informações são necessárias para a validação de uma fatura enviada por fornecedores e sua posterior autorização para pagamento?
10. Além da capacidade de produção (quantidade/dia, quantidade/mês), quais seriam outros indicadores de desempenho da Fábrica de Pizzas, para se avaliar hipotéticas negociação e venda da empresa?
11. Cite situação na qual nota fiscal e fatura são enviadas para endereços diferentes.
12. As contas para pagamento (luz, gás, fornecedores) costumam ser pagas pela área chamada de "Contas a Pagar"? Justifique sua resposta.

Para as perguntas 13 a 18 refira-se ao diagrama da Figura 61:

13. Como ampliar o diagrama para incluir os sistemas: "tesouraria", "engenharia de produto", "logística de entrega" e "fiscalização de higienização"?
14. Procure aplicar o diagrama em seu ambiente de trabalho, em sua escola, em uma farmácia e em outras lojas.

15. Que modificações o diagrama deveria receber, para se adaptar a uma empresa de serviços?
16. Que indicadores de desempenho seriam adequados para cada sistema mostrado no diagrama?
17. Descreva cada um dos dois fluxos A e B do diagrama.
18. O que representam os fluxos do diagrama destacados em linhas tracejadas?

Sobre a integração informatizada — ERP:

19. Porque as empresas se informatizam?
20. O que é ERP?
21. Quais são as vantagens do uso do ERP em uma empresa?

Capítulo VI
E-BUSINESS — NEGÓCIOS PELA INTERNET

"Estamos dispostos a plantar as sementes e deixá-las crescer. Nisso somos muito teimosos."
Jeff Bezos, dono da Amazon, sobre a importância do longo prazo no e-commerce.

Internet - um pouco de história

Diz a lenda que, no final dos anos 50, época em que as nações encontravam-se em plena Guerra Fria [69], o medo de uma invasão soviética levou os EUA a desenvolver tecnologias que garantissem o funcionamento do seu sistema de comunicação militar, até na eventualidade de um ataque nuclear.

Naquela época, foi criado o conceito de comunicação distribuída, com a conexão de múltiplos computadores espalhados geograficamente. Criaram-se rotas alternativas para conectar os computadores e, assim, caso alguma ligação entre centros militares fosse destruída durante a guerra, haveria outros trajetos.

No início dos anos 70, surgiu o padrão, ou protocolo, de comunicação entre computadores denominado TCP/IP [70], base da Internet atual. Com ele, simplificou-se a interligação de computadores, e ficou facilitada a troca de *e-mails*, de arquivos e o acesso remoto a programas.

Em 1971, havia 23 computadores interligados à rede e, desde então, o seu crescimento foi contínuo. No início dos anos 90, com a invenção do acesso por navegadores [71] e com a participação das empresas comerciais, a Internet, antes restrita às forças armadas e às universidades, expandiu-se muito. Para se ter ideia, em 1995 havia 30 milhões de pessoas já interligadas, e mais de 50.000 servidores, com cerca de 6 bilhões de páginas de informação.

Hoje o número de pessoas conectadas conta-se em bilhões!

Conexão à Internet

O acesso à rede de computadores Internet se faz diretamente aos concessionários de serviços de telecomunicação, que oferecem acesso em banda larga, ou às empresas denominadas PSVA [72], chamadas de provedores de acesso. Os computadores residenciais ou empresariais se ligam com essas companhias, para acessar a rede.

Os preços cobrados para o acesso dependem, principalmente, do tipo de conexão (via linha discada, linha permanente, rádio) e da velocidade de transmissão de dados, medida em *megabits* por segundo. Um *megabit* equivale a cerca de 100.000 caracteres (letras, números) enviados ou recebidos por segundo. Embora os preços no Brasil sejam bastante caros [73], sua tendência é declinante, em função do desenvolvimento tecnológico, da pressão popular e de maior oferta de fornecedores.

Colocando documentos disponíveis na Internet

Os documentos divulgados na Internet estão, em sua maior parte, no formato HTML, que é o padrão utilizado pelos navegadores. Além dele, outros formatos também são utilizados, principalmente XLS (Microsoft Excel), DOC (Microsoft Word), PDF (Adobe Reader) e, para figuras e imagens, PNG, GIF e JPG.

A divulgação – ou publicação – na Internet requer que esses documentos estejam agrupados de forma articulada e organizada, formando o que se denomina *website*, ou simplesmente *site*. Um exemplo é o do Mercado Livre, principal *site* de comércio eletrônico brasileiro.

Sites ficam *hospedados*, ou seja, armazenados, em computadores permanentemente conectados à Internet, para que possam ser encontrados pelos internautas. Todo *site* possui um endereço, ou URL [74], para sua localização. O URL do Mercado Livre é *http://www.mercadolivre .com.br*.

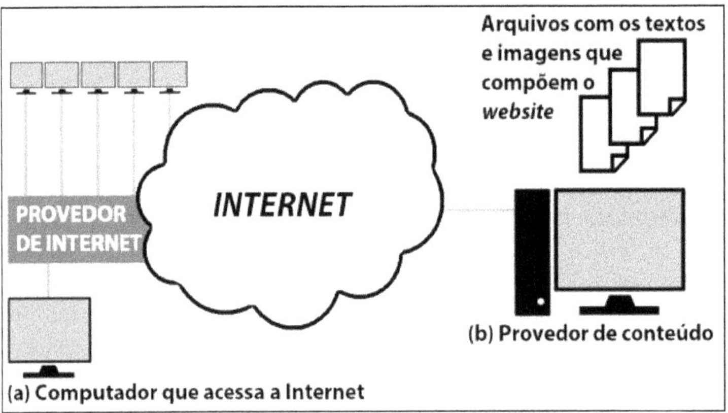

Figura 63 Conexão com a Internet

Pequenas e médias empresas costumam contratar o serviço de hospedagem de terceiros, chamados de provedores de conteúdo (Figura 63b). Assim procedendo, evitam os custos para manter computadores conectados em tempo integral à Internet. Diversas empresas, como UOL, Terra, Yahoo e Amazon, oferecem, a preços baixos, o serviço de hospedagem de *sites*, incluídos no serviço de computação na nuvem (*cloud computing*).

Os preços de hospedagem são, basicamente, determinados pelo seguinte:

- espaço requerido para armazenagem dos documentos;
- sistema operacional (principalmente Windows ou Linux) e banco de dados utilizado para a armazenagem;
- características de consulta e número de acessos diários, que impactam a utilização da conexão de Internet.

Por outro lado, grandes corporações procuram, elas mesmas, hospedar seus *sites*; indicam como motivos principais a maior proteção das informações neles constantes e o custo adicional insignificante, uma vez que dispõem de ampla estrutura e equipe de TI.

Servidor de nomes ou servidor de domínio

Até 1983, para conectar-se a algum computador da rede era fundamental saber seu número de identificação, ou endereço IP, que é formado por quatro grupos de números separados por pontos, como "189.9.34.12". Este tipo de identificação numérica é similar à usada pelas companhias telefônicas para identificação de cada um dos celulares que atendem.

Para simplificar a memorização destes números, foram inventados os nomes de domínios, compostos por palavras fáceis de recordar e formato padronizado, como *www.google.com.br* ou *www.estadao.com.br*. Foi criada, então, uma tabela de conversão entre os nomes de domínios e os respectivos endereços IP (veja Figura 64).

Assim, ao se digitar *www.estadao.com.br* no navegador, este programa se encarrega de localizar um computador que possua a tabela e a usa para traduzir o nome e obter o endereço IP correspondente. Isso se chama "*resolver*" um nome de domínio.

Os computadores que armazenam as tabelas utilizadas para a conversão são chamados de servidores de nomes de domínio ou servidores DNS (*Domain Name System*).

Nome de domínio	Endereço IP
www.google.com.br	74.125.234.152
www.estadao.com.br	201.48.47.41
oglobo.com.br	201.7.179.12
www.bbc.com.uk	212.58.244.68
opera.com	195.189.143.147
...	...

Figura 64 Exemplo de tabela relacionando nomes de domínios e endereços IP

As firmas interessadas em dispor de um endereço (nome de domínio) na Internet devem contratar o serviço de conversão. No Brasil, os endereços possuem o sufixo *.br* e são controlados pelo Núcleo de Informação e Coordenação do Ponto BR, através do *site registro.br*. Nele, explica-se todo o processo de registro, e realiza-se a contratação do serviço.

As terminações utilizadas nos nomes de domínio representam a principal característica de seu proprietário e as consequentes finalidades dos *sites*. Dentre as diversas terminações destacam-se:
.com.br - *sites* empresariais;
.gov.br - *sites* governamentais;
.rj.gov.br, *.mg.gov.br* ou *.sp.gov.br* - *sites* dos governos estaduais;
.org.br - organizações sem fins lucrativos, fundações, ONGs;
.adm.br, *.eng.br*, *.art.br* - administradores, engenheiros e artistas, respectivamente.

Os endereços de *sites* empresariais norte-americanos, terminados em *.com* [75], são controlados por várias empresas, entre elas Network Solutions e GoDaddy. A terminação **.com** é muito utilizada por companhias brasileiras: são mais simples de memorizar, seus custos são competitivos e a burocracia para o registro é menor que a brasileira.

Profissionais que criam sites

A criação das páginas que compõem os *sites*, também chamadas de *webpáginas*, envolve a participação de vários profissionais. Como o desenvolvimento delas é atividade muito nova, os títulos das profissões ainda não definem exatamente suas funções. Dentre as mais frequentes, destacam-se:

- *webdesigner* - responsável pela organização do *site* e também pela aparência e estética das *webpáginas* ou *homepages* [76]. O *webdesigner* é um artista que domina o uso de programas para criação de *sites* (Dreamweaver, Photoshop, GIMP);
- especialista em *e-commerce* - conhece o funcionamento das lojas virtuais e orienta as soluções mais eficientes e eficazes para criação de *sites* que atuam com comércio eletrônico;
- especialista em *sites* de buscas (SEO *specialist* [77]) - domina a atividade de adaptar *sites* para que apareçam logo na primeira página dos *sites* de busca (Google, Yahoo!, Bing, UOL Buscas);
- programador *web* - responsável pelos processos e programas que fazem interatividade ou "dão vida" aos *sites*. Os programas são encarregados de mostrar ou esconder telas, conferir itens digitados, selecionar dados que devem ser apresentados. Os programadores são técnicos que conhecem as linguagens utilizadas para desenvolver programas e instruir o computador a operar; usam linguagens de programação como ASP, PHP, HTML e Javascript;
- analista de mídia *online* - acompanha a utilização do *site* pelos clientes/usuários e propõe novos direcionamentos, apresentações e formatos para as informações existentes;
- outros, principalmente redatores, fotógrafos e desenhistas, adequados às exigências de cada *site*.

Por que se fazem sites*?*

A Internet se tornou a principal ferramenta de comunicação no mundo, de modo que a criação e publicação de páginas de conteúdo de empresas procuram atingir número bastante amplo de objetivos. Alguns dos principais motivos assinalados pelas empresas:

- melhorar a imagem, amplificar sua visibilidade, fazer sua divulgação;
- aumentar a participação no mercado, procurar novos *prospects* [78];
- otimizar o atendimento e os serviços prestados a clientes;
- manter informações disponíveis em tempo integral (24 horas por dia, 365 dias por ano);
- efetuar transações: vendas, cadastramentos e serviços bancários, principalmente;
- conhecer novas tecnologias, para poder bem utilizá-las;
- obter receita pela venda de patrocínio, com veiculação de *banners* [79];

- recorrer à Internet em substituição à telefonia tradicional, para reduzir custos. Com esta finalidade, um programa muito utilizado é o Skype;
- facilitar o acesso dos clientes às lojas físicas, apresentando mapas de localização. Necessidade corriqueira de bares, restaurantes e hotéis;
- criar canal de interação com os clientes e fornecedores;
- fortalecer o contato entre dirigentes e o corpo de funcionários. Uma ferramenta frequentemente usada para isto são *blogs* [80] empresariais;
- reduzir gastos com compra de bens, mediante leilões com fornecedores.

A criação de *sites* traz diversas vantagens, mas dois pontos recebem maior atenção nas análises de viabilidade [81]: redução de custos e aumento de receitas.

Como colocar uma empresa na Internet

Uma empresa que deseje publicar informações na Internet, ou criar um *site*, deve seguir os seguintes passos:

1. Estabelecer a finalidade do *site*;
2. Definir claramente a que público se destina, se jovem/infantil, masculino/ feminino, seu perfil socioeconômico, região de moradia, interesses e outras características;
3. Escolher um nome de domínio, por exemplo, *www.empresaXYZ.com.br*;
4. Registrar o nome de domínio no *site registro.br*;
5. Contratar profissionais, ou empresas, que desenvolvam (criem) as páginas e os documentos que serão mostrados na Internet;
6. Contratar uma empresa de hospedagem de *sites* para que mantenha as páginas ininterruptamente no ar;
7. Divulgar o *site* em propagandas, em cartões de visita, na mídia tradicional ou na própria Internet;
8. Manter as páginas sempre atualizadas. Novos telefones e endereços, novos preços de itens vendidos, devem ser imediatamente registrados nas páginas para que lhes deem confiabilidade e sejam, de fato, úteis aos internautas. Páginas desatualizadas são algumas das principais causas de fuga de clientes e arranhões nas imagens de *sites* empresariais.

e-Business / e-Commerce

Utiliza-se o termo geral e-business, a realização de negócios pela Internet, sempre que se faz uso dela para:

- desenvolver trabalhos em colaboração;
- comprar, vender, prestar serviços ou atendimento a clientes;
- estabelecer negociações com parceiros e fornecedores;
- melhorar a comunicação com interessados.

Destacam-se, no *e-business*, as ações de produção colaborativa, como os *blogs*, *wikis* [82] e programas para desenvolvimento de documentos e desenhos técnicos por vários profissionais.

Um segmento importante das operações de *e-business* é denominado *e-commerce*, comércio eletrônico, e abrange a venda e troca de serviços e mercadorias pela Internet. É costume diferenciar três modelos de operações:

- B2B ou *business-to-business* - venda de produtos ou prestação de serviços entre empresas;
- B2C ou *business-to-consumers* - venda ou prestação de serviços para consumidores;
- P2P ou *peer-to-peer* (ponto-a-ponto) - conexão direta entre dois usuários da Internet.

O processo P2P é recente, e indica um sistema que permite aos usuários compartilhar arquivos, capacidades computacionais, redes, largura de banda e/ou armazenamento. Diferentemente dos demais modelos, somente ultimamente as companhias estão visualizando alternativas para ganhar dinheiro com o uso do P2P, que, em geral, ainda é utilizado de forma não comercial ou não remunerada. A Figura 65 resume o vínculo dessas siglas.

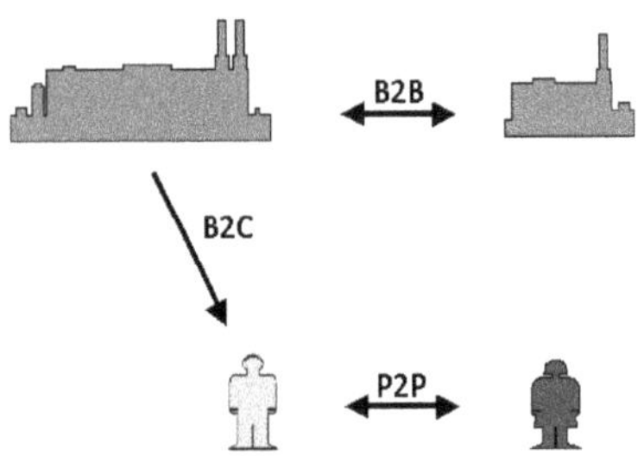

Figura 65 Siglas usadas comumente em *e-business*

Atualmente, B2B é o processo mais desenvolvido, e visa a redução de custos e a agilização dos processos nos relacionamentos interempresariais.

Seguem-se alguns exemplos de uso do B2B:

- *e-marketplace* - *sites* que agrupam atuantes em determinado segmento empresarial. Esses *sites* tornam mais simples os processos de procura e localização de fornecedores (ou clientes) para componentes do processo produtivo, tais como o realizado pelo Mercado Eletrônico S.A. (*www.me.com.br*);
- *e-procurement* - realização de requisição, cotação, compra e venda de insumos operacionais e produtivos pela Internet. Muitas vezes o *e-procurement* faz parte de sistemas automáticos de gestão (ERP, veja capítulo V), com grande redução de custos e de erros, muito comuns nos processos de compras tradicionais. Um exemplo de utilização de *e-procurement* usado pelo portal de compras eletrônicas da Petrobras (Petronect);
- leilão eletrônico - o comprador caracteriza o produto que deseja adquirir e os fornecedores fazem ofertas de preço. O ofertante com o menor preço é selecionado para o fornecimento. O Governo Brasileiro faz compras através de modalidade de leilão, denominada como "*pregão eletrônico*", que foi regulamentada pelo Decreto nº 5.450/ 2005.

Troca eletrônica de documentos

As empresas que operam e-business têm substituído os documentos em papel pela "troca eletrônica de documentos" (EDI, na sigla em inglês). Pretendem, assim, reduzir os custos com transcrição e envio dos documentos, além de agilizar processos de comunicação.

Sistemas informatizados, em especial os de ERP, geram automaticamente cotações de preços, ordens de compra, confirmações de envio, e as transmitem para os computadores de fornecedores ou clientes. Ao evitar redigitação de dados, esses procedimentos automáticos aumentam significativamente a confiabilidade e a agilidade dos processos de manutenção e de reposição de suprimentos.

Para a realização das operações diretas entre computadores, durante muito tempo foi necessário empregar regras e protocolos privados, de alto custo. Com o advento da Internet, surgiram padrões mais baratos, que alavancaram o uso de EDI.

Intranet

Chama-se de Intranet o uso de tecnologias de Internet no âmbito de uma empresa para obter-se melhores resultados, que os conseguidos por meios tradicionais de transferência e acesso de dados. Basicamente, a Intranet faz uso de navegadores para acessar programas e gravar arquivos em servidores compartilhados. Do ponto de vista técnico, soluções de Intranet utilizam o protocolo TCP/IP.

A *Intranet*, além de ajudar a reduzir custos, facilita e agiliza o acesso às informações do dia a dia. O que a diferencia da Internet é o fato de ela ter seu acesso limitado somente a funcionários e empregados da própria empresa (Figura 66).

Exemplos de conteúdos que costumam ser mantidos e apresentados em *Intranet*s:

Em treinamento:

- relação de cursos ofertados;
- inscrições *online*;
- conteúdo de cursos *online* (*e-learning* ou ensino a distância);
- avaliação do aprendizado (provas e questionários).

Em manutenção:

- instruções para uso de equipamentos. Às vezes, instruções simples, como a instalação ou a troca de *toner* de uma impressora, são de extrema valia para novos empregados;
- formulários *online* para solicitação de troca ou conserto de equipamentos;
- relação de telefones de emergência.

Nas operações quotidianas:

- solicitação de suprimentos;
- organização do fluxo de trabalho (*workflow*);
- solicitação de viagens, e tarefas associadas, como a autorização pelo chefe, o acompanhamento de saldo do orçamento, a preparação de relatório de viagem.

Extranet

Quando dados, informações, formulários e programas dos sistemas da Intranet são também utilizados por clientes, fornecedores ou parceiros, então se diz que é usada uma Extranet.

Se a solicitação de viagens, citada nos exemplos acima, estivesse em um sistema *Intranet* que fosse, também, usado por uma agência de viagem associada, o sistema seria uma *Extranet*. Note-se que as informações sobre motivo da viagem e setor responsável pela despesa deveriam ficar restritas ao domínio da empresa (na *Intranet*), mas as datas das viagens e destinos deveriam estar disponíveis para o fornecedor (no caso, a agência de viagens).

O compartilhamento de sistemas informatizados por outras empresas exige maior segurança nos acessos a dados, e isto inibe, por vezes, a criação de *Extranets*.

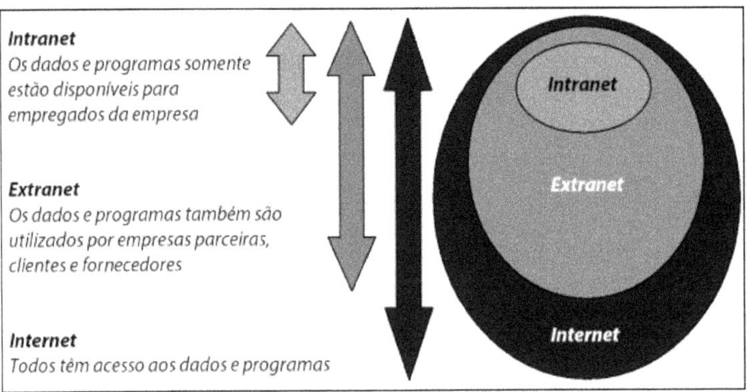

Figura 66 *Intranet*, *Extranet* e Internet têm restrições diferentes de acesso

Exemplo: uma loja virtual

Uma loja virtual assemelha-se a uma loja real, porém com algumas importantes diferenças:

- a comunicação entre o vendedor e o comprador é intermediada pela Internet. Na maior parte, sem contato direto, nem telefônico, nem presencial;
- o cliente não tem acesso físico ao produto que está comprando, o que lhe gera dúvidas sobre a qualidade e a adequação dos produtos;
- é muito mais fácil para o cliente procurar produto similar na Internet, ou adquiri-lo em lojas reais. O *site* da loja virtual precisa ser cativante e convincente, para atrair o cliente e o incentivar a realizar a compra;
- a determinação do preço de venda dos produtos é muito sensível, pois o cliente está a apenas alguns "cliques" das lojas concorrentes.
- não há espaço para improviso durante a venda, e tudo tem que ser pensado antes.

Lojas virtuais exigem, outrossim, que seus clientes tenham conhecimento sobre como usar a Internet. Problema que é fator limitador para alguns segmentos socioeconômicos da população brasileira. A *inclusão digital* [83] procura resolver esta carência nacional.

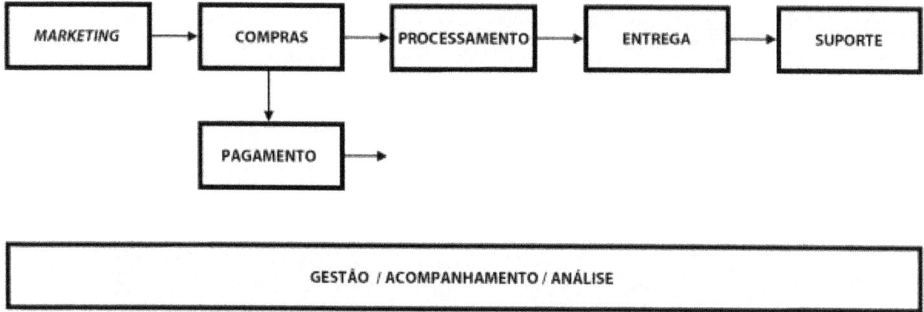

Figura 67 Fluxograma básico de funcionamento de uma loja virtual

O fluxograma mostrado na Figura 67 apresenta o encadeamento das principais atividades operacionais de uma loja virtual. Algumas atividades dispõem de características peculiares frente às de uma loja real:

Marketing

O marketing e a divulgação de lojas virtuais podem ser feitos, dentre diversas opções, por:

- *banners* publicados em *sites* com grande número de visitantes, jornais e revistas *online*;
- *e-mails* para interessados pré-cadastrados;
- *e-mails* enviados indiscriminadamente para milhares de destinatários. Esse tipo de divulgação recebe o nome geral de *spam* e, embora seja eticamente questionável, curiosamente apresenta algum retorno efetivo em compras;
- mídia tradicional - o endereço do *site* é impresso em *folders* e/ou cartões de visita e apresentado em *outdoors*. Também se fazem propagandas em jornais e televisão. Em dezembro de 2010, o gigante da Internet, Google, utilizou propaganda em TV para divulgar seu navegador Chrome;
- propagandas em *blogs* e redes sociais. Algumas companhias contratam blogueiros, ou especialistas, para publicar textos, nos quais se discutem produtos, e a loja virtual é citada, explícita ou disfarçadamente;
- mais recentemente, se trabalha com uma opção chamada de *dropshipping*, na qual um revendedor divulga um produto nas redes sociais e todo o processo logístico de venda, despacho, entrega e cobrança é gerido e controlado por uma empresa mais estruturada. Amazon e shopee são exemplo de empresas que trabalham com *dropshipping*.

Para a divulgação de um *site*, também é necessário formatá-lo e adequá-lo, e assim fazê-lo aparecer logo na primeira página dos *sites* de busca. Dificilmente ele será visitado se surgir somente nas páginas posteriores.

Compra

A compra realizada pelo cliente no *site* é feita, normalmente, em duas fases (Figura 68): (1) exposição das ofertas e (2) apresentação de telas para cadastramento dos endereços de entrega e de pagamento. Algumas lojas investem em animações nessas telas, para dar vivacidade às suas lojas virtuais e torná-las mais atraentes.

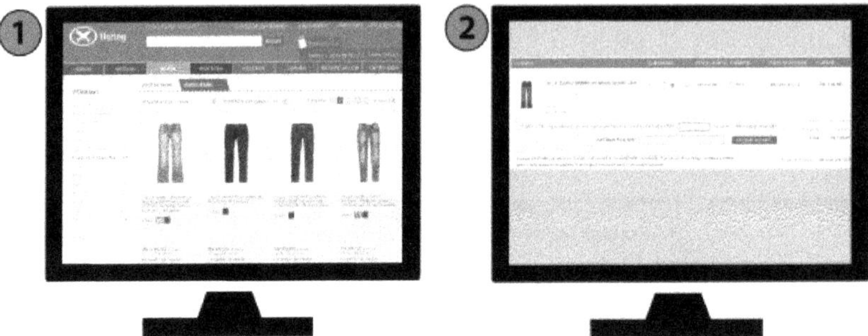

Figura 68 Fases de seleção (1) e pagamento (2) em uma compra online

Pagamento

O processo de pagamento é muito importante, pois a desconfiança no fornecimento de dados pessoais para cobrança é um dos fatores que mais afastam os clientes das compras *online*.

Usualmente, as vendas são realizadas com o uso de cartões de crédito, boletos bancários e, em menor escala, PIX, depósitos bancários simples ou identificados. Há outras soluções de cobrança ainda menos difundidas: débito em conta corrente, PayPal, PagSeguro [84].

Um custo relevante para as vendas virtuais é o que correponde ao recebimento bancário: cobranças elevadas pelos bancos podem impedir a venda de produtos de pequeno valor.

Processamento e entrega

O processamento de pedidos envolve as atividades referentes à estocagem de produtos, acondicionamento, embalagem e despacho.

Quando se trata de produtos concretos - objetos físicos, como livros, camisetas e louças - as atividades de processamento são similares às de lojas normais que fazem entregas a partir de *depósito central*. Seu custo, portanto, é similar ao da manutenção de um depósito. Corporações que possuem redes de lojas físicas, ao criar uma loja virtual, aproveitam toda a estrutura de processamento, o que reduz bastante os custos adicionais.

O custo de entrega é sempre representativo, para lojas virtuais, e exige logística de entrega muito bem planejada, principalmente para aquelas que trabalham com produtos de baixo valor. É comum o uso de *motoboys*, de baixo custo, para entregas em grandes cidades, como Rio de Janeiro e São Paulo. No entanto, em lojas dedicadas à venda de produtos virtuais, transferidos por *e-mail* ou baixados por *download* (músicas, programas de computador, textos, imagens), o custo de processamento e entrega é desprezível.

Suporte e apoio aos clientes
À diferença de lojas reais, que possuem pontos de vendas e efetuam trocas ou tiram as dúvidas dos clientes nas próprias lojas, a operação de uma loja virtual requer eficiente infraestrutura de apoio para dúvidas, reclamações e trocas.

Presentemente, há a tendência de se evitar o uso da telefonia e se investir em tecnologias de Internet, como *e-mails* e telas formatadas para contato com os clientes.

Objetivando evitar a ansiedade dos clientes desejosos de resolver dúvidas ou problemas, disseminam-se os *chats*, bate-papos *online*, para atendê-los imediatamente, no próprio *site* em que efetuaram a compra.

Um mecanismo muito poderoso para reduzir dúvidas de clientes é chamado de FAQ [85], e consiste em uma lista de respostas às perguntas mais frequentes; mecanismo de fácil criação, de simples atualização e de excelente resultado.

Gestão e análise
A gestão de uma loja virtual, embora seja semelhante à de uma loja real, apresenta uma diferença marcante: há muita dificuldade em se entender exatamente como o cliente avalia a loja, se positiva ou negativamente. Afinal, por ser virtual, não permite conversar com os clientes, já que não há contato face a face.

O cuidado e a eficiência na gestão e acompanhamento de todos os processos é essencial, visto que, como os prazos de entrega e de pagamento são curtos, é preciso sanar eventuais problemas no nascedouro, antes que alcancem os clientes.

Além da gestão e análise operacional, é recomendado realizar análises de comportamento de clientes, para orientar o traçado de futuras ações (promoções, mudança de perfil de estoque, etc.). Com essa finalidade, diversas análises quantitativas para acompanhamento do comportamento dos clientes que visitam o *site* foram desenvolvidas, como controles de tempo de permanência, número de "cliques de *mouse*", quantidade de produtos consultados e análise do último produto visitado antes da compra ou da desistência. Essas métricas devem receber atenção expressiva e, preferencialmente, alimentar um sistema de CRM (capítulo VIII), com vistas a orientar adaptação de preços e modelos de produtos, ou mesmo, a própria reestruturação do *site*.

Linha do tempo de vendas com cartão de crédito
A eficiência das lojas virtuais, assim como das demais empresas que realizam transações pela Internet, é dependente dos mecanismos de controle construídos nos sistemas informatizados. Para estudos e aprimoramento dos procedimentos, é bastante comum que as especificações do *software* tenham origem em gráficos e diagramas explicativos, aprovados pelos responsáveis pelos negócios.

A linha de tempo mostrada na Figura 69 é um exemplo de diagrama utilizado para descrever parte do funcionamento de uma livraria virtual; mostra a distribuição de eventos em compras com cartões de crédito. Seu detalhamento correto é necessário, para que os programas de computador funcionem adequadamente e controlem todo o processo.

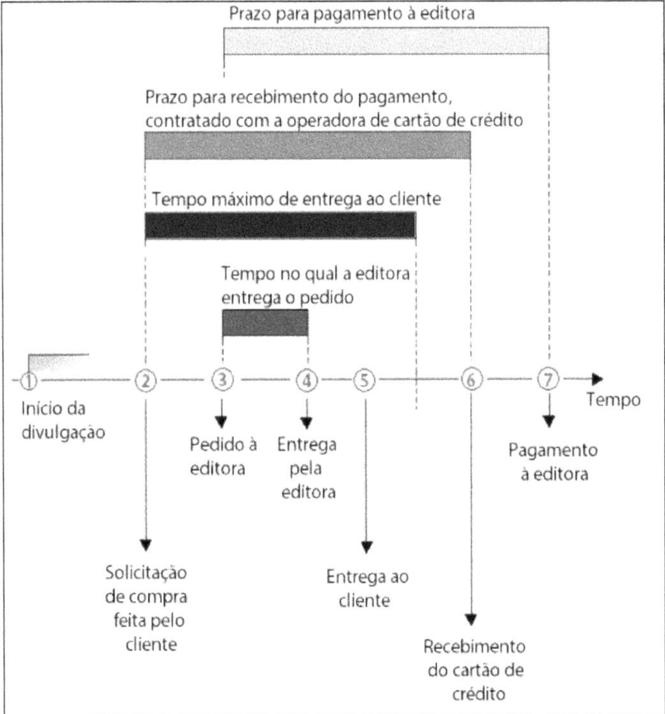

Figura 69 Diagrama com exemplo de linha de tempo para uma livraria virtual

Para a análise do diagrama, deve-se atentar para o fato de que os eventos têm seus prazos estabelecidos com base em contratos, e que deve haver previsão de folgas para resolver eventuais imprevistos. A linha de tempo mostrada pode ser interpretada como segue:

1. Inicia-se a divulgação de um livro, momento a partir do qual o livro passa a constar dos catálogos de venda. Somente deve haver sua divulgação após a livraria estabelecer acordo com a editora, especificando o tempo que ela necessita para entregá-lo;
2. Em algum momento, é feita a solicitação de compra, pelo cliente. Nessa ocasião, o *site* confirma os dados do cliente e confere a validade do cartão de crédito. Começam a contar, então, o tempo para entrega do livro ao cliente e o prazo no qual a operadora de cartão de crédito fará o depósito do valor pago;
3. No prazo mais breve possível realiza-se o pedido à editora. Os sistemas informatizados, utilizando tecnologia B2B, podem enviar pedidos automaticamente. No exemplo, o prazo para pagamento à editora começa a contar a partir dessa data;
4. Cumprindo o tempo previsto, a editora entrega o livro. Como a compra gera, para o cliente, uma expectativa de recebimento dentro do prazo, o eventual atraso, pela editora, pode fazê-lo apresentar reclamação, ou mesmo, cancelar a compra;

5. O livro é embalado, em conjunto com outros eventualmente comprados, e entregue ao cliente. A entrega sempre deve ser programada com folga, dentro do prazo combinado;
6. A operadora de cartão de crédito efetua o depósito do valor correspondente à compra;
7. A editora é paga. Se o contrato com ela for adequado, o pagamento será feito com o dinheiro já depositado pela operadora de cartão, o que reduz o capital de giro para a livraria.

Considerando a complexidade do processo e os outros tipos de pagamentos (PIX, boleto, depósito bancário, débito em conta) que são aceitos, devem ser criadas estruturas de funcionamento que estabeleçam prazos operacionais, máximos e mínimos, adequados às diversas situações.

CMS - Sistemas de gerenciamento de conteúdo

Os sistemas de gerenciamento de conteúdo (CMS ou C*ontent Management Systems*) são programas utilizados para simplificar a criação e arrumar *webpáginas* de forma colaborativa; são também muito usados para que os documentos constantes nas *Intranet* das empresas possam ser apresentados de forma mais organizada e visualmente simplificada.

Figura 70 *Site* do iMdb com *webparts* (a) e especificação de uma *webpart* (b)

Os programas de CMS veem as *webpáginas* como um conjunto de partes (*webparts*) distribuídas na página principal, o que lhe dá a aparência de um jornal corporativo. Esse tipo de programa é, até mesmo, utilizado por *sites* e jornais de grande circulação, para gerenciar as informações que apresentam aos leitores (veja Figura 70 a e b).

Com o uso de programas de CMS, o processo de criação de páginas passa pelos seguintes passos:

1. definição da finalidade da *webpágina*;
2. definição da estética geral da *webpágina*;
3. definição da cada uma das *webparts*.

Para cada *webpart* é necessário estabelecer:

- as origens e fontes de dados, ou seja, quais são os sistemas ou usuários que possuem os dados que serão apresentados na *webpart*;

- os destinatários das informações veiculadas pelas *webparts*. Aqui aplicam-se os conceitos de divulgação seletiva, para evitar roubo de informações ou invasão de privacidade (capítulo XI);
- a forma de apresentação dos dados, sejam tabelas, histogramas, imagens ou textos;
- o tipo de detalhamento e funcionalidade que cada *webpart* permitirá. Por exemplo, ao se clicar sobre o gráfico de evolução de preços de produtos, pode-se ter acesso a uma nova *webpágina*, que contenha toda a tabela de preços do último ano;
- o gestor da *webpart*: futuro responsável pela manutenção da qualidade dos dados apresentados (precisão, frequência, relevância) ;
- o grau de dificuldade esperado para a criação e organização da *webpart*. Esta informação é importante, pois permite decidir qual deverá ser sua prioridade de desenvolvimento, e entender os custos envolvidos;
- o responsável técnico pela programação e formatação inicial do sistema e pela obtenção dos dados. Muitas vezes é necessária a conversão de dados vindos de programas como Excel ou de Sistemas de Informação Empresariais.

Sistemas CMS envolvem informações, frequentemente confidenciais, usadas pelo nível gerencial, e como alguns dos programas existentes no mercado são gratuitos, é preciso certo cuidado na seleção destes programas.

Alguns critérios para orientar a escolha são usados com maior frequência:

- a escolha de fornecedores que garantam a continuidade da manutenção do programa por alguns anos;
- a compatibilidade dos programas com o parque tecnológico da empresa compradora;
- a seleção de programas com curva de aprendizagem rápida, que não exijam grandes gastos em treinamento; e
- a procura de sistemas que tenham bom retorno sobre o investimento (ROI) [86].

Questões relacionadas e de recapitulação

Internet:

1. O que é *site* ou *website*?
2. O que é provedor de acesso?
3. Quais são os passos para se criar um *site*?
3. O que é nome de domínio?
5. Qual é a diferença entre b2b, b2c e p2p?
6. O que é hospedar um *site*?
7. Quais são as diferença entre as conexões à Internet, discada e em banda larga?

e-Business / e-Commerce:

8. Localize na Internet 3 lojas que trabalhem com e-commerce.
9. Descreva como funcionam as formas de pagamento PayPal e PagSeguro?
10. Que consequências haveria se, por causa de atrasos e problemas, os eventos mostrados na figura de linha do tempo (Figura 69) mudassem de posição?

***Intranet - Extranet*:**

11. Quais os conteúdos desejáveis nas páginas da Internet de uma universidade?
12. Quais os conteúdos desejáveis em uma *Intranet* de uma universidade?
13. Caracterize Internet, *Intranet* e *Extranet*, considerando suas diferenças comparativas.

CMS:

14. O que é sistema CMS?
15. Quais são os passos para criar *webparts* em um sistema CMS?
16. Explique a importância na definição de um gestor de conteúdo para cada *webpart*. O que pode acontecer se o gestor for mal escolhido?

Capítulo VII
DATA MINING — MINERAÇÃO DE DADOS

> *"Dentro do celeiro, como encontrar uma agulha no palheiro?"*
> Ditado popular.

Poder conhecer o futuro por meio do jogo de *tarot* é sonho de muitos empresários e gestores: "*Teremos mais clientes no Natal? Esse produto venderá bem? Devemos, ou não, abrir filial em Copacabana?*"

O Gerente Conectado, mais inovador e menos místico, não profetiza o amanhã com cartas e bolas de cristal. Prefere identificar tendências e descobrir caminhos para os negócios por meio de consultas aos bancos de dados empresariais. Para ele, o conhecimento sobre os comportamentos passados de negócios, clientes e fornecedores orienta seu comportamento futuro.

Data mining é um conjunto de programas de computador, apoiado por equipe de técnicos, que se destina a avaliar todos os dados disponíveis em uma empresa e propor cenários alternativos de tendências, com vistas a auxiliar à tomada de decisão.

Somente no que se refere às vendas, a quantidade e a variedade de dados disponíveis são incomensuráveis e, dentre eles, destacam-se:

- data e valor de todas as vendas;
- variedade de itens vendidos;
- custo dos itens vendidos;
- datas de pagamentos de faturas e número de dias em atraso;
- endereços de cobrança e de entrega de produtos;
- características dos clientes: sexo, idade, escolaridade;
- nomes dos vendedores que atenderam cada cliente;
- resultado de campanhas promocionais;
- quantidades de acessos ao *website* da empresa.

O *data mining* permite verificar a frequência com que fenômenos ocorrem simultaneamente ou apresentam dependência de ligação entre si. Com o uso da análise de dados de vendas de passagens rodoviárias nos últimos dez anos, um programa de *data mining* pode indicar que houve aumento incomum de vendas do Rio de Janeiro destinadas às serras fluminenses, em julho de 2021 e em junho de 2022. Uma apreciação posterior sugere que houve uma retomada de viagens após a pandemia de COVID, pode-se supor que provavelmente se manterá essa tendência por um período mais amplo. Em casos como esse, dados históricos processados automaticamente sugerem tendências, cujas análises podem comprová-las ou refutá-las, e, assim, embasar melhor os processos decisórios.

O *data mining* permite aprimorar os uso dos dados corporativos. Anteriormente era utilizado para fazer análise retrospectiva e calcular, por exemplo, quais foram as vendas da filial Belo Horizonte. Atualmente procura-se uma análise prospectiva: o que acontecerá com as vendas em Belo Horizonte no próximo semestre [87].

Fases do data mining

O *data mining* pode atuar sobre todos os dados e informações da empresa. Por esse motivo, incentiva que a maior quantidade possível deles seja registrada em bancos de dados informatizados. É a agilidade dos computadores e a facilidade com que localizam e recuperam dados que viabilizam os estudos e análises imprescindíveis, fundamentados em estudos e explorações estatísticas.

Realiza-se segundo as fases listadas na Figura 71:

Figura 71 Fases na utilização de *data mining*

Fase 1. Determinação dos objetivos da análise
Estudos com *data mining* dependem de objetivos bem definidos que orientem não só a seleção de dados, mas, principalmente, a escolha dos modelos teóricos a ser empregados na busca de tendências. Se o estudo dedica-se a analisar vendas de artigos escolares na região Sul do país, então dados sobre o Nordeste podem ser ignorados. Com objetivos precisos, consegue-se focar as análises e aumentar a eficácia dos resultados alcançados.

Fase 2. Seleção e formatação dos dados para a análise
Muitas vezes os dados estão distribuídos em numerosos programas e computadores. Em vista disso, é necessário providenciar sua extração e adequação, para que possam ser concentrados no computador que fará os cálculos e processamentos estatísticos de análise.

A organização dos dados é acompanhada da criação de modelos abstratos, que descrevem como serão avaliados e determinam limites e critérios apropriados. No estudo do comportamento de clientes sobre a compra de material escolar, são os modelos que determinam a importância de se considerar, ou não, promoções praticadas por concorrentes.

Fase 3. Localização de tendências

Informações preditivas e tendências têm origem em softwares de *data mining*, programas de computador que se valem do uso intenso de conceitos de estatística, de inteligência artificial e de redes neurais [88]. São procurados, além de relações complexas, quatro vínculos básicos de dados [89]:

- classes: os estudos destinam-se a organizar os dados em grupos, para que possam ser avaliados comportamentos comuns. Assim, podem-se determinar os comportamentos relacionados a estado civil e sexo ou, mesmo, torcedores e não torcedores de futebol;
- *clusters* ou segmentos: grupos de dados organizados com base em uma relação lógica ou de acordo com as características e preferências dos clientes. A Figura 72a mostra três clusters, bem evidentes: jovens com renda menor, adultos de meia-idade com renda mais alta e idosos com renda inferior [90];
- associações: itens que, com frequência, ocorrem simultaneamente, como a compra de lasanha e queijo ralado. Podem envolver relações mais extravagantes, como a que existiria entre apreciadores de vinhos sofisticados e viajantes a Bordeaux na França;
- padrões sequenciais: os dados são avaliados na procura de comportamentos conectados temporalmente. Pode-se prever que clientes que adquiram um Galaxy Note venham a comprar, em seguida, uma capa, ou outro acessório, para este modelo de *tablet*.

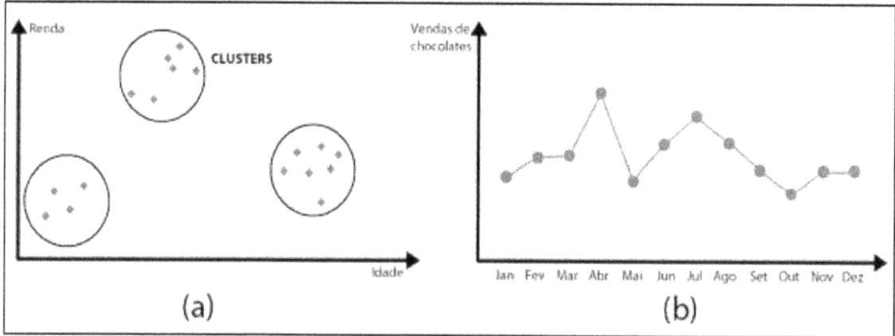

Figura 72 Representações gráficas de análises realizadas por programa de *data mining*

Fase 4. Avaliação das tendências localizadas

As investigações realizadas pelos softwares de *data mining* meramente indicam relações e vínculos entre dados. Somente estudos realizados por equipe de analistas pode estabelecer motivação clara, que permita validar as tendências indicadas. A Figura 72b apresenta comportamento singular na venda de chocolates ao longo do ano. Análise posterior permite atribuir o crescimento em abril à ocorrência da Páscoa e concluir que este comportamento pode ser sazonal.

Fase 5. Aplicação dos resultados

O conhecimento obtido com o uso do *data mining* deve ser obrigatoriamente aplicado em projetos concretos, para que tragam valor para a empresa. Caso não tenham uso prático, podem gerar descrédito a todo o processo.

A aplicação dos resultados depende, em muito, da capacidade da equipe de analistas em traduzir os resultados estatísticos em oportunidades de negócios. É esta habilidade que viabiliza decisões que aproveitem o conhecimento gerado.

O *data mining*, muitas vezes, está associado a projetos de avaliação de investimentos, de planejamento estratégico, de CRM (capítulo VIII) e de outros nos quais há grande disponibilidade de dados históricos e se busca avaliar comportamentos passados para orientar decisões.

Exemplo de utilização de data mining na área médica

A Figura 73 apresenta notícia baseada em resultados de *data mining*. Pesquisadores da Escola de Saúde Pública de Harvard avaliaram um conjunto de mulheres (no caso, enfermeiras) com programas de *data mining* da companhia SAS Institute Inc.

Durante o estudo [91] foram aplicados os seguintes passos, equivalentes às fases vistas na seção anterior:

1. coleta de dados - obtidos com o preenchimento de formulários pelas mulheres participantes;
2. preparação dos dados - exclusão das participantes inadequadas para o estudo e padronização das informações coletadas;
3. realização da análise de multivariáveis - identificação dos padrões repetitivos que poderiam indicar correlação de dados;
4. avaliação dos resultados obtidos; e
5. apresentação sob uma estrutura útil para os profissionais da área médica.

MÁ NOTÍCIA

Saúde e netos

As avós que tomam conta de crianças correm mais risco de sofrer de problemas cardíacos, segundo estudo da Escola de Saúde Pública de Harvard (EUA) publicado no *American Journal of Public Health*. Por quatro anos foram acompanhadas 54 000 mulheres entre 46 e 71 anos. No grupo das que cuidavam dos netos nove horas ou mais por semana, o índice de problemas cardíacos foi uma vez e meia maior que no outro grupo. Os médicos atribuem o resultado ao stress gerado pela responsabilidade e sugerem cuidado redobrado com a saúde para dar conta da tarefa: exercícios físicos regulares, dieta saudável e nada de cigarro.

Revista Veja 12/11/03

Figura 73 Notícia com resultados extraídos de ferramentas de *data mining*

Componentes do data mining

Embora o termo *data mining* seja utilizado pelos profissionais de informática como sinônimo de programa para análise de dados, de fato envolve muito mais que um *software*. Inclui:

- programas e rotinas para selecionar e extrair dados dos bancos de dados utilizados pela empresa;
- programas para homogeneizar os dados. O endereço de um cliente pode estar em formatos diferentes no sistema de entregas e no sistema de cobrança;
- programas para a análise dos dados, a essência do *data mining*;
- computadores robustos para executar os inúmeros cálculos envolvidos nas simulações e análises;
- equipe de técnicos-analistas que possa entender os resultados propostos pelo programa e interpretá-los. A equipe é composta por pessoal com conhecimento de estatística e informática, e com domínio sobre o negócio da empresa.

Muitas vezes, as empresas fazem grande investimento em programas e computadores, mas esquecem de qualificar uma equipe para o uso do *data mining*, auferindo resultados desprezíveis.

Limites do data mining

É muito importante entender que as análises realizadas sobre os dados têm resultado limitado: as tendências descobertas pelo *data mining* não são determinísticas, e é preciso cuidado em seu aproveitamento.
Diversas causas limitam o uso do *data mining* e impedem sua precisão absoluta. Dentre elas:

- possibilidade de o conjunto de dados utilizados ser incompleto;
- falha na modelagem em consequência de objetivos imprecisos;
- interferência de fatores outros que os considerados na modelagem;
- relações tão complexas que não permitam aos programas localizá-las.

Há uma citação de David Mahoney, diretor da Symantec Corporation, que pode demonstrar a utilidade do *data mining*: "*Você nunca terá todas as informações que você precisa para tomar uma decisão. Se você as tiver, então será uma decisão precipitada, não uma decisão*". Quando se pensa que todas as informações estão disponíveis, de fato, o que ocorre é que nem todas as alternativas e aspectos vinculados ao problema foram considerados. O *data mining* ajuda a aumentar o leque de alternativas e de informações para subsidiar decisões, embora sem esgotar as possibilidades.

Questões relacionadas e de recapitulação

1. O que é *data mining* e para que serve?
2. Por que o *data mining* somente é viável com o uso da informática?
3. Grandes editoras de revistas e jornais se utilizam do *data mining* para planejar a criação de novos produtos (revistas, artigos, brindes). Como isso se dá?

Capítulo VIII
CRM — GESTÃO DE RELACIONAMENTO COM O CLIENTE

"Olhe pelos olhos do seu cliente. Você fornece a solução, ou é parte do problema?"
Marlene Blaszczyk (*Motivating Moments*).

CRM — *Customer relationship management* [92] ou *gestão de relacionamento com o cliente* é uma estratégia de reestruturação empresarial para aumentar a eficácia do atendimento aos clientes. Seu principal objetivo é atuar sobre os fatores que influenciam as atitudes dos clientes, a fim de obter deles um novo comportamento, como resposta às ações empresariais.

Com o CRM, a empresa integra todas as áreas que se relacionam, direta ou indiretamente, com clientes; compreende melhor suas necessidades e expectativas e, ao atendê-los mais proativamente, pode, provavelmente, alavancar vendas.

O CRM somente é viável com o uso intensivo de TI, pois há necessidade de trabalhar com grande gama de informações, originadas das múltiplas áreas que se relacionam com clientes (*marketing*, vendas, atendimento), e abrange, ainda, informações resultantes de estudos de mercado, pesquisas de opinião e análise da concorrência.

Princípios básicos do CRM

A estratégia de uso do CRM parte de alguns pressupostos:

1. clientes de mesmo perfil realizam compras semelhantes. Assim, pode-se antecipar que recém-casados estejam interessados em itens para mobiliar suas casas;
2. o passado de vendas é referencial confiável para estimativas de comportamento futuro dos clientes. Grandes vendas de flores, por ocasião do último Dia da Secretária, têm probabilidade de se repetir no próximo ano [93];
3. a identificação personalizada dos clientes permite tratar de forma distinta clientes distintos. Portanto, crianças e adultos, homens e mulheres, conservadores e progressistas devem ter suas características respeitadas, em qualquer relacionamento empresa-cliente;
4. a opinião dos clientes deve ser bem conhecida, para orientar não apenas a maneira como devem ser atendidos, mas também o desenvolvimento dos produtos que desejam. "*O cliente pode ter o carro pintado de qualquer cor que deseje, desde que seja preta*". Esta conhecida frase de Henry Ford teve seu momento de sucesso na época da produção em massa, mas hoje, na era da do atendimento personalizado, tornou-se retrógrada.

Em resumo, considera-se que um melhor conhecimento sobre o cliente ou consumidor permite incentivar compras, antecipar desejos, diminuir dúvidas e reclamações.

Visões integradas

Com o uso do CRM, as empresas constroem uma visão completa de seus clientes, e se apresentam a eles com aspecto integrado.

Historicamente, elas têm acompanhado as relações com os clientes, por meio dos contatos que realizam em lojas ou com *call centers*. Ordinariamente, o acompanhamento das vendas nas lojas se limita ao cômputo dos tíquetes de vendas. Desse modo, o gerente de um pequeno supermercado pode verificar que emitiu 8.000 tíquetes de venda em um mês, mas não consegue determinar quantos clientes foram efetivamente atendidos. Afinal, um mesmo cliente costuma fazer mais de uma compra no mesmo mês.

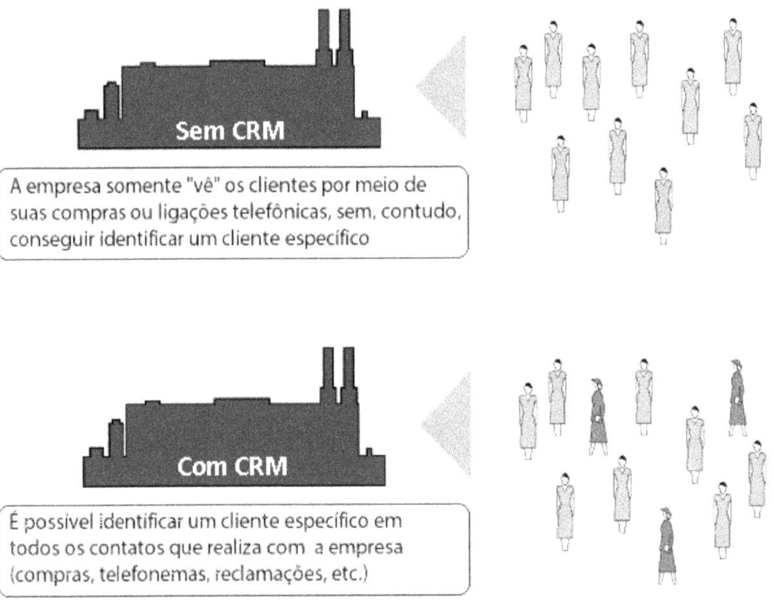

Figura 74 Identificação do cliente, sem e com o uso do CRM

E se os clientes, após as compras, telefonarem para o *call center* desse supermercado, muitas vezes ficarão com a impressão de que estão ligando para empresa completamente distinta. Para resolver suas dúvidas, além de se identificarem, são solicitados a descrever a marca, modelo e outros detalhes dos produtos adquiridos, informações que já poderiam ser conhecidas pelo *call center*.

O CRM é orientado para fazer com que a empresa reconheça os clientes de forma individualizada, em seus múltiplos contatos pelo telefone, pela Internet, por *e-mail* ou em visitas às lojas (veja Figura 74). A identificação permite formar visão integral de cada cliente, junto com avaliação de suas características específicas, e propicia atendimento objetivo mediante respostas personalizadas. Para os clientes, o CRM também tem impacto positivo, pois faz com que enxerguem a empresa como sendo única, mesmo que realizem contatos com ela por canais diferentes.

A solução CRM

Mais amplo do que um mero sistema informatizado, o CRM é a solução empresarial que abrange revisão de procedimentos de atendimento, reestruturação das atividades que fazem contato com clientes e, eventualmente, mudança cultural. Com seu uso, decisões passam a enfatizar a qualidade do relacionamento com clientes.

O emprego do CRM faz com que se disponha de conhecimento preciso para ter os produtos desejados pelos clientes, ofertar tais produtos na época própria, com quantidades e preços adequados, da forma mais ágil possível.

O principal fundamento do CRM é a construção, em sistemas informatizados, de um banco de dados integrado, que consolida todas as informações e conhecimentos coletados sobre clientes. A análise das informações possibilita caracterizá-los melhor e viabiliza o aprimoramento do atendimento e do relacionamento. Permite, igualmente, conhecer comportamentos de alguns clientes ou inferir os de outros que com eles se parecem. Saber o que desejam e o que os atrai à empresa. Mais exatamente, passa-se a conhecer o perfil de compras de cada cliente, de forma individualizada. Isso requer registrar as respostas para, entre outras, as seguintes questões:

- qual é o estado civil do cliente? Tem filhos?
- quem (esposa ou marido) faz as compras? Quem decide a compra?
- qual é o rol de compras mensal? Quantas vezes vem à loja por mês?
- que produtos compra? Com que frequência? Qual o prazo de entrega que solicita?
- qual é o orçamento não comprometido do cliente?
- que produtos adquire simultaneamente ?

É crucial que as inúmeras compras realizadas por um cliente ao longo do tempo possam ser a ele vinculadas. Uma solução utilizada por alguns supermercados é incentivar os clientes a adquirir e informar CPF ou apresentar "*cartões de fidelidade*". Assim as compras são registradas no banco de dados associadas ao número do cliente que efetuou a compra.

As respostas às questões acima, e o resultado da análise do conteúdo do banco de dados, proporcionam aumento do conhecimento sobre os clientes da empresa. Esse conhecimento traz sensível melhora na forma de atendê-los.

Algumas vantagens do uso de CRM:

- dimensionamento de estoques com maior exatidão. Isto permite a criação de conjuntos associados de produtos que possam ser ofertado de acordo com o interesse dos clientes, ajustados à sazonalidade das vendas;
- reorganização mais eficaz dos mostruários (gôndolas e vitrines), para incentivar vendas de produtos correlacionados. Mostra-se útil localizar caixas de fósforos ao lado de velas de aniversário, pois são itens vendidos, com grande frequência, em conjunto;
- informação imediata sobre clientes atuais e potenciais disponíveis diretamente nos pontos em que são úteis, no momento em que ligam para a empresa;

- ampliação das oportunidades de vendas após análise das características dos clientes e de seus contatos com os departamentos da empresa;
- direcionamento aprimorado das propagandas e do *marketing*, com redução de custos e aumento da eficiência;
- acompanhamento mais eficiente do progresso das vendas;
- determinação mais precisa de preços, com o estudo do orçamento dos clientes;
- maior integração dos departamentos, tendo como fundamento o melhor atendimento;
- melhoria do atendimento da assistência técnica, no pós-venda e nos demais canais de comunicação, garantindo a satisfação dos clientes e incentivando sua retenção e fidelização [94]. O atendente reconhece o cliente, e lhe fornece respostas mais pertinentes;
- maiores vendas, porque se entendem gostos e desejos dos clientes;
- ciclo de vendas mais rápido, uma vez que se oferecem somente os produtos que são adequados ao cliente atendido.

Como o CRM funciona

Além da integração dos processos e da estrutura operacional, a implantação de um processo de CRM é altamente dependente do uso da informática, e envolve três fases (Figura 75):

1. obtenção de dados que caracterizem os clientes e suas compras;
2. análise e compreensão dos dados; e
3. ação em função dos novos conhecimentos obtidos.

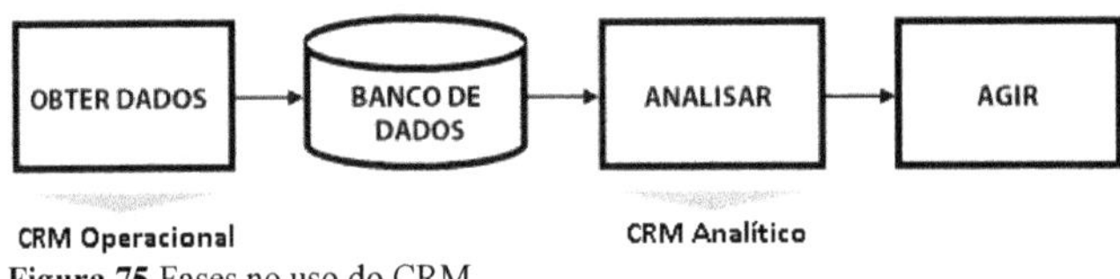

Figura 75 Fases no uso do CRM

1. Obtenção de dados

A primeira fase consiste em obter a maior quantidade possível de dados relacionados aos clientes, com vistas a aprimorar o entendimento sobre seu modo de comprar. Dados para a identificação do perfil socioeconômico dos clientes, de suas necessidades, gostos, comportamentos e demais características que interferem em suas compras. Esses dados são obtidos a partir de diversas fontes:

- fichas cadastrais;
- entrevistas e conversas cotidianas com os clientes;
- pesquisas de opinião;
- reflexão sobre o ambiente onde a empresa atua: é bairro rico ou pobre? A localização é próxima à cidade ou é em estrada?
- respostas de campanhas de vendas;
- relatórios de visitas de vendedores;
- relação de chamadas ao *call center* e acessos realizados à assistência, no pós-venda;
- arquivo com histórico de compras dos clientes.

Todos os dados oriundos dessas fontes são utilizados para a criação de um banco de dados centralizado, que recebe o nome de *data warehouse* [95]. Nele devem estar registradas todas as interações entre empresa e clientes. Em geral, são bancos de dados com enorme dimensão, abrangência e complexidade.

É essencial, portanto, a integração de todas as atividades que se relacionam com clientes, mesmo que indiretamente. Os empregados devem ser treinados para anotar, no sistema informatizado, todos os contatos com os clientes; e a atendê-los somente após consulta às informações já registradas. Um cenário típico desse comportamento ocorre nas lojas de telefonia fixa e celular. Nelas, os atendentes consultam o histórico anotado das visitas anteriores dos clientes, e continuam as negociações com base nos parâmetros arquivados. Os clientes, desse modo, ficam com a impressão positiva de que estão sendo atendidos pela mesma pessoa, o que raramente ocorre.

Por envolver processos operacionais da empresa, as atividades dessa fase também recebem o nome de CRM Operacional.

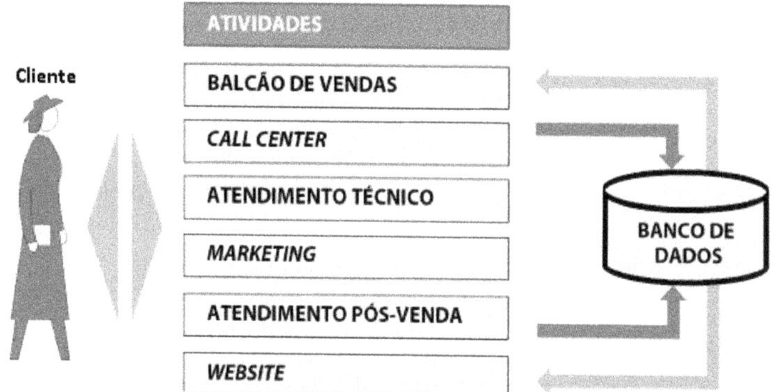

Figura 76 Todos os contatos com os clientes são registrados no banco de dados do CRM e usados para novos atendimentos

A obtenção de dados envolve altos custos em sistemas e equipamentos de TI, pois todos os setores de relacionamento com clientes devem dispor de computadores ligados em rede e ao banco de dados (veja Figura 76).

Os itens a seguir são alguns dos sistemas informatizados, geralmente adaptados e/ou integrados durante o processo de implantação de uma solução CRM:

- gestão de contatos;
- gestão de processos de negociações;
- controle e acompanhamento de vendas;
- registro e histórico de vendas;
- acompanhamento de pós-vendas;
- suporte técnico;
- portal da empresa na Internet.

Muitos desses sistemas são orientados à gestão operacional eficiente, e estão vinculados aos sistemas de ERP (veja capítulo V). Assim sendo, a aquisição do CRM deve ser avaliada em harmonia com o ERP.

> **Você sabia**
> Programas de CRM prontos, muitas vezes são inadequados, a médio prazo, por não conseguirem integração eficiente das atividades de atendimento, e tampouco criar descrições abrangentes e completas dos clientes.
> A implantação do CRM requer tempo e esforço.

No mercado são vendidos diversos sistemas de CRM, com destaque para SalesForce CRM, Microsoft Dynamics, Oracle CRFM On Demand e a brasileira Totvs [96].

2. Análise e compreensão dos dados

De posse dos dados, cuja coleta é contínua (visitas, vendas, atendimentos) ou eventual (pesquisas, entrevistas), fazem-se estudos para compreender as correlações entre os perfis de clientes e suas compras, identificando-os e classificando-os. Estes estudos, conhecidos no jargão da informática pelo termo *data mining* (veja o capítulo VII), requerem profissionais preparados para analisar as grandes massas de dados contidas no *data warehouse*, acompanhados de *softwares* para auxiliar os estudos, explorações e investigações, em busca de correlações.

Procura-se entender os dados para obter resposta a perguntas como:

- qual é o perfil do cliente mais rentável?
- quais itens diferenciais de produtos ou serviços são mais bem aceitos?
- o que atrai os clientes à empresa?
- que combinação de produtos tem venda mais provável?
- o que mudar na relação com os clientes para aumentar o lucro da empresa?
- quais são os riscos das ações de *marketing* a ser tomadas?

Essa fase de análise e compreensão das características e tendências comportamentais dos clientes denomina-se CRM Analítico. Modernamente tem se aplicado conceitos de inteligência artificial para melhorar o resultado do CRM Analítico.

3. A ação

As análises realizadas com os dados do *data warehouse* devem gerar projetos e propostas de mudança. Esses projetos podem ser, por exemplo, sugestões de incentivo a determinadas vendas correlacionadas, modificação de preços de acordo com o perfil financeiro dos clientes, novos produtos e/ou serviços, foco para campanhas promocionais, entre outras possibilidades.

Para evitar que o CRM limite-se a um mero estudo acadêmico dentro da empresa, é essencial que haja comprometimento com a utilização dos resultados propostos. O resultado do CRM é o resultado das ações que dele se originam.

A implantação

O processo completo de colocação em operação de solução de CRM envolve grandes grupos de gastos:

- com TI: integração de sistemas, redes de comunicação, bancos de dados e demais componentes;
- com treinamento e formação de profissionais, para que operem os sistemas e realizem os procedimentos metódicos de análise;
- com projetos de mudanças derivados das análises originadas no CRM.

Ao se decidir pela implementação de um sistema de CRM, deve-se estar ciente de que somente com o aproveitamento desses projetos de mudanças, e o seu monitoramento, é que se dará credibilidade ao processo, e se favorecerá uma melhoria efetiva de qualidade, aumento de receita e lucro.

A implantação de um sistema de CRM segue as fases comuns a sistemas ou grandes projetos de TI, com destaque para as seguintes atividades:

- criação de equipe de profissionais para orientar e acompanhar o processo de implantação;
- determinação sobre quais serão as áreas ligadas ao atendimento de cliente que serão vinculadas à solução de CRM, pelo menos inicialmente;
- avaliação da situação de cada área, para verificar necessidades de integração e de otimização. Esta análise deve considerar modificações organizacionais e de procedimentos;
- exame sobre o impacto que a implantação terá sobre o sistema de ERP;
- determinação da infraestrutura de TI necessária: *hardware*, *software*, banco de dados, segurança, suporte e manutenção;
- definição de um plano de instalação em etapas e de migração, a partir da situação atualmente instalada;
- definição de um plano de contingências para o período de implantação.

A implantação de um sistema CRM costuma trazer sensíveis ganhos de eficiência operacional. Mesmo quando os projetos frutos das conclusões das análises não são integralmente implementados, o CRM traz alguns ganhos indiretos, por proporcionar integração entre as áreas de relacionamento com os clientes, e também em consequência de uma predisposição para um melhor conhecimento sobre eles. Esses ganhos indiretos devem ser ponderados durante a avaliação sobre o retorno do investimento (ROI).

Dificuldades na implantação

Alguns fatores podem dificultar a implantação do CRM, tais como [97]:

- obstáculos na integração das áreas de atendimento ao cliente;
- falta de alinhamento entre a área de TI e a empresa, com o uso de programas ineficientes ou inadequados;
- usuários mal preparados;
- ausência de estrutura de decisão unificada;
- desmotivação e falta de conscientização das equipes de vendas para compartilhar as informações sobre clientes.

Essas dificuldades podem ser superadas, se houver envolvimento da alta gerência da empresa, acompanhado de atitudes focadas em minimizar tais dificuldades.

Tendência: Colaboração utilizando CRM

À medida que o CRM passa a ser amplamente utilizado, percebe-se que sua evolução se orienta para três vertentes:

- colaboração com os clientes via redes sociais;
- ampliação da colaboração interna da empresa;
- compartilhamento de dados e conclusões entre empresas.

Colaboração com clientes via redes sociais

O relacionamento com os clientes evolui para se fazer uso amplo das redes sociais como Instagram, Facebook, X (Twitter), Linkedln. Assim, cada vez mais as empresas investem no desenvolvimento de canais de comunicação que se valem dessas redes. Podem aproveitá-las como canais de divulgação, postar mensagens periódicas e informar seus clientes de novos serviços, produtos e promoções.

Com o monitoramento das redes sociais, conseguem detectar quem falou o que sobre a empresa, de modo a tomar medidas para corrigir eventuais problemas, ou atuar para adequar seus serviços às indicações dos desejos manifestados nas redes.

Um episódio demonstrando a força das redes sociais e, em especial, do Twitter foi noticiado, em 12/07/2012, pelo jornal inglês The Guardian: o ministério de turismo das Ilhas Maldivas criou o *hashtag* [98] *#sunnysideoflife* para promover as belezas das ilhas e aumentar o número de visitantes. Imediatamente em seguida, o *hashtag* passou a ser utilizado pela população do arquipélago para divulgar a violência policial e o abuso de direitos humanos (Figura 77). De quando em quando, efeitos similares também acontecem com as ações empresariais, normalmente não tão impactantes, como o desse episódio.

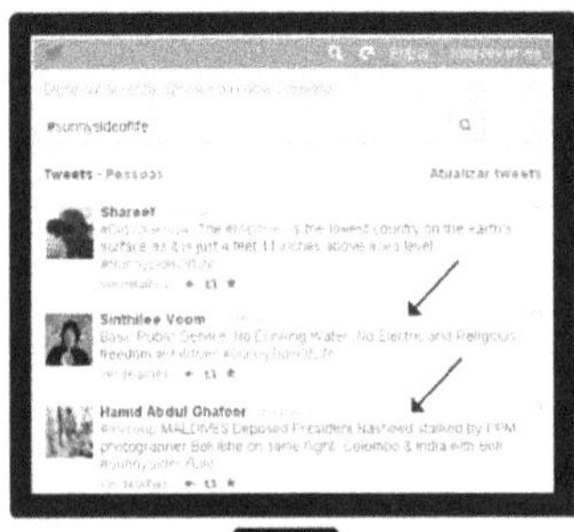

Figura 77 Conta de Twitter das Ilhas Maldivas usada para manifestação antigoverno

Dado o efeito multiplicador das opiniões dos clientes nas redes sociais, cada dia mais empresas se preparam com equipes treinadas para detectar riscos à sua imagem e atuar imediatamente para eliminá-los.

Ampliação da colaboração interna da empresa

A integração operacional gerada pela implantação do CRM tem proporcionado aumento na colaboração entre os diversos profissionais distribuídos nos departamentos das empresas. Deste modo, há maior alinhamento de atividades dedicadas a aprimorar o atendimento a clientes.

Num primeiro momento, o CRM promove a integração de maneira mais impositiva. A tendência atual é de que a integração se dê em bases mais espontâneas de colaboração entre empregados.

Compartilhamento de dados entre empresas

Há uma tendência atual de compartilhamento das informações de CRM por diversas empresas, sejam elas integrantes de uma cadeia de abastecimento (*supply chain*) ou empresas parceiras.

Um excelente exemplo é o compartilhamento do mesmo cartão-fidelidade por diversas companhias parceiras. Com o cartão, o cliente de qualquer das empresas acumula pontos para trocar por serviços ou produtos das demais. Os parceiros conseguem, desta forma, melhor caracterizar clientes e otimizar seus CRMs. Por meio da análise do uso do cartão compartilhado, podem detectar que um cliente carioca fez compras em uma empresa parceira em São Paulo. Se uma das parceiras for companhia aérea, e ela não transportou o cliente, pode preparar uma propaganda dirigida especialmente a ele. Os estudos sobre os dados do cliente revelam, inclusive, a frequência com que tem viajado a São Paulo.

Embora seja uma forte tendência evolutiva do CRM, o compartilhamento de dados entre empresas traz preocupações quanto à privacidade de seus clientes, e exige análise criteriosa para sua implementação.

Questões relacionadas e de recapitulação

1. Ao ligar para certo banco solicitando informações simples, como a cotação do dólar, por que os clientes precisam se identificar como correntistas?
2. Embora envolvendo dados e informações sobre clientes, o CRM não é uma nova forma de *marketing* e propaganda. Por quê?
3. Por que o CRM requer a integração entre as áreas de vendas e suporte ao cliente?
4. Diferencie CRM Operacional e CRM Analítico.
5. Vendedores de automóveis resistem muito a compartilhar as informações sobre os seus clientes com a empresa onde trabalham. Procure entender por que isto ocorre e sugira ações para quebrar essa resistência.
6. Por que o CRM enfatiza atingir "melhores vendas" e não "maiores vendas"?
7. Um canal de televisão que programasse, para a tarde de sábado, os seguintes filmes, "Os Mercenários", "O Diário de Bridget Jones" e "Os Mercenários 2", nesta ordem, estaria cometendo alguma falha na programação, do ponto de vista do CRM?
8. Se você fosse destacado para organizar uma equipe voltada a acompanhar a imagem de sua empresa nas redes sociais, que profissionais e que tarefas você entenderia como prioritárias?

Capítulo IX
BI — BUSINESS INTELLIGENCE

Business Intelligence [99], ou simplesmente BI, compreende programas, infraestrutura, ferramentas e melhores práticas concebidos para simplificar a análise e a exibição de dados. Torna possível para os tomadores de decisão, em todos os níveis de uma organização, mais facilmente acessar, compreender, analisar, colaborar e agir sobre a informação, a qualquer hora e em qualquer lugar [100].

Embora haja diversas e distintas abordagens nas soluções de BI [101] existentes no mercado, todas procuram facilitar a análise de dados, para apoiar as decisões corporativas, tanto no que se refere ao acompanhamento das operações realizadas nos departamentos, como no apoio ao traçado de novos rumos empresariais.

Um dos principais responsáveis pela popularização do termo, Howard Dresner, realiza e publica, periodicamente, pesquisas [102] a respeito do uso e do mercado de soluções de *Business Intelligence*. A pesquisa de 2013 apresenta, entre outras análises, as tecnologias associadas às soluções de BI que são consideradas estratégicas. As principais indicadas foram:

- painéis de controle;
- *self service* pelos usuários finais;
- *data warehouse*;
- visualização avançada.

Painéis de controle (dashboards)

Caracteristicamente, os programas de BI apresentam resumos gerais da empresa, sob a forma de indicadores de desempenho, em painéis de controle (*dashboards*). Esses painéis são telas, repletas de gráficos e tabelas, que sintetizam os principais indicadores utilizados para uma boa gestão (Figura 78); visam simplificar a consulta e a análise dos dados representativos do andamento e da situação da empresa, de determinados departamentos ou, ainda, de projetos.

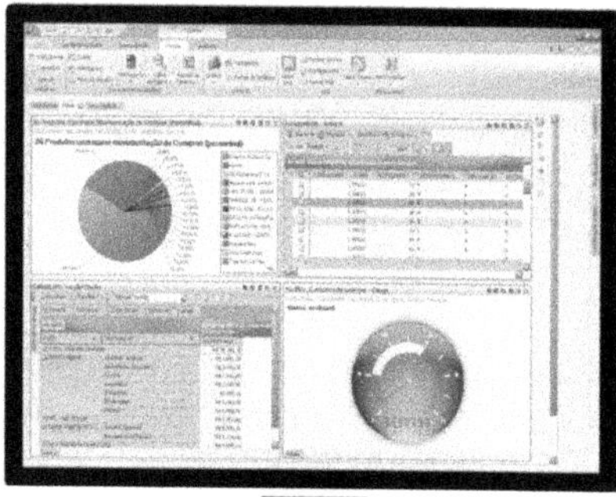

Figura 78 Aparência típica de painel de controle para gestão empresarial

Self service pelos usuários finais (autoetendimento)

Para que os usuários dispensem a necessidades de auxiliares técnicos nas tarefas de consulta aos dados constantes nos bancos de dados das empresas, as soluções de BI disponibilizam módulos de autoatendimento que são estruturadas para, de forma simples e com poucos *cliques de mouse*, selecionar conjuntos, agregar dados de regiões e produtos, ou verificar a relação de itens que deram origem a determinada figura ou gráfico.

Data warehouse (banco de dados uniformizado, para estudos analíticos)

Os dados essenciais para compor uma visão unificada da empresa costumam estar distribuídos em diversos bancos de dados, nem sempre integrados e compatíveis, o que torna difícil sua análise e comparação. *Data warehouse* é um banco de dados criado com a finalidade de centralizar e padronizar os formatos e significados de todos os dados utilizados pelos sistemas de gestão, e em especial pelos de *Business Intelligence* (Figura 79). Além de guardar cópia de todos os dados relevantes utilizados pela empresa, o *data warehouse* ainda costuma manter seus valores históricos, para permitir análises de evolução temporal.

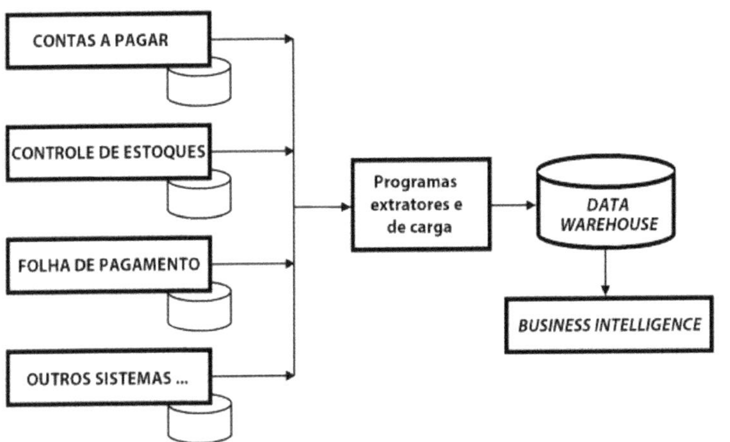

Figura 79 O data *warehouse* centraliza cópia de dados extraídos dos demais sistemas da empresa

Visualização avançada

A tecnologia de visualização avançada permite ampliar o leque básico de opções de apresentação para além dos tradicionais gráficos de torta, de linhas e de barras. Inclui toda uma gama de variação de cores, tamanhos, modelos, formatos e movimento, para que se possa melhor representar cada categoria específica de dados.

Gráficos mais avançados aprimoram a comunicação e permitem compreensão mais minuciosa de contextos. Incentivam, ainda, a procura e a descoberta de relações desconhecidas e de novos cenários empresariais.

Apesar de apresentar características positivas, a visualização gráfica avançada traz consigo alguns riscos ou dificuldades, que devem ser conhecidos para que sejam evitados:

- Sofisticação desnecessária. A ênfase excessiva na beleza estética e na sofisticação, por vezes, causa distração de gestores e dificulta a análise de dados;
- Tendenciosidade. A escolha do gráfico pode impor visão preconcebida da situação, e dificultar análise equilibrada. A depender da escolha das escalas a ser utilizadas, um mesmo gráfico pode dar a impressão de crescimento das vendas ou de sua estagnação, e a ambiguidade levará à análise errada do conteúdo;
- Superficialidade. Em diversos casos, os gestores satisfazem-se com a visualização de um único gráfico, o que acreditam ser suficiente para toda a compreensão do contexto, sem prospectar detalhamento mais informativo. É muito importante que gráficos tenham profundidade e sejam, efetivamente, representativos dos dados, além de ser acompanhados de explicações e tabelas, sempre que possível.

Inteligência nos negócios = Business Intelligence + pessoas preparadas

A inteligência das empresas, ou seja, sua capacidade de lembrar e entender o passado, de saber o que está acontecendo no momento e de avaliar alternativas para o futuro, depende de dois componentes essenciais:

- programas que permitam acesso a todos os dados da empresa, para proporcionar visão integral e integrada, a chamada visão 360°, coerente e articulada. Os programas de BI foram criados com esta finalidade, e continuam a ser aperfeiçoados neste sentido;
- pessoas inteligentes, criativas, motivadas e qualificadas para analisar as informações apresentadas pelas soluções de BI, para lhes dar consequência e trazer resultados.

Desta forma, e uma vez que o custo das soluções de BI costuma ser elevado, é indicado que haja, também, investimentos em treinamento e qualificação de pessoal.

A qualificação deve abranger não só os responsáveis pelas decisões a ser tomadas, como também aqueles que farão a implementação das decisões. Em se tratando de inteligência nos negócios, é essencial o equilíbrio na equação que envolve programas e pessoas.

Tendências

Segundo pesquisa global realizada em 2013 pelo grupo Gartner [103] com mais de 2.000 CIOs, *Business Intelligence* deveria ser a principal prioridade das áreas de TI e se manter como grande prioridade durante os próximos 10 anos. Hoje, em 2023, essa tendência se consolidou havendo no mercado muitos produtos bastante completos como oPower BI da Microsoft, o Tableau e SAP BusinessObjects BI.

É provável que os esforços de evolução caminhem na direção do acesso móvel, em consequência da onipresença dos telefones celulares e *tablets*, e também devido à necessidade de que os gestores empresariais estejam permanentemente conectados aos indicadores de gestão, para que possam atuar com mais agilidade e eficiência.

Outra grande tendência é de que as soluções de BI se utilizem cada vez mais da computação em nuvem (*cloud computing*), com os dados e os programas instalados nos próprios fornecedores de *software* de BI. Essa tecnologia ainda enfrenta resistências em função de preocupações referentes a segurança e privacidade, pois, afinal, BI concentra dados empresariais relevantes, do ponto de vista de diferencial competitivo. Tão logo essas preocupações sejam superadas, forte crescimento é esperado, em virtude da grande versatilidade oferecida pela nuvem.

Questões relacionadas e de recapitulação

1. O que são programas de BI? Quais são suas finalidades?
2. O que são os painéis de controle (*dashboards*)?
3. O que é *data warehouse*? Por que e para que é usado?
4. Quais são os principais riscos de se apresentar, para gerentes e diretores, gráficos com animações muito sofisticadas?

Capítulo X
ÉTICA NO TRATAMENTO DE DADOS E INFORMAÇÕES

Então, meu caro Eutífron, de acordo com o que afirmas, os deuses divergem entre si a respeito do justo, do belo, do feio, do bom e do mau?
Não haveria divergências entre eles se não tivessem opiniões diferentes a respeito dessas coisas. Certo?
Sócrates em Eutífron, de Platão.

O mundo globalizado estabelece contatos mais estreitos entre empresas de culturas diferentes, e assim requer preocupação extra com procedimentos éticos e de respeito social. A ética trata dos comportamentos habituais da sociedade e de como são atribuídos os conceitos de bom e mau a esses comportamentos. Embora seja subjetiva e mutável, ela orienta as ações humanas, a fim de que tragam melhoria social. Significa que deve haver utilização adequada das informações disponíveis, convenientemente apresentadas e divulgadas.

A multinacional PepsiCo sempre tomou o cuidado de adaptar seus *sites* de Internet em acordo com a cultura regional dos países onde atua [104]. Compare-se o seu *site* de Taiwan com o equivalente nos Estados Unidos usados em 2011: no taiwanês, procurava-se dar relevância às pessoas e aos grupos, dirigido a uma cultura que valoriza a coletividade; o *site* americano, direcionado a país de cultura com características mais individualistas, não apresentava grupos, nem enfatizava pessoas (Figura 80).

Figura 80 Telas dos *sites* taiwanês e americano da PepsiCo

Essas preocupações decorrem da percepção de que os consumidores estão, cada vez mais, exigindo posturas consideradas éticas. Os incontáveis comentários desfavoráveis postados nas redes sociais confirmam que essa condição, quando não atendida, pode afetar negativamente imagem e resultados financeiros.

A Tecnologia da Informação, por ocupar-se de dados e informações, muitas vezes pertencentes a terceiros, se obriga a ter cuidado redobrado com valores sociais:

honestidade, legalidade, justiça e, principalmente, ética. Posturas éticas relacionadas à TI podem ser avaliadas sob as seguintes perspectivas:

- privacidade;
- propriedade;
- precisão;
- acesso.

Privacidade

Uma grande inquietação de clientes e demais usuários de sistemas de informação se refere à preservação de sua privacidade ou de sua intimidade. Decorre disso preocupação especial das empresas na coleta e uso dados de terceiros. Analisam indagações como:

- que dados e informações requerem coleta e arquivamento? São realmente necessários?
- que dados e informações sobre os clientes podem ser mantidos sem seu conhecimento?
- que informações sobre os clientes podem ser reveladas? Para quem? Em quais circunstâncias?
- qual é a garantia de privacidade que a empresa fornece? Como os clientes podem confirmar essa garantia e nela confiar?
- quem é o responsável, na empresa, pelo acompanhamento das estruturas de garantia de privacidade dos dados e informações dos clientes e de terceiros?

A avaliação dessas questões e de suas respostas pode resolver inúmeras situações referentes à criação de formulários de coletas de dados, apresentação de telas e envios de correspondências. Os caixas eletrônicos do banco Itaú, há alguns anos, utilizaram solução interessante para preservar a privacidade de seus correntistas. Ciente de que muitos clientes fazem saques acompanhados de amigos, o Itaú escondeu o saldo da conta, que somente poderia ser visto com o uso de um botão de rápido acesso. Assim, o correntista fazia os saques sem se preocupar que seus acompanhantes bisbilhotassem detalhes de sua vida particular (veja Figura 81). Essa inovação tornou-se permanente, em função de sua utilidade.

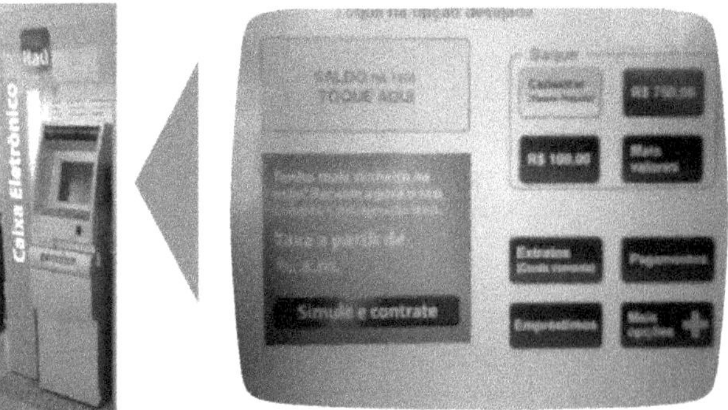

Figura 81 Tela do caixa eletrônico do Banco Itaú com botão ("Toque aqui") que evita a visualização do saldo bancário por terceiros

Possuir ou dispor de dados sobre as pessoas é fonte de lucros. Algumas situações:

- institutos de pesquisa colhem informações sobre as preferências dos usuários no que se refere a programas de televisão. O faturamento dessas companhias, ao organizar e comercializar esta informação, pode ser, em muito, aumentado;
- grande parte do produto nacional bruto (PNB) dos Estados Unidos é baseada na produção e na distribuição de conhecimento. Os canais a cabo Discovery Comunnications, a rede de mídia Bloomberg L.P., o Google e a própria Nasa são empresas voltadas para a informação e o conhecimento;
- dispor da lista de proprietários de veículos importados nos últimos cinco anos é de grande valia para aqueles que desejam fazer uma mala-direta ou propaganda dirigida, para a venda de nova marca de veículos;
- alguns fiscais desonestos apropriam-se de informações contábeis sigilosas de empresas para posteriormente poder ameaçá-las com multas e obter propinas em troca.

Esses exemplos mostram o risco de a privacidade das pessoas ser invadida e de as informações coletadas ser bem ou mal usadas (como mostrado na última situação).

Um famoso incidente de invasão de privacidade, no qual houve tratamento distinto de fotos e informações, aconteceu quando a esposa do príncipe inglês William, Kate Middleton, foi fotografada fazendo *topless*. Uma revista francesa, *Closer*, divulgou fotos do flagrante, e causou grande repercussão internacional. No Reino Unido, os *sites* ingleses, devido às suas características culturais e estando sob restrições legais, preservaram a privacidade da família real e não as publicaram. Jornais e *sites* do mundo todo interpretaram eticamente o assunto de forma diferenciada, com alguns publicando e outros evitando publicá-las, embora todos dando repercussão ao assunto (Figura 82).

A invasão de privacidade também é exemplificada pelo uso daquela grande quantidade de *e-mails* indesejados que são recebidos todos os dias, chamados tecnicamente de *spam*. *E-mails* de divulgação de remédios para obesidade, tratamentos para disfunções sexuais, ou simples propagandas inócuas atrapalham o dia a dia de profissionais, pois consomem tempo precioso em sua leitura e descarte. Gasta-se tempo, ainda, para descobrir como os dados foram cadastrados indevidamente nas listas de envio de *spam*. O respeito à privacidade se dá remetendo *e-mails* apenas para interessados que tenham autorizado o envio. Essa atitude é ética e não configura *spam*.

Figura 82 Tela do *site* Discovery News comentando invasão da privacidade de Catherine Middleton

Política de Privacidade

Como consequência de inúmeras reclamações de usuários e mesmo ações na justiça, tornou-se comum que as empresas disponham de documentos com políticas e ações no que se refere à privacidade dos usuários e clientes. Estes documentos costumam ser publicados nos *websites* sob o título "Política de Privacidade".

Para embasar seu relacionamento com os clientes e garantir a privacidade deles, o *site* Globo.com [105], por exemplo, apresenta em sua política de privacidade, entre outros, o seguinte:

- quais informações recolhem dos clientes;
- como acompanham as navegações que os clientes fazem nos *sites* dos seus parceiros;
- como utilizam as informações coletadas;
- com quem as informações podem ser compartilhadas;
- quais são as opções dos usuários a respeito da coleta, uso e distribuição das informações;
- como tratam as informações relativas às finanças pessoais e à saúde de seus clientes.

Propriedade

A coleta e o arquivamento de dados pessoais dos clientes, tais como nome, idade, sexo, endereço ou telefone, exigem concordância implícita ou explícita. Eles devem ser claramente informados de que os dados fornecidos serão registrados em arquivos ou bases de dados.

Ao arquivar tais dados, a empresa apenas guarda informações, mas a sua real propriedade pertence aos clientes. Logo, devem estar claros os critérios de propriedade sobre os dados que tenciona preservar e, para protegê-los, procedimentos compatíveis precisam ser criados.

Muitas informações sobre produtos e serviços, como formulários, manuais e diagramas de aparelhos, pertencem a fornecedores ou terceiros. Por isso, a propriedade intelectual dos dados, modelos, conceitos e documentos utilizados deve ser bem estabelecida e respeitada, e, além do mais, tomados os devidos cuidados para preservar acesso e uso indevidos.

Precisão

O resultado das ações empresariais, sejam operacionais ou estratégicas, depende do grau de precisão ou exatidão das informações registradas em seus bancos de dados. É importante, que, além das necessidades operacionais, a precisão considere também valores éticos de seus empregados, clientes e parceiros.

Respostas tais como "*avaliaremos o defeito de seu tablet e entraremos em contato entre quinze e sessenta dias para informá-lo se a garantia cobre o defeito*" podem gerar mal-estar, pela falta de precisão nas informações. São quinze ou sessenta dias? Há um intervalo de tempo não muito definido a aguardar. No momento em que limitam a liberdade de decisão dos clientes, essas imprecisões são vistas como antiéticas.

É desejável que se busque rigor na precisão de dados, não só no momento de sua coleta, mas também durante processos de arquivamento.

Do ponto de vista prático, para assegurar a exatidão dos dados, as empresas se preocupam em :

- estruturar adequadamente os questionários e processos de coleta de dados de modo a reduzir imprecisões;
- determinar um responsável pela precisão dos dados mantidos sobre clientes, fornecedores e parceiros; e
- criar mecanismos para que os interessados possam verificar a correção dos seus dados que estejam arquivados nas bases de dados, e corrigi-los, se houver necessidade.

Acesso

Para a preservação da privacidade, precisão e propriedade dos dados e informações, inclusive em consequência de roubo ou espionagem industrial, é prioritário que se tome o cuidado de estabelecer, claramente, quem pode usar e ter acesso aos dados e informações. Ou seja, fazer o que se denomina divulgação seletiva de dados: determinar quem pode ver o quê, e quando (veja Divulgação seletiva de dados no Capítulo XI).

O uso dos dados pode envolver aspectos de confidencialidade, que estão associados ao risco de segurança das pessoas. Este é o motivo dos rígidos controles adotados pelas grandes corporações na guarda dos endereços de celebridades, ou pelos bancos, no acesso dos saldos das contas de seus correntistas.

Informações referentes à lista de compras realizadas pelos clientes de uma fábrica podem ser utilizadas por toda a estrutura produtiva, mas sob condições diferentes. Dados de pagamentos e cobranças, por ser sigilosos, devem ficar restritos à área financeira. Os demais podem circular livremente.

Outro cuidado que envolve problemas éticos é a determinação das características dos clientes que terão permissão ou que serão impedidos de comprar, ou mesmo ter acesso aos produtos e serviços. Alguns exemplos:

- a venda de cigarro, produto altamente cancerígeno e causador de vício, é legalmente proibida para menores de idade. Dados e propagandas relacionados a esse vício devem ser controlados, para que não estejam acessíveis a menores;
- quando um professor informa um aluno sobre a nota de outra disciplina que não a sua, age de forma eticamente reprovável, pois se utiliza do conhecimento de bastidores que possui;
- os dados colhidos por aplicativos GPS instalados em *tablets* e telefones devem ter sua destinação claramente identificada, afinal, a geolocalização de pessoas é informação confidencial;
- na contratação de seguros de veículos, a informação sobre perícias realizadas pelas seguradoras é privativa dos contratantes e dos proprietários e, por consequência, impõe limites em seu acesso.

O filtro de acesso a informações deve ser muito bem ponderado, para evitar preconceitos ou censura. A fábrica sueca Ikea, ao adaptar seu catálogo de produtos, apagou a imagem de mulheres em algumas fotos de sua versão eletrônica para a Arábia Saudita. Segundo comunicado enviado para a BBC [106], a exclusão de mulheres da versão saudita foi realizada por uma franqueada, e entra em conflito com os valores do Grupo Ikea. Veja ambas as imagens na Figura 83.

(a)

(b)

Figura 83 Catálogo da Ikea, distribuído para aplicativos Android, para o Reino Unido (a) e para a Arábia Saudita, sem a presença da mulher, que foi apagada (b)

Analistas de sistemas, durante as tarefas de levantamento de dados para o desenvolvimento de novos sistemas realizam entrevistas com profissionais que, frequentemente, possuem visões conflitantes sobre as características e os problemas da empresa. Para evitar eventual mal estar entre esses profissionais, os analistas devem avaliar como as informações obtidas devem ser divulgadas, se é adequado identificar suas fontes e, nesse caso, como fazê-lo.

Atuação ética

A manutenção de um comportamento ético envolve:

- conhecimento - a empresa deve ter domínio completo sobre os dados de terceiros, arquivados em seus banco de dados;
- consentimento - somente devem ser usados dados colhidos com a autorização dos clientes, parceiros e fornecedores;
- controle - o cliente e outros interessados devem estar cientes sobre dados registrados, e, caso estejam incorretos, poder consultá-los e modificá-los;
- notificação - se houver uso dos dados de terceiros para outras finalidades que não as inicialmente previstas, eles devem ser avisados previamente.

Por questões práticas, muitas companhias somente são induzidas a apresentar comportamentos éticos em decorrência de exigências pontuais dos clientes. Outras aproveitam os conceitos referentes à ética nas ocasiões em que podem associá-los à melhoria de produtividade e, assim, só se enxergarem ganhos de eficiência é que investem na precisão dos dados coletados, respeitam licenças de uso de *software* ou limitam acessos a informações.

Motivados por estas novas tendências e exigências do mercado, as empresas perseguem a atuação ética como meio de fortalecimento de suas marcas e imagens.

Ética ambiental

A preservação ambiental recebe grande destaque da sociedade, preocupada com o mundo que as futuras gerações encontrarão. A informática, em função da rapidez com que os equipamentos eletrônicos tornam-se obsoletos, tem contribuído para a degradação do meio ambiente, pois placas eletrônicas, *chips*, fitas e discos magnéticos não são biodegradáveis, e sua longa durabilidade requer que os fabricantes criem soluções de reciclagem (Figura 84).

Figura 84 Caminhão carregado com lixo eletrônico

As empresas devem respeitar o meio ambiente, e sua contribuição inclui:

- adquirir equipamentos eletrônicos que consumam pouca energia. De acordo com reportagem da IEA [107], o consumo mundial anual de energia de equipamentos de TI e das redes de transmissão é estimado em 1-1,5% da energia global de eletricidade;
- estender ao máximo a vida útil dos equipamentos, com o reaproveitamento de equipamentos substituídos, doando-os para pessoas de áreas menos prioritárias e, também, com a redução na periodicidade de reposição e descarte deles;
- evitar o uso de papel, com sua substituição por documentos eletrônicos, para reduzir o desmatamento de florestas. Ultimamente, a segunda via do cartão de crédito, impressa nas máquinas de cartão das lojas, está sendo substituída por *e-mail* ou SMS. Este procedimento, no futuro, evitará o gasto de toneladas de papel, hoje destinadas, em geral, ao lixo;
- planejar o descarte de equipamentos, para que haja reaproveitamento sempre que possível. Equipamentos eletrônicos contêm, em suas peças, substâncias como chumbo, mercúrio, arsênico, que podem contaminar o solo e colocar em risco a saúde dos moradores das comunidades vizinhas às áreas de descarte.

O comportamento ético com relação ao meio ambiente exige, ainda, que os gestores se preocupem em conscientizar os empregados, fornecedores e até mesmo clientes, sobre medidas ambientalmente corretas e sustentáveis.

Ética dos profissionais de TI

A ética profissional habitualmente é consolidada em textos chamados de códigos de ética, que apresentam uma série de restrições nos comportamentos exigidos para o exercício das profissões. Esses códigos se destinam a garantir que os conhecimentos obtidos pelos profissionais em sua educação sejam utilizados de forma construtiva e em prol da sociedade. O não cumprimento do código de ética profissional pode levar à perda da autorização para exercício da profissão.

Os profissionais de informática, por terem origem e formação bastante variada (engenheiros de sistemas, tecnólogos, matemáticos, autodidatas, entre outras), e também por não pertencerem a conselhos reguladores, não estão submetidos a códigos de ética profissionais explícitos. A diversidade de origens dificulta muito o estabelecimento de padrões de comportamento, principalmente para o uso ético de dados, guarda e divulgação de informações. Desse modo, profissionais de TI tendem a se valer, no desempenho de suas atividades, dos padrões éticos, formais ou informais, convencionados pelas empresas em que trabalham. Esse costume torna deveras importante criar códigos de ética intraempresariais explícitos e abrangentes.

A ética de atuação profissional é tão importante, que grandes empresas, como a IBM, desenvolvem códigos de conduta para orientar parceiros e seus respectivos empregados [108]. Deste modo, não só aprimoram o comportamento de seus próprios funcionários, mas também se interessam por difundir hábitos benéficos.

Questões relacionadas e de recapitulação

1. Os Departamentos de Trânsito Estaduais (Detrans) estão invadindo a privacidade dos proprietários de veículos ao solicitar-lhes dados como endereço, telefone, data de nascimento? E caso forneçam essas informações para terceiros, estarão sendo éticos? 💡
2. Como deve um supermercado agir, do ponto de vista ético, ao perceber que seu sistema informatizado exibe, no caixa, preços diferentes dos apresentados nas gôndolas?
3. A Secretaria da Receita Federal solicitou, em 2013, o número do título de eleitor dos contribuintes, no momento da declaração de renda anual. Esta informação é de importância para a Receita? É quesito que invade a privacidade dos contribuintes? Há intenção da Receita em invadir a privacidade sobre o assunto eleições? Tente imaginar por que a solicitação do título de eleitor foi incluída na declaração.
4. Em 2000 houve quebra de sigilo de uma votação, prevista para ser secreta, no Senado Federal. Os processos de cassação que foram abertos na época induziram alguns senadores a renunciar aos mandatos. No entanto, os profissionais do Centro de Processamento de Dados do Senado (Prodasen), que viabilizaram a fraude, não foram punidos. Houve comportamento antiético destes profissionais? Por que não foram punidos?
5. Uma loja que informe a um cliente que seu nome está sendo enviado ao SPC, mas que não inclua o valor do débito na correspondência de aviso, estará tendo atuação ética?

6. Há local de recolhimento de equipamentos eletrônicos para reciclagem, perto do endereço de seu trabalho?
7. Como distinguir *e-mails* comerciais dos particulares, enviados ou recebidos pelos empregados, e como garantir-lhes a privacidade?

Capítulo XI
CRIMES RELACIONADOS À INTERNET E AOS COMPUTADORES

"O mundo mudou muito: antes se usava dinamite para roubar bancos. Hoje em dia usam-se senhas..."

Em uma sociedade cada vez mais dependente da informática e de transações *online,* era esperado que aumentassem ações criminosas vinculadas aos computadores e à Internet. Esse aumento tem diversas causas: além de ser relativamente fácil desenvolver programas criminosos ou obtê-los prontos diretamente da Internet, há ainda a falsa sensação de anonimato, pois o criminoso age longe de sua vítima, e nem mesmo precisa sair de casa para roubar. Some-se a isto a quantidade impressionante de usuários da Internet que representa 60% da população [109]. Grande parte deles sem conhecimento para ajustar parâmetros de segurança dos seus programas, e alguns muito ingênuos para evitar cair em golpes e trapaças veiculadas pela rede.

Em 2022, a empresa de segurança cibernética, Fortinet, estimou que houve no Brasil mais de 100 bilhões de ataques cibernéticos par obtenção de dados ou invasão de computadores, entre outros [110]. Isso significa que os valores de perdas financeiras relativos aos crimes vinculados à informática posso chegar , anualmente a centenas de bilhões de reais.

Geralmente, o objetivo dos criminosos é o lucro financeiro, mas também podem ser motivados por brincadeiras, desafios técnicos, curiosidade ou, até mesmo, protestos e terrorismo. Esses crimes têm tomado tão amplas dimensões que evitá-los passou a exigir enormes esforços e gastos. Se, por um lado, o combate a este tipo de crime é matéria para detetives, policiais e especialistas, por outro, existem diversas atividades de segurança para as quais os gestores empresariais, e principalmente o Gerente Conectado, devem estar atentos, a fim de evitar ou reduzir seus prejuízos.

Crimes tradicionais associados aos computadores

Os computadores, como quaisquer outros objetos de valor, atraem interessados em ganhos fáceis. Por isso, são relativamente comuns ocorrências criminosas, como o roubo, o furto e o superfaturamento em compras.

Furto e roubo de equipamentos. As mais tradicionais atividades criminosas associadas aos computadores são o furto e o roubo de equipamentos de informática, ou de parte deles. A ocorrência mais comum é aquela vista, periodicamente, na televisão: roubo de cargas de caminhão com dezenas de computadores. Mesmo assim, é necessário atenção a outros furtos usuais: o desvio de um *mouse* por um funcionário, o furto do CD original de um programa de alto valor, o sumiço de um *notebook* esquecido sobre uma mesa e o furto de uma caixa de DVDs virgens.

Relativamente corriqueiro é o desaparecimento de peças internas dos computadores, como pentes de memória ou mesmo placas-mãe, itens que não podem ser vistos com os gabinetes fechados. Um criminoso, por exemplo, subtrai peças do computador, encostado e sem uso de um funcionário em férias. A ladroeira somente é percebida se o funcionário, ao retornar das férias, notar que o computador foi violado. Nestes casos, a demora na constatação do furto pode impedir a investigação sobre o momento em que ocorreu e quem foi seu autor. Para controlar este tipo de roubo, foram desenvolvidos programas que verificam, periódica e automaticamente, a configuração completa de todos os computadores da empresa (memória, modelo de CPU, tamanho do HD), informando rapidamente a um responsável as modificações não autorizadas.

Para se prevenir de furtos e roubos, as empresas investem na contratação de guardas, na instalação de câmeras de monitoramento e, frequentemente, lacram e atam os computadores às mesas por meio de pequenos cabos de aço e cadeados. Outra abordagem de prevenção é a padronização das marcas, modelos e configurações dos computadores e periféricos, para tornar mais simples a detecção de alteração ou desaparecimento de peças, e facilitar sua recuperação.

Superfaturamento. A compra de computadores e programas é atividade complexa e envolve, habitualmente, altos valores, aspecto esse que motiva a ação de espertos: aumentam indevidamente o preço real dos computadores e programas comprados, para se beneficiar da diferença. Esse preço adicional, superfaturado, normalmente envolve vendedor e comprador num mesmo grau de participação.

Em órgãos governamentais e outras entidades que se utilizam de licitações para aquisição de computadores, o superfaturamento, por vezes, acontece de forma mais sofisticada: sabedores de que o preço dos computadores reduz-se ao longo dos meses (Lei de Moore), alguns ganhadores de licitações, mal-intencionados, atrasam ao máximo a entrega dos equipamentos, para poder fazê-la com um custo muito menor e lucrar com a diferença. Desse modo, um órgão público que licitar computadores com processador Intel Core i9, e vier a recebê-los com atraso de dois anos, pagará preço superfaturado que, no mercado, já estará reduzido.

Lei de Moore
Em 1965, um dos fundadores da Intel , Gordon Moore, observou que o desenvolvimento tecnológico fazia com que a quantidade de transistores que podiam ser colocados em um chip dobrava a cada dezoito meses, enquanto seu custo continuava o mesmo. Isto significa que o custo dos computadores cai pela metade a cada 18 meses. Esta regra se mostrou muito precisa e passou a ser conhecida como a Lei de Moore. Tem sido usada, desde então, para calibrar o planejamento de longo prazo das empresas.

O combate a esse crime, excessivamente frequente, inclui (1) o acompanhamento mais próximo das atividades dos responsáveis pelas compras e (2) o conhecimento de referências de mercado (preços e modelos), para orientar e calibrar aquisições semelhantes.

Cibercrimes

Quando os computadores ou a Internet são utilizados como um meio para a realização de crimes, esses passam a receber a denominação genérica de cibercrimes.

A criatividade dos criminosos no uso de computadores para o crime é insuperável. A cada dia, novas modalidades são inventadas. Algumas mais relevantes, são apresentadas abaixo:

1. acesso e uso ilegal de dados;
2. alteração e destruição de dados;
3. falsidade ideológica;
4. conteúdo criminoso;
5. criação de programas e *sites* dedicados ao crime;
6. pirataria de *software*.

Acesso e uso ilegal de dados. Vigaristas e pessoas inescrupulosas que têm acesso a dados e fazem mau uso deles causam grandes prejuízos a empresas ou pessoas.

Algumas vezes o acesso é legal, mas os dados são usados ilegalmente. Outras vezes o próprio acesso é ilegal. Por suspeita disso, a CVM bloqueou a venda de ações da companhia de petróleo Ipiranga para compradores que teriam tido acesso indevido a informações privilegiadas. Souberam com antecedência da venda da Ipiranga e passaram a adquirir suas ações, que subiram de valor e geraram grande lucro [112] (Figura 85).

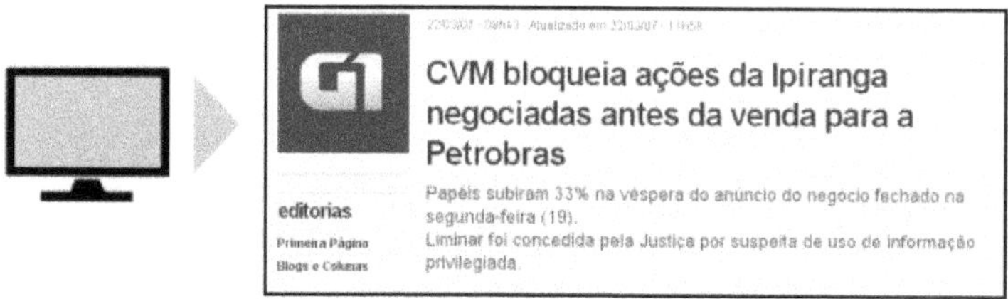

Figura 85 Publicação de suspeita de informação privilegiada no portal de notícias G1

Embora seja crime muito frequente, as estatísticas a respeito não são muito confiáveis, pois as empresas não o informam, com medo da cobertura da mídia e de danos para suas marcas. Pesquisa [113] patrocinada pela fornecedora de *software* de segurança McAfee indicou que somente um terço das empresas que sofreram vazamento de dados reportaram todas as ocorrências para autoridades ou acionistas.

As companhias dispõem de inúmeras informações sigilosas, tais como: estratégias de *marketing* e de compras; dados sobre empregados, clientes e fornecedores; dados sobre investimentos; senhas; fórmulas e processos industriais. Todos os esforços devem ser realizados para evitar que esses dados tenham acesso indevido, vazem ou se percam.

A regra básica de proteção é, sem prejudicar atividades operacionais, dividir os dados em vários relatórios e telas. Deve-se restringir a disponibilidade dos dados apenas a usuários cuja necessidade obrigue o acesso, e isso sempre acompanhado do uso de senhas e com gravação dos históricos dos acessos. Em vista disso, uma indústria de laticínios pode facultar à área de produção o acesso livre aos dados operacionais sobre os itens estocados (quantidade, composição, peso), mas restringir apenas para o setor de aquisições os preços de compra e o nome dos fornecedores. Este expediente faz com que usuários mal-intencionados tenham acesso a apenas uma parte dos dados, o que reduz o risco de danos (veja o item Divulgação seletiva de dados, mais à frente).

Essa modalidade de crime também requer atenção ao se trabalhar com dados que afetem a segurança de pessoas, como endereço, dados de aplicações financeiras e de crédito. Empresas que atuam em *e-commerce* evitam manter arquivado o número do cartão de crédito dos clientes, depois de concluídas suas compras, pois não são mais úteis. Com isso, diminuem as chances de acesso ou o uso ilegal dos números.

É importante ressaltar que o acesso e uso ilegal de dados é delito muito comum e, muitas vezes, é realizado por funcionários que se supõe de grande confiança.

Alteração e destruição de dados. Mais amplo que o crime da modalidade anterior é o subterfúgio utilizado pelos criminosos que realizam modificação nos bancos de dados empresariais. A Figura 86 exemplifica a adulteração de *sites* para prejudicar o Governo Argentino em 2005. Já a Figura 87 mostra o uso indevido de senha para a concessão de benefícios pessoais. Outras possibilidades seriam: a alteração de um saldo devedor de um empréstimo para quitá-lo; a modificação de notas escolares, forjando aprovação ou melhoria de média.

Também se incluem neste grupo alguns programas "*vírus*", que causam a destruição dos dados contidos nos computadores, inviabilizando o uso de sistemas ou, eventualmente, o funcionamento dos próprios computadores.

Uma atitude de proteção, essencial nas empresas, é a gravação periódica dos bancos de dados em fitas magnéticas ou DVDs e sua guarda em local seguro (atitude denominada "fazer *backup*"). Se houver modificação ou destruição dos dados, pode-se recorrer aos dados originais guardados e recuperá-los, ainda que estejam desatualizados.

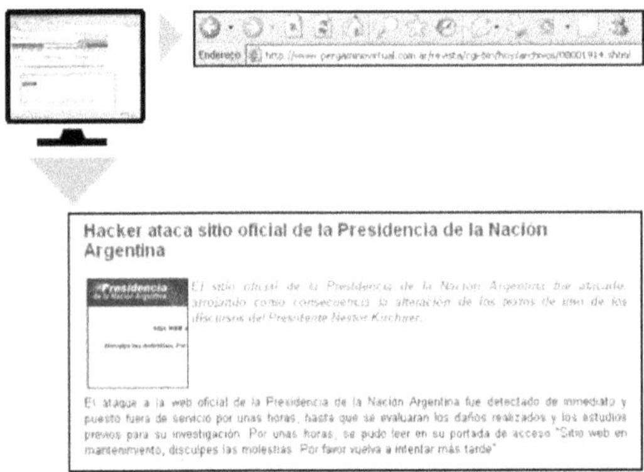

Hacker ataca sitio oficial de la Presidencia de la Nación Argentina

El sitio oficial de la Presidencia de la Nación Argentina fue atacado arrojando como consecuencia la alteración de los textos de uno de los discursos del Presidente Nestor Kirchner.

El ataque a la web oficial de la Presidencia de la Nación Argentina fue detectado de inmediato y puesto fuera de servicio por unas horas, hasta que se evaluaran los daños realizados y los estudios previos para su investigación. Por unas horas, se pudo leer en su portada de acceso "Sitio web en mantenimiento, disculpes las molestias. Por favor vuelva a intentar más tarde"

Figura 86 *Site* argentino adulterado por criminosos em 2005

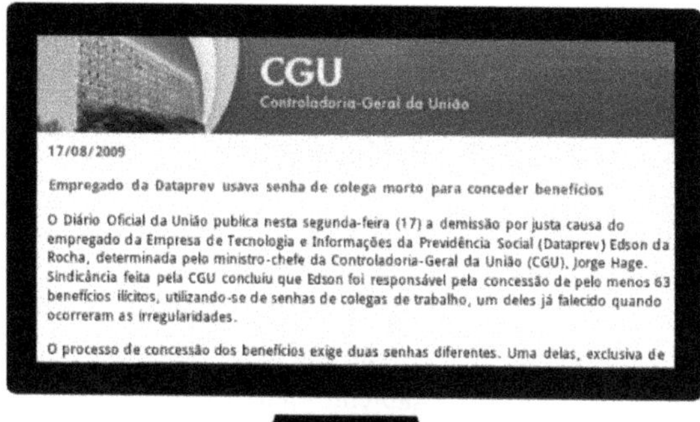

CGU
Controladoria-Geral da União

17/08/2009

Empregado da Dataprev usava senha de colega morto para conceder benefícios

O Diário Oficial da União publica nesta segunda-feira (17) a demissão por justa causa do empregado da Empresa de Tecnologia e Informações da Previdência Social (Dataprev) Edson da Rocha, determinada pelo ministro-chefe da Controladoria-Geral da União (CGU), Jorge Hage. Sindicância feita pela CGU concluiu que Edson foi responsável pela concessão de pelo menos 63 benefícios ilícitos, utilizando-se de senhas de colegas de trabalho, um deles já falecido quando ocorreram as irregularidades.

O processo de concessão dos benefícios exige duas senhas diferentes. Uma delas, exclusiva de

Figura 87 Fraude com o uso indevido de senha para acesso a informações de uso restrito

Falsidade ideológica. Um *cibercrime* que está se tornando comum é a falsificação de identidades na utilização da Internet, quando indivíduos mal-intencionados se fazem passar por outras pessoas ou empresas. É um episódio frequente: senhas das vítimas são roubadas e passam a ter suas contas invadidas, ou seja, usadas indevidamente.

Uma amostra de falsidade ideológica é a criação de *e-mails* e perfis falsos em redes sociais (Twitter, Facebook, LinkedIn), utilizando o nome de pessoas afamadas ou importantes, para causar-lhes danos, ou a seus fãs. Em dezembro de 2011, a conta de Twitter da cantora Lady Gaga foi usada para iludir seus fãs com a mensagem "*clique aqui para ganhar um iPad 2!*" acompanhada de um link para um *site* problemático. Também já foram vítimas de impostores o vocalista da banda Detonautas, o técnico de futebol Tite, o ator Wagner Moura, entre outros.

Conteúdo criminoso. A criação de *sites* na Internet facilitou a divulgação de conteúdos ilegais ou não tolerados socialmente, como documentos, filmes e textos racistas, xenófobos, terroristas ou que incentivam violência.

Entre os *sites* com conteúdo danoso encontram-se, ainda, os de divulgação de pornografia infantil, uma das modalidades de crime mais combatidas no mundo, por sua abrangência e potencial socialmente devastador.

Os gestores de TI devem analisar, periodicamente, todos os conteúdos dos computadores, para verificar se, indevidamente, hospedam (guardam) páginas, imagens ou documentos que possam ser apontados como criminosos.

Criação de programas e sites dedicados ao crime. O Código Penal brasileiro foi modificado em 2012 [114], para tornar crimes as ações que visem facilitá-los, como o desenvolvimento de programas cuja finalidade seja viabilizar atividades ilegais. Mesmo que não use o programa para o crime, o criador é também visto como parceiro do criminoso, pois criou instrumento para uso indevido. O profissional que cria um programa para memorizar, disfarçadamente, senhas e palavras digitadas é considerado criminoso, mesmo que o uso do programa para o roubo de senhas seja feito por outra pessoa.

Três adolescentes da Inglaterra foram condenados a cinco anos de prisão por criar e operar um *site* dedicado a articular crimes pela Internet, com cerca de 8.000 membros. A polícia acredita que o *site* custou aos usuários de cartões de crédito, roubados pelos jovens, cerca de 16 milhões de libras esterlinas (R$ 43 milhões) [115].

Para evitar que os crimes se efetivem é que os criadores de programas e *sites* de apoio ao crime são combatidos como criminosos.

Pirataria de *software*. Não apenas copiar músicas ou filmes, mas também, copiar programas de computador sem o pagamento adequado dos direitos autorais ou de *copyright*, é ação criminosa. Comprar um *software* significa comprar uma **licença de uso** do programa. O mais comum é cada venda representar uma única licença, ou seja, uma única instalação autorizada. A pirataria se verifica quando os programas são instalados em mais computadores do que o permitido no contrato de compra.

Muitas vezes, erroneamente, a pirataria somente está associada aos camelôs que fazem distribuição, nas ruas, de DVDs com programas piratas. Se nas ruas isso é combatido, ações similares são toleradas, infelizmente, dentro das companhias. Muitos profissionais atribuem a esse crime importância menor. Algumas pequenas empresas pensam ser obrigação de seus técnicos em informática instalar cópias ilegais de programas, como se fosse parte integrante de seu trabalho.

Durante muitos anos os criadores de programas, o governo e as estruturas policiais ignoraram essa modalidade de crime, mas hoje em dia a postura mudou e, em certas situações, passou a ser prioridade combater os criminosos. O mundo atual entende que o *copyright* é um dos motores da modernização e, assim, explica-se por que o combate se tornou mais rigoroso.

Crime Internacional

A tecnologia da informação e a Internet aboliram as fronteiras entre países. Hoje, as atividades de informática realizam-se segundo as leis de diversos países, simultaneamente. Alguns possuem legislações mais avançadas e mais restritivas, entretanto, outros são tolerantes com comportamentos eventualmente relacionados a fraudes, terrorismo e crimes financeiros. Os criminosos, aproveitando-se desta variedade nas leis, distribuem suas atividades por vários países, e confundem as autoridades nos processos legais. Os casos mais sofisticados incluem a instalação de programas em servidores na África para a invasão de contas de norte-americanos. Ao final, transferem o dinheiro roubado para bancos europeus. Qual polícia deve investigar os crimes e qual legislação será usada para a condenação? Somente a evolução e melhoria das legislações criminais dos países e a integração entre as polícias internacionais poderão responder a essas perguntas.

Figura 88 Exemplo de terrorismo cibernético

Devido aos conflitos sociais por que passam alguns países, o crime internacional desenvolveu nova modalidade de terrorismo, o terrorismo cibernético que inclui, entre outros, a tentativa de sobrecarregar *sites* de grande relevância para tirá-los do ar (Figura 88), e o envio de *e-mails* com ameaças de sequestro ou morte.

Ultimamente, incentivados pelo combate à pornografia infantil, os governos dos países desenvolvidos estão se integrando por meio de legislações harmônicas para fazer frente e efetivamente punir, não só a pedofilia, como todos os demais criminosos internacionais.

Prevenção de crimes ligados aos computadores e à Internet

Ao Gerente Conectado não basta compreender que há vários crimes e delitos vinculados ao uso do computador e da informática. É preciso tentar impedi-los, pelo menos no âmbito das empresas. Para tanto, é necessário desenvolver novos comportamentos:

1. **tentar detectar eventuais crimes** - ter atitude ativa e sempre tentar localizar eventuais ocorrências de crime;
2. **melhorar a segurança** - instalar programas antivírus, proteger com senhas as informações mais importantes e vulneráveis; manter *backup* dos bancos de dados essenciais; fiscalizar o uso dos equipamentos e dos programas;
3. **punir adequadamente** - ao perceber um delito, puni-lo exemplarmente, registrar queixa policial, acompanhar o andamento da ação policial e fazer pressão para que os legisladores criem leis mais eficazes na repressão destes tipos de delitos.

Em função de nossas tradições sociais, esse terceiro comportamento é o de mais difícil implementação. O funcionário pego em flagrante cometendo algum delito mais leve é, no máximo, demitido e, assim mesmo, sem justa causa. Dessa forma, a punição torna-se um prêmio, pois o delinquente recebe FGTS e férias integrais, imediatamente, e em dinheiro.

Há outras características sociais negativas que fazem com que as empresas evitem registrar no órgão policial eventuais *cibercrimes*. Uma delas é o entendimento de que a preservação de sua imagem é mais importante que a punição do crime. Felizmente, ao longo dos anos a conscientização dos gestores aumenta, e os registros policiais com as consequentes punições estão acontecendo com maior frequência.

Qual é a sua opinião?
Você depositaria suas economias em um banco que admitisse ter sofrido roubo de dados e informações?

Proteção de dados e informações

A dinâmica da criação de novas modalidades de crimes é muito grande, o que obriga as empresas a reforçar a segurança dos dados de que dispõem. Para isso, investem em ações para preservação de dados, e desenvolvem processos e estratégias de proteção, adequados às características e necessidades deles. Idealmente, os sistemas de informação deveriam considerar as exigências de proteção de dados, desde o momento em que são concebidos.

Além do arquivamento de cópias *backup* dos dados mais importantes, diversas outras técnicas são utilizadas, dentre elas a divulgação seletiva, os mecanismos de autenticação, o registro de acessos, o uso de senhas e a criptografia.

Divulgação seletiva de dados. Uma estratégia utilizada para a proteção de dados é evitar manter todos os dados importantes agrupados em um único arquivo, relatório ou tela. Separá-los dificulta a ação de eventuais infratores na tarefa de recompor o conjunto completo de informações sobre assuntos suscetíveis para a empresa.

A técnica de divulgação seletiva de dados estabelece que os dados devem ser, sempre que possível, divididos em documentos diferentes e utilizados por usuários diferentes. Com ela, evitam-se telas genéricas que apresentem todas as informações disponíveis sobre determinado assunto.

A divisão de dados, em relatórios e telas, requer:
1. avaliação sobre quais são os dados e informações significativos;
2. análise do risco do vazamento das informações; e
3. estudo de como dividir os dados, sem prejuízo das atividades operacionais que fazem uso dos documentos ou sistemas.

Uma agência de turismo que disponha de uma planilha consolidada com todas as principais informações dos hotéis parceiros (hotel, telefone, nome do contato, número de quartos reservados, faturamento no ano) estará sob o risco de perder muitos parceiros, se a planilha for roubada ou copiada por um concorrente.

O acesso às telas e relatórios deve ser permitido a um conjunto restrito de usuários. Apenas os que efetivamente precisam dos dados é que devem ter acesso a eles. A determinação do acesso aos dados por categoria funcional - quem pode ver o quê - é atribuição do gestor empresarial, e é realizada em conjunto com o responsável pela Tecnologia da Informação. O mais comum é que os acessos sejam controlados com telas de *login* para digitação dos códigos de usuário e senha.

Autenticação. O uso dos computadores tornou indispensável identificar a pessoa que consulta uma determinada informação e, também, garantir que os usuários saibam que obtêm informações a partir de *sites* autênticos (Figura 89). Esses são cuidados primordiais para a divulgação seletiva de dados e para atividades como o comércio eletrônico ou o acesso aos bancos *online*.

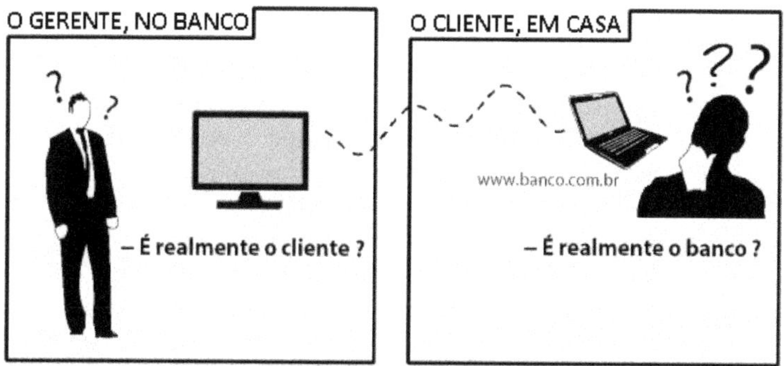

Figura 89 A autenticação ajuda a confirmar a quem o computador está conectado

Autenticação, é a prova de identidade dos clientes ou das empresas, realizada por meio de:

- algo que o cliente possui: cartão eletrônico do banco, cartão de crédito, chave codificada do carro, *tokens* (dispositivos eletrônicos de geração de códigos de segurança, numéricos, usados por bancos, veja Figura 90);
- algo que o cliente sabe: sua senha, sua data de nascimento, seu CPF;
- características físicas: reconhecimento de impressão digital (Figura 91), voz, imagem facial ou formato da íris. Este tipo de identificação é conhecido como biometria.

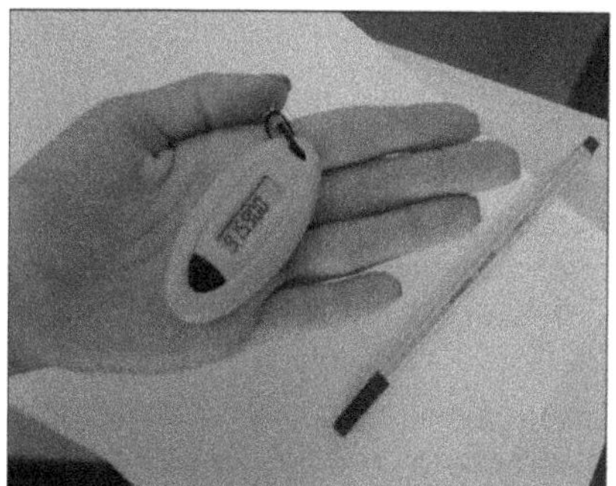

Figura 90 Token bancário

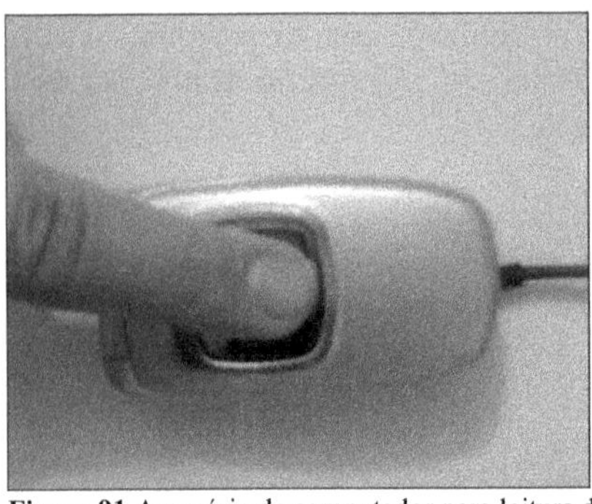

Figura 91 Acessório de computador para leitura de impressão digital

Também há a possibilidade de identificar os clientes por seu comportamento. Instituições financeiras percebem roubos de cartões de crédito, comparando o perfil tradicional de compra de um cliente com o uso dado ao cartão roubado.

Por outro lado, saber a autenticidade do *site* de uma empresa também é um grande problema para os usuários da Internet. Caso um internauta acesse um *site* falso, poderá repassar dados pessoais (nome, número do CPF, número do cartão de crédito) para pessoas indevidas, e ser prejudicado por isso. Este método de roubo é chamados de *phishing*.

A seguir, algumas alternativas utilizadas pelos internautas para confirmar a autenticidade de *sites*:

- sempre digitar o endereço do *site* desejado na barra de endereços do *browser* (Internet Explorer, Opera, Firefox, Chrome), e evitar clicar sobre os *links* que costumam vir nos *e-mails* ou estar presentes nos *sites*;
- verificar se o *site* demonstra reconhecer você como cliente. O Banco Itaú mostra na tela inicial do seu *site*, após a digitação do número da conta, o primeiro nome do cliente, o local e a data em que a última operação foi realizada. Com essas informações o cliente pode verificar se o banco efetivamente o reconheceu como correntista, ou se é um *site* fraudulento;
- alguns *sites*, como bancos e lojas de *e-commerce*, criptografam os dados enviados/recebidos, para proteger seu tráfego entre os computadores que compõem a Internet. O uso desta proteção é assinalado nos endereços dos *sites* através do prefixo "https://". *Sites* falsos têm muita dificuldade de contratar este tipo de proteção, portanto é boa indicação para *sites* autênticos. A letra "s" no prefixo indica que os dados trafegam de modo criptografado.
- Costuma-se avaliar *sites* com essa proteção como seguros, mas, neles, somente está protegida a transmissão de dados, o que não impede outras modalidades de invasão e roubo de dados [116];
- *sites* como o Yahoo personalizam com cores, ou cadastram imagens fornecidas pelos clientes, para mostra-lhes, durante os acessos futuros, que são os mesmo *sites* acessados anteriormente, e, dessa maneira, comprovar que são autênticos.

É importante que documentos impressos também possam ser confirmados como autênticos, para dificultar falsificações. Alguns dos processos comuns para garantia de autenticidade em documentos em papel são: o uso de marcas d'água, impressão em papel especial, impressão em ambas as faces de forma sobreposta (visível contra a luz), inserção de tarjas magnéticas ou plásticas.

Para garantir a autenticidade de documentos enviados eletronicamente, desenvolveu-se um processo de assinatura digital. É gerado um código de autenticação que pode ser verificado e validado, sem que o emissor seja conhecido ou esteja presente. A sequência de certificação normalmente apresenta-se sob o formato de letras e números, a princípio incompreensíveis por humanos. Veja o código de autenticidade utilizado pelo *site* do Banco Itaú na Figura 92a.

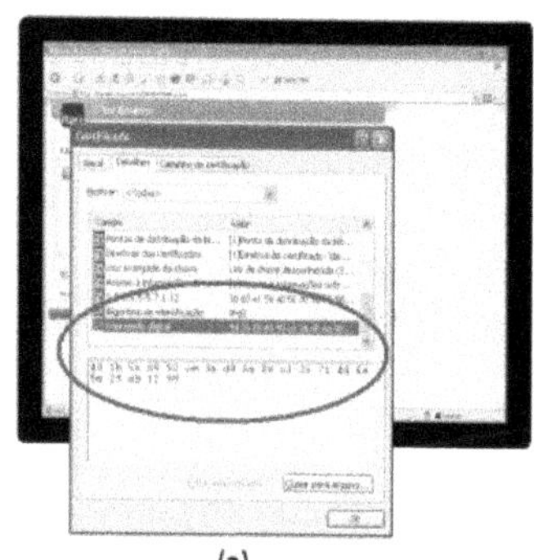

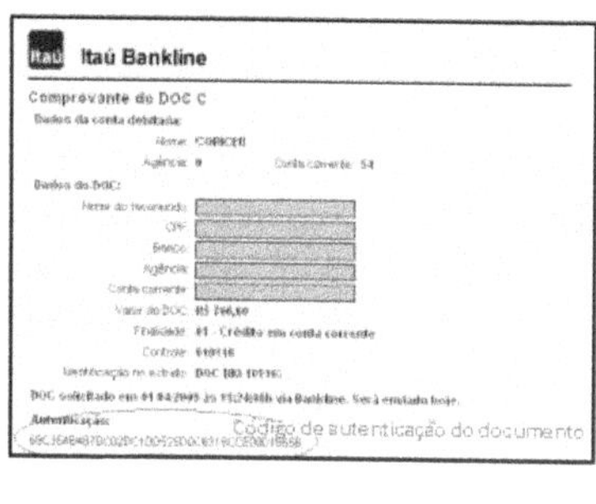

(a) (b)

92 Assinatura digital usada em *sites* (a) e em documentos eletrônicos (b)

Além dos códigos nos *sites*, muitos documentos virtuais apresentam também, de forma similar à assinatura digital, um código de autenticação, para que possam ter sua autenticidade confirmada após análise por peritos. A Figura 92b mostra exemplo de DOC (Documento de Ordem de Crédito) do banco Itaú, destacando a sequência de caracteres do código de autenticação. Se houver dúvida sobre a veracidade, uma análise detalhada pode confirmar, ou não, a origem efetiva do documento.

Registro de acessos. Uma das maiores dificuldades para se avaliar o prejuízo causado por perda de dados, seja por erro ou por ações mal-intencionadas, é descobrir quem, e em que momento, modificou os dados. A eventual localização dos responsáveis simplifica enormemente a tarefa de corrigir os dados perdidos, pois permite entrevistá-los e entender sua motivação.

Bons sistemas informatizados costumam catalogar todas as atividades realizadas nos seus bancos de dados. Os chamados registros históricos de acesso ou *logs* contêm, usualmente, nome do usuário, data e horário, terminal ou computador usado e operação efetuada (inclusão de registro, modificação e exclusão de dados).

O registro de históricos deve ser acompanhado de *backup* periódico dos bancos de dados, para tornar possível a recuperação de dados eventualmente perdidos.

Criptografia. Criptografia é o processo de proteção de dados (textos, imagens, vídeos), pela transformação em formatos codificados. Dados criptografados são mais seguros para o arquivamento ou transmissão entre computadores.

Uma mensagem codificada costuma apresentar os dados embaralhados e com aspecto aleatório, aparentando não fazer sentido. Exemplo de texto criptografado:

SFJ SF SBKZF

Para decodificá-lo basta conhecer a chave de decodificação, ou seja, conhecer as regras para recuperar o texto original. O exemplo faz uso da substituição de um caractere por outro e é o mesmo método usado, conforme Caio Suetônio, pelo imperador Júlio César, para enviar mensagens confidenciais [117]. A compreensão da frase cifrada acima se faz com a troca das letras pelas terceiras seguintes, na ordem do alfabeto, A por D, B por E, F por I, J por M, S por V, etc. Um método muito simples de ser quebrado e, portanto, inseguro. Os sistemas informatizados atuais se utilizam de algoritmos muito mais sofisticados e seguros, para a codificação/decodificação de documentos, imagens e dados em geral.

Senhas. Senhas são utilizadas desde que Ali Babá comandava o *Abre-te sésamo* para entrar na caverna dos tesouros dos 40 ladrões. No campo da Tecnologia da Informação, senha é uma palavra secreta que limita o acesso a programas ou informações somente às pessoas que a conhecem. Essa forma de autenticação de usuários é a proteção mais básica para evitar o roubo de dados e, ainda, viabilizar a divulgação seletiva de informações.

Somente após a confirmação da validade da senha é que os programas de bancos e lojas virtuais decidem a quais informações o usuário está autorizado a ter acesso. Em seguida, as informações são selecionadas, organizadas e apresentadas.

Por questões técnicas, as senhas, tipicamente ocultas ou secretas, estão sempre acompanhadas de uma identificação complementar, um texto aberto, frequentemente, um nome de usuário ou um *e-mail.*

Visto que são a base dos sistemas de autenticação de usuários, as senhas são muito visadas, para facilitar o roubo de dados ou a invasão de programas. Uma senha furtada permite o roubo de identidade, com grandes possibilidades de danos às vítimas.

Dentre os métodos mais comuns utilizados para o roubo de senhas, sobressaem-se:

- *shoulder-surfing* (surfar pelo ombro) - muito usado por bisbilhoteiros em caixas eletrônicos bancários. Esses costumam olhar por cima do ombro das pessoas, na busca de ver as senhas digitadas;
- *keylogger* - programa que grava todas as teclas digitadas no computador em um arquivo escondido, o qual, posteriormente, é analisado na procura de senhas e outros dados sigilosos;

- engenharia social - método no qual se criam *e-mails* ou *sites* falsos que iludem as pessoas e as levam a, ingenuamente, entregar dados pessoais importantes, como senhas, número de cartão de crédito, CPF;
- força bruta - técnica que consiste em experimentar, uma a uma, uma quantidade imensas de palavras e combinações de caracteres, até se obter a senha correta. Também é chamada de técnica de *tentativa e erro*.

Contra esse último método, no qual o ladrão tenta diversas palavras até encontrar a senha correta, é preciso utilizar boas senhas, chamadas de senhas fortes.

Devem ser evitadas senhas que:
- utilizem palavras constantes nos dicionários: amiga, meuamor, ferias;
- utilizem nomes próprios, de animais ou de times: mafalda, lassie, mengao;
- sejam datas de nascimento ou de aniversário, próprio ou dos filhos;
- sejam senhas antigas, usadas novamente, ou a mesma senha para vários *sites* e programas;
- façam substituição simples de letras por números: r0b3rt0, den1s3, m4r1a;
- usem números sequenciais ou repetidos: 123456, 111111, 666666;
- sejam difíceis de memorizar e que exijam ser escritas em papel.

Como alternativas para a criação de senhas fortes, utilizam-se:
- senhas com pelo menos 8 caracteres;
- palavras que, além de letras e números, usem caracteres especiais: %R0ber7o@
- as iniciais de uma frase. "A minha nova senha é bem Complicada!" se transformam em AmnsebC!
- uma fórmula matemática adaptada. A fórmula da circunferência do círculo se transforma na senha C=2xPixR

A criação de senhas fortes é atitude cultural que deve ser incentivada dentro das companhias. Muitas vezes, a área de TI entrega novas contas aos usuários e solicita que as troquem imediatamente. Se a senha fornecida for 123456, fica difícil convencer os usuários de que devem escolher senhas fortes, pois o exemplo dos especialistas é simples e inadequado.

Questões relacionadas e de recapitulação

Crimes, *cibercrimes* e crime internacional:
1. Quais as modalidades de crimes tradicionais apresentadas no texto?
2. Quais as modalidades de *cibercrimes* apresentadas no texto?
3. Visando evitar superfaturamento, como você pode se preparar para avaliar propostas de fornecimento de computadores para a empresa em que trabalha? 💡
4. Como verificar se algum funcionário está copiando indevidamente programas ou músicas pela Internet? 💡

5. Quais são os comportamentos que empresários e gerentes devem ter para reduzir a ocorrência dos crimes relacionados à informática no âmbito da empresa em que trabalham? 💡
6. Como a polícia age para evitar que os crimes aconteçam cruzando fronteiras?
7. Você conhece algum caso de punição em função de crime relacionado ao uso da Internet?
8. É possível impedir a divulgação de conteúdos criminosos na Internet sem atentar para a liberdade de expressão? 💡
9. Como evitar que as partes internas de um computador sejam roubadas enquanto o funcionário que usa o equipamento está de férias?
10. Como evitar a instalação de programas piratas na empresa em que você trabalha? 💡
11. Se visse um colega de trabalho cometer algum *cibercrime*, você o denunciaria? Por quê?
12. Em quais casos criar identidade falsa para uso na Internet pode configurar o crime de "falsidade ideológica"?

Prevenção de crimes e proteção de dados:

13. O que é *backup*?
14. O que é divulgação seletiva? Cite exemplo de seu uso em uma universidade.
15. Para que se usa criptografia?
16. O que é autenticação?
17. Por que a autenticação é necessária quando tratamos de comércio eletrônico?
18. Como o caixa eletrônico do seu banco faz a autenticação dos clientes? 💡
19. Como os cinemas garantem a autenticidade dos ingressos emitidos pela Internet? 💡
20. Como você cria e memoriza as diversas senhas que usa no dia a dia?

CRÉDITOS, SITES E ORIGENS DE FOTOGRAFIAS E FIGURAS

Figura 1 John Tenniel, ilustrador de Alice no País das Maravilhas (1865)
Figura 3 Soares Neto, Horácio, Notas do Seminário sobre metodologias de desenvolvimento de sistemas (SEMEDS). Datamec. Rio de Janeiro 1978.
Figura 6 Fluxo adaptado de Yamada, M.C.; Porto, A.J.V.; Inamasu, R. Y. Aplicação dos conceitos de modelagem e de redes de Petri na análise do processo produtivo da indústria sucroalcooleira, Pesquisa Agropecuária Brasileira vol.37 no.6 Brasília, junho de 2002.
Figura 11 Site da Folha de São Paulo (2012) (www.folha.uol.com.br)
Figura 11 Site da Korea News (2012) (www.kcna.co.jp)
Figura 16 Obra de René Magritte (1929) com texto traduzido
Figura 17 Desenho My Wife and My Mother-in-law (1915) do cartunista W. E. Hill
Figura 22 Fotografia de época (1926) (noticias.coches.com)
Figura 23 Recorte do infográfico PME: entenda tudo sobre o comércio online no Brasil, Estadão PME de 11/09/2013 (www.estadao.com.br)
Figura 26 Fotograma do filme Charlie Chan no Egito (1935) dirigido por Louis King
Figura 29 Site da Deutche Welle (www.dw.de)
Figura 30 Tela do programa Word para Windows (www.microsoft.com)
Figura 33 Site do ifixit. (www.ifixit.com)
Figura 36 Arte sobre imagem do site do United Center Offering (foto AFP) (www.trudovoy.ru)
Figura 43 Mapa do site (www.openstreetmap.org)
Figura 50 Fotos de divulgação. D-Link (www.dlink.com.br) e Intelbras (www.intelbras.com.br)
Figura 68 Site da Cia. Hering (www.heringwebstore.com.br)
Figura 70 Site do iMdb (www.imdb.com)
Figura 73 Revista Veja (2003)
Figura 77 Site do Twitter (2012) (www.twitter.com)
Figura 78 Figura de divulgação TOTVS S.A. (www.totvs.com)
Figura 80 Sites da Pepsi Pulse (2012) (www.pepsi.com) e Pepsi Taiwan (www.pepsi.com.tw)
Figura 82 Site da Discovery News news.discovery.com
Figura 83 Telas de aplicativo Android da IKEA (www.ikea.com)
Figura 84 Greenpeace International (www.greenpeace.org)
Figura 85 Site do G1 O Portal de Notícias da Globo (g1.globo.com)
Figura 86 Site do Pergaminho Virtual (www.pergaminovirtual .com.ar)
Figura 87 Site da CGU Controladoria Geral da União (www.cgu.gov.br)
Figura 88 Site do Grupo Correio do Estado (www.correiodoestado .com.br)
Figura 92 Site do banco Itaú (www.itau.com.br)

NOTAS

1 - Confronting Complexity - Research Findings and Insights. KPMG International Cooperative, 2011.
2 - Katz, Robert L. Skills of an Effective Administrator. Harvard Business Review, 1974.
3 - Soares Neto, Horácio. O Tiro e o alvo: aforismos para resolução de problemas de negócios. Rio de Janeiro: Editora Cais Pharoux, 2009.
4 - O Instituto Ronald McDonald é uma entidade assistencial que recebe grande apoio da cadeia de lanchonetes McDonald´s.
5 - Bethlem, Agrícola de Souza. Políticas e Estratégias de Empresas. Rio de Janeiro. Editora Guanabara Dois. 1981.
6 - SMART é acrônimo de Specific, Measurable, Attainable, Relevant and Time-sensitive. Foi criado por George T. Doran e publicado na revista Management Review, edição de novembro de 1981.
7 - Métricas: medidas, quantidades ou valores destinados a verificar o andamento de um processo ou o sucesso de uma tarefa, ou objetivo. Indicam tendências e permitem monitorar desvios entre o planejado e o realizado.
8 - Soares Neto, Horácio. Notas do Seminário sobre metodologias de desenvolvimento de sistemas (SEMEDS). Rio de Janeiro: Datamec, 1978.
9 - Welch, Suzy. 10-10-10 Hoje amanhã e depois. Rio de Janeiro: Editora Ediouro, 2009.
10 - Você nunca terá todas as respostas. Vídeo da TV PME (tv.pme.estadao.com.br) de 07/02/2013.
11 - Megginson, L. C. et al. Administração - Conceitos e Aplicações. São Paulo: Harbra, 1998
12 - Correlação é um termo da estatística que indica o grau de relação mútua entre duas variáveis. Por exemplo, a quantidade de fraldas vendidas tem correlação com a idade média dos filhos dos compradores. é importante frisar que correlação não significa relação de causa e efeito.
13 - Há diversas variações da narrativa, sendo a mais famosa, a criada, em forma de poema, por Sir John Godfrey Saxe (1816-1887).
14 - Frohmann, Bernd. Deflating information: from science studies to documentation. Canadá: Universidade de Toronto, 2004.
15 - L´infobésité pourrait être la prochaine épidémie (www.virtualhappiness.org), 24/05/2010.
16 - Akorfu, G.K.S. Costs of Information Overload to Organisations - An Information Technology Perspective. African Journal of Computing & ICT. IEEE Vol 6. Nº2, Junho de 2013. (www.ajocict.net)
17 - Stamen, J., Big Data... or Right Data?, Cambridge Semantics, (www.cambridgesemantics.com), 31/01/2012.
18 - Adaptado de Byström, K., & Järvelin, K. Task complexity affects information seeking and use. Information Processing & Management, 31. 1995.
19 - No jargão da informática, migração é a mudança do sistema velho para o novo sistema.
20 - Adaptado de Warnier, Jean-Dominique. LCS Lógica de Construção de Sistemas. Rio de Janeiro: Editora Campus, 1984.
21 - A pintura de um cachimbo não é um cachimbo real.
22 - Chama-se de transação ao conjunto de eventos envolvidos em uma operação comercial.
23 - William James em seu Princípios de Psicologia (capítulo XI) afirma que é indefinido o número de coisas às quais se pode dar atenção, ao mesmo tempo; depende do intelecto do indivíduo, da forma de atenção e do que são as coisas. Comenta ainda alguns estudos sobre os limites da compreensão humana, que indicam o número 5, como média.
24 - Adaptado de: Dantzig, T. Number, The Language of Science. Nova Iorque: The Macmillan Company, 1954.
25 - Von Bertalanffy, L. Teoria Geral dos Sistemas. Ed. Vozes. 1975.
26 - Objeto de estudo é tudo o que pode ser percebido pelos sentidos e que se deseja compreender. Abrange objetos concretos, conceitos e ideias abstratos, eventos, fenômenos, estados e qualidades.
27 - Taxonomia é a ciência que trata da classificação científica.
28 - Alguns autores consideram como sistemas de informação apenas aqueles que geram informações. Este livro, em virtude do uso intensivo dos computadores em objetos e equipamentos, conceitua como sistemas de informação também aqueles que recebem informações e/ou aqueles que somente as utilizam internamente.
29 - Em artigo de Denis Diderot sobre o estoicismo, Oeuvres de Diderot, volume 20, página 98.
30 - Von Bertalanffy, L. Op.cit. pág. 59.
31 - Isomorphism. Principia Cybernetica Web. (pespmc1.vub.ac.be)
32 - Dispositivos de identificação baseados em características físicas e biológicas das pessoas, como o leitor de impressões digitais.
33 - Skype é um programa utilizado para realizar telefonemas e videoconferências através da Internet, com baixo custo.

34 - Cada unidade byte permite armazenar um número entre 0 e 255. Os números podem estar associados a tabelas e assim representar caracteres alfabéticos, numéricos e especiais. Por exemplo, 193 representando a letra A, 194 a letra B e 91 o caractere $.
35 - Componentes em forma de placas que agregam funcionalidades aos computadores. As mais comuns são as placas de som e de tratamento de vídeo.
36 - Leasing ou arrendamento mercantil é uma forma de aquisição semelhante ao aluguel, na qual, ao final do contrato, o cliente pode, opcionalmente, adquirir o bem por um valor residual, definido no contrato de leasing.
37 - Chama-se "manutenção in site" quando a manutenção e o conserto são feitos diretamente no endereço do cliente, sem necessidade de transportar o equipamento para a empresa de assistência técnica.
38 - R$93,25 por m^2 conforme pesquisa sobre aluguéis comerciais, realizada pelo Secovi Rio em março de 2023.
39 - O custo de página impressa é obtido dividindo-se o total esperado de impressões pelo custo global da impressora durante sua vida útil.
40 - Firewall é um software que filtra a comunicação entre a Internet e o computador para protegê-lo de acessos indevidos e de vírus. Há, também, equipamentos com esta finalidade que, igualmente, recebem o nome de firewalls.
41 - Programas de workflow controlam o fluxo de trabalho e a tramitação de documentos entre os órgãos de uma empresa.
42 - Megabits por segundo (Mbps) é unidade adotada para medida de transmissão de dados.
43 - Especialista conhecedor e aficionado por programação e sistemas informatizados. Quando utiliza seus conhecimentos com a finalidade de roubar ou destruir dados, é, também, chamado de cracker.
44 - O computador central pode operar sozinho ou em um conjunto, chamado de cluster. Neste caso, o conjunto atua de forma tão integrada que é percebido com um único, bem mais potente.
45 - Programas de análise de carga e desempenho são programas que monitoram todos os processamentos e tráfegos de dados realizados pelas redes de computadores das empresas. Apontam eventuais pontos de estrangulamento e sobrecarga para orientar aquisições e ampliações.
46 - Em geral, utiliza-se o termo banco de dados para arquivos em formato digital, mas pode, também, se referir a fichários tradicionais de papel.
47 - Denominam-se como facilidades os prédios, estruturas, construções ou outras instalações que se destinam a uma ou mais atividades empresariais ou industriais. Denominam-se como utilidades os serviços públicos prestados por órgãos ou empresas governamentais, tais como, luz, gás, água, esgoto.
48 - Denomina-se implementação, a todas as tarefas necessárias para o desenvolvimento de um sistema informatizado e sua implantação final para uso.
49 - Selecting and Using Consultant Services. Auerbach Publishers Inc. 1978.
50 - Chama-se cloud computing, computação em nuvem, o uso de programas próprios, ou de terceiros, instalados em provedores acessados remotamente, via Internet. Incluem uso de capacidade de processamento, armazenamento de arquivos e software sem necessidade de instalá-los nos computadores usuários.
51 - Desenvolvido pela Texas Instruments Inc. em 1969.
52 - Embora pareça anacrônico, o aparelho de fax ainda é muito usado pelas empresas, principalmente no interior do país.
53 - Alignement stratégique du système d´information. CIGREF, Clube Informático das Grandes Empresas Francesas. Setembro de 2002.
54 - A redução de equipes, quando causa demissões, deve estar em sintonia com as metas de responsabilidade social da empresa.
55 - O acrônimo PETI é, igualmente, usado para indicar a atividade de planejamento estratégico de TI.
56 - Parâmetro é uma opção ou propriedade que pode ser alterada pelo usuário para modificar ou ajustar o funcionamento de um programa. Denomina-se configurar à ação de alterar os parâmetros de programas.
57 - Melhores práticas ou best practices são técnicas, metodologias e ações que produziram excelentes resultados em situações análogas e que podem ser adaptadas para uso em empresas similares.
58 - Os profissionais de TI também utilizam o acrônimo em inglês EULA (End-User License Agreement) para identificar contratos de licença de uso.
59 - Gartner Inc. (www.gartner.com).
60 - PCP é abreviatura de Planejamento e Controle de Produção. Refere-se ao setor responsável pela gestão e acompanhamento das atividades operacionais das empresas.
61 - Chama-se encapsulamento à substituição de um grupo extenso de instruções de programação por uma única instrução que esconde todo o grupo. Por exemplo, todos os cálculos necessários para verificar a validade de um número de CPF podem ficar escondidos sob uma única instrução: RotinaParaVerificarCPF(). O encapsulamento, além de simplificar a leitura dos programas, ainda permite que a mesma rotina seja usada em vários outros contextos e programas.

62 - Biblioteca-padrão é um arquivo digital centralizado no qual são guardadas rotinas (segmentos de programas) de uso frequente. Assim, podem ser facilmente aproveitadas em mais de um programa, sem necessidade de reescrevê-las ou adaptá-las.
63 - Produtos, no jargão de informática, são os elementos concretos nos quais se subdivide um sistema informatizado. Corresponde a programas, rotinas, capítulos de manuais, cronogramas. São itens gerados durante a fase de construção dos sistemas.
64 - Representada pela qualidade e facilidade de uso das telas disponíveis nos programas.
65 - Electronic Document Interchange ou Electronic Data Interchang: troca eletrônica de documentos ou dados.
66 - Nota fiscal é documento obrigatório que deve acompanhar as mercadorias vendidas/compradas. Nela estão registrados os valores pagos e os impostos decorrentes.
67 - Fatura é um documento que discrimina e detalha serviços ou itens vendidos, para a cobrança em vendas a prazo. Às vezes, as empresas unificam a fatura e a nota fiscal em um único documento.
68 - MRP - Material Resource Planning, planejamento de materiais
69 - Período de rivalidades e hostilidades entre os Estados Unidos e a União Soviética (1945-1991), no qual sempre esteve presente a possibilidade de uma guerra real entre ambos.
70 - TCP/IP é um conjunto de regras e formatos de dados que permite a interconexão dos computadores ligados à Internet.
71 - Navegadores, ou browsers, são programas que permitem visitar sites e ver páginas colocadas na Internet. Os navegadores mais comuns são: Internet Explorer, Firefox, Opera, Chrome e Safari.
72 - PSVA - Provedores de Serviços de Valor Adicionado, segundo a Lei 9472/97.
73 – Giz_Br Ranking mostra a banda larga mais barata no mundo; (gizmodo.uol.com.br/ranking-mostra-a-banda-larga-mais-barata-no-mundo-brasil-esta-em-54o/).
74 - URL, acrônimo de Uniform Resource Locator, localizador padrão de recursos, em inglês. É traduzido para o português por endereço do site.
75 - Por ter se originado nos Estados Unidos, a Internet não faz uso da terminação .com.us, simplificando-a para .com.
76 - Homepage é a primeira página apresentada quando um site é conectado. A partir dela as demais webpáginas podem ser acessadas.
77 - SEO, acrônimo de Search Engine Optimization, otimização de programas de busca.
78 - Prospects são potenciais clientes ou compradores.
79 - Banners são propagandas com imagens, em formato retangular, que são apresentadas nos sites, juntamente com o conteúdo principal.
80 - Blogs são programas que permitem o registro cronológico de opiniões, imagens, textos e outros conteúdos. São usados, principalmente, como diários virtuais.
81 - A análise de viabilidade é um estudo para verificar se um projeto pode ou não ser realizado, se é viável.
82 - Wikis são sites e softwares que gerenciam bancos de dados e de documentos, cujos conteúdos podem ser criados e modificados de forma colaborativa. A Wikipédia (www.wikipedia.org) é o principal modelo e referência.
83 - Inclusão digital é o nome que se dá aos esforços empresariais e governamentais para disseminar o conhecimento sobre o uso dos computadores e da Internet. Mais comumente envolve projetos orientados para pessoas de baixa renda ou do interior do país, para os quais o acesso à informática é problemático.
84 - PayPal e PagSeguro são mecanismos modernos e seguros de pagamento baseados em e-mails e na Internet. Seu uso resguarda a necessidade de informar contas bancárias e números de cartões de crédito a cada compra ou pagamento.
85 - FAQ, acrônimo de Frequently Asked Questions, em inglês, perguntas mais frequentes.
86 - ROI (Return on investment): ganho ou perda obtidos em relação ao investimento financeiro realizado.
87 - An Introduction to data mining. Kurt Thearling (thearling.com).
88 - O site "www.autonlab.org/tutorials/" possui uma coleção de tutoriais, preparados por Andrew Moore, com conceitos matemáticos (probabilidade, estatística etc.) usados com data mining.
89 - Introduction to Data Mining em http://e-university.wisdomjobs.com/data-mining/chapter-199/data-mining-tutorial.html, 2012.
90 - Data Mining: What is Data Mining? Bill Palace 1996. Technology Note preparada para o curso Management 274A, UCLA.
91 - Caregiving to Children and Grandchildren and Risk of Coronary Heart Disease in Women. American Journal of Public Health. Novembro 2003.
92 - O termo CRM foi cunhado pelo Gartner Group (www.gartner.com).

93 - Esta relação, passado-futuro, nem sempre se confirma. O exemplo mais notável foi a mudança de comportamento verificado nos Estados Unidos, em se avaliando o comportamento de clientes, antes e depois do 11 de setembro de 2001.
94 - Fidelizar um cliente é torná-lo permanente, evitando que migre para empresas concorrentes.
95 - Data warehouse também é um conceito usado em Business Intelligence, assunto tratado no capítulo IX.
96 - A companhia Technology Evaluation Centers comercializa relatórios de avaliação comparativa entre soluções de CRM para auxílio na contratação (technologyevaluation.com).
97 - www.cio.com/article/ 40295/CRM_Definition_and_Solutions
98 - Hashtags são palavras-chave utilizadas pelo Twitter, e outras rede sociais, para facilitar a localização e o agrupamento de mensagens que tratam de determinados assuntos.
99 - Business Intelligence, embora possa ser traduzido por inteligência nos negócios, costuma ser um termo utilizado no original em inglês, ou abreviadamente, BI (pronuncia-se bi-ai).
100 - Definição com origem em "What is business intelligence?" (TechNet/Microsoft) e "Business Intelligence" (IT Glossary/Gartner).
101 - Chama-se de solução a um conjunto de programas destinados a resolver, de forma integrada, problemas ou necessidades empresariais. Solução de BI e software de BI são termos utilizados, frequentemente como sinônimos.
102 - Wisdom of Crowds, Business Intelligence Market Study. Dresner Advisory Services, LLC.
103 - Gartner Executive Program Survey of More Than 2,000 CIOs Shows Digital Technologies Are Top Priorities in 2013. (www.gartner.com).
104 - Chirkova, Alexandra. Pepsi across cultures: analysis and cross-cultural comparison of Pepsi websites. Suécia: Universidade de Gothenburg, 2011.
105 - www.globo.com/privacidade.html
106 - BBC News Europe, 01/10/2012.
107 - Data Centres and Data Transmission Networks. IEA (www.iea.org/energy-system/buildings/data-centres-and-data-transmission-networks)
108 - Código de Conduta do IBM PartnerWorld (www-304.ibm.com/partnerworld/ wps/servlet/ContentHandler /pw_com_jnw_code_conduct).
109 - Pesquisa Fecomércio-RJ/Ipsos, 2015.
110 - Brasil sofreu mais de 100 bilhões de tentativas de ataques cibernéticos no último ano. (jornal.usp.br/radio-usp/brasil-sofreu-mais-de-100-bilhoes-de-tentativas-de-ataques-ciberneticos-no-ultimo-ano/)
112 - Comunicado ao mercado da Comissão de Valores Mobiliários (CVM) em 23/03/2007.
113 - Computerworld Inc. (computerworld.com)
114 - Lei nº 12.737 de 30/11/2012 conhecida como Lei Carolina Dieckmann, em homenagem à atriz, que teve fotos suas roubadas, publicadas na Internet e, ainda, sofreu chantagem.
115 - ZDNet (www.zdnet.com)
116 - Em 2013, o jornal Washington Post noticiou, sobre o escândalo de espionagem norte-americano denunciado pelo analista de inteligência Edward Snowden, que milhões de dados de usuários do Google teriam sido roubados, apesar do uso da criptografia de site seguro ("https").
117 - Vida dos Doze Césares - César, LVI, obra do historiador e biógrafo romano Caio Suetônio Tranquilo.

GLOSSÁRIO

AP, Access Point - Equipamento que permite o acesso sem fio a uma rede de computadores. Nas redes domésticas (WiFi) fica instalado no mesmo gabinete do roteador e, ao receber ou transmitir mensagens, aciona o roteador para transferi-las à rede.

Backup, ou cópia backup - Cópia dos dados importantes de uma empresa para resguardá-los de destruição por incêndio, acidentes ou softwares invasores. O procedimento básico utilizado é a gravação de todos os dados digitais disponíveis (bancos de dados, cartas, formulários virtuais, planilhas, programas), em CDs, DVDs ou fitas e outros meios magnéticos. A cópia backup deve ser arquivada em local diferente do local dos dados originais, para evitar que o mesmo sinistro destrua ambos.

Banco de dados - Nome abreviado de Sistema Gerenciador de Banco de Dados (SGBD). Os bancos de dados são programas para gravação de dados em arquivos e sua recuperação, de forma organizada e eficiente. O termo também é usado para designar os dados gerenciados pelos SGBD.

Banner - propagandas com imagens, em formato retangular, que são apresentadas nos sites, acompanhando o conteúdo principal.

Banda larga - Nome dado às redes de computadores com alta taxa de transmissão e capacidade de tráfego de dados. Costuma ser medida em Mbps (megabits por segundo).

Benchmarking - Determinação de marcos de referência, baseados em outras empresas, na busca de melhoria operacional. Pela comparação dos processos de operação ou de análise gerencial entre processos da empresa com o de outras, consegue- se desenvolver procedimentos de gestão mais eficientes.

Consiste em se utilizar de indicadores de desempenho para "processos semelhantes" pertencentes a "empresas distintas". Por exemplo, os índices de absenteísmo dos funcionários das Casas Bahia e do Subway devem ser semelhantes, mesmo que atuem em ramos diferentes.

O Benchmarking abrange, não só a comparação de indicadores, como também, a comparação de métodos de trabalho, processos e práticas eficientes (best practices).

O termo benchmark é sempre usado quando se comparam os desempenhos entre empresas.

Best practices - Melhores práticas ou best practices são técnicas, metodologias e ações que produziram excelentes resultados em situações análogas e que podem ser adaptadas para uso em empresas similares.

Biometria - Método automático de identificação baseado em características físicas e biológicas das pessoas. Os mais comuns são os reconhecimentos de impressões digitais e de íris, mas tem havido desenvolvimento de tecnologias para o reconhecimento de voz e de face, entre outras características.

A identificação de pessoas utilizando biometria é chamada de reconhecimento biométrico.

Bit - Menor unidade de registro de informação que pode ser utilizada pelos computadores. Permite guardar informações com dois valores possíveis, habitualmente chamados de valor desligado (0) e valor ligado (1).

Como unidade de medida, é usado, entre outras finalidades, para indicar capacidade de transmissão de dados (velocidade) de redes. Por exemplo, 128kb/s (kilobits por segundo) equivale a cerca de 13.000 caracteres por segundo; ou 10Mb/s (10 milhões de bits por segundo, cerca de 1 milhão de caracteres).

Blogs - Programas para registro cronológico de opiniões, fotos, textos e outros conteúdos. São usados, principalmente, como diários virtuais. Diretores de empresas costumam escrevê-los para incrementar o relacionamento com os empregados, divulgando opiniões e políticas do alto escalão.

Bluetooth - Tecnologia de comunicação de aparelhos sem fio com alcance de uma dezena de metros. Utilizado para conectar computadores e telefones celulares com headfones, microfones e impressoras, entre outros dispositivos. Há tendência de que eletrodomésticos, como geladeiras e fogões, passem a dispor da tecnologia para que sejam comandados a distância.

Browser - Browsers ou navegadores são programas que permitem visitar sites e ver páginas colocadas na Internet. Os navegadores mais comuns são: Internet Explorer, Firefox, Opera, Chrome e Safari.

Business to Business ou B2B - O termo refere-se aos processos comerciais que se desenvolvem entre duas empresas, de forma eletrônica, ligando seus computadores.

Byte - Nome de um conjunto de 8 bits. Permite armazenar números entre 0 e 255. Costuma ser usado em associação a tabelas para representar caracteres alfabéticos, numéricos e especiais. Por exemplo, 193 representando a letra A, 194 a letra B e 91 o caractere $.

Os armazenamentos em discos rígidos e memórias utilizam bytes como unidade de medida, como por exemplo, 512kB (512 kilobytes) ou 100MB (100 megabytes). A seguir, os prefixos mais usados e seus valores aproximados:

Unidade de medida Quantidade aproximada de caracteres

k kilo 1 mil

M mega 1 milhão

G giga 1 bilhão

T tera 1 trilhão
A bíblia impressa por Gutemberg, em 1455, possui cerca de 3 milhões de caracteres, o correspondente a 3MB.

CAD, Computer Aided Design (projeto auxiliado por computador) - Programas para o desenho de plantas e projetos técnicos. Os mais famosos são AutoCad e Microstation.

Call center - Setor empresarial que concentra muitos equipamentos telefônicos e equipe especializada em atender e informar usuários e clientes, realizar vendas, tirar dúvidas, anotar sugestões e reclamações.

Checklist - Um checklist é uma relação de itens que permite, em revisão posterior, verificar se todos foram considerados, ou se ainda há algum pendente. Os itens podem ser objetos, ações a realizar, pessoas a consultar e outros elementos que mereçam atenção e controle. Os checklists também são conhecidos como "listas de pendências", "listas de verificação", "listas de controle" ou "listas de revisão".

Chip - Componente eletrônico de alta tecnologia, em forma de pastilha retangular e que concentra diversas funções realizadas pelos computadores. Os mais comuns são o chip com o processador central do computador e os chips de memória.

Cibercrime - Crimes nos quais o computador ou a Internet são utilizados como meio para os delitos.

CIO, Chief Information Officer - Responsável pela informatização e pela estruturação dos processos de tratamento de informação dentro de uma empresa. Em geral é o responsável pela área de TI e por tornar disponíveis e manter os sistemas de informação empresariais. Seu perfil é mais voltado para a área de negócios da empresa e menos para os conceitos de tecnologia, embora deva dominá-los. Também recebe os títulos de gerente de CPD, chefe do departamento de informática, gestor do rgão de TI e gestor de TI.

Cloud computing - Ver computação em nuvem.

Cloud storage (armazenamento na nuvem) - Armazenamento de arquivos e dados em servidores localizados e acessados remotamente na Internet.

Código de ética profissional - Acordo formal e explícito entre membros de uma categoria profissional com a finalidade de regular e orientar seus comportamentos, e desta forma, simplificar processos de fiscalização.

Código de barras - Desenho composto por barras de larguras e espaçamentos variados, usado para leitura por equipamentos óticos. Popularmente, todos os códigos gráficos também são chamados de códigos de barras.

Computação em nuvem ou computação nas nuvens - Uso de programas próprios, ou de terceiros, instalados em provedores acessados remotamente, via Internet. Incluem o uso de capacidade de processamento, armazenamento de arquivos e softwares, sem necessidade de instalá-los nos computadores usuários.

Contrato de licença de uso - Contrato entre vendedor e comprador de software que estabelece seus limites de utilização. Via de regra, determina a quantidade máxima de computadores que podem ter o software instalado.

CRM, Customer relationship management (gestão de relacionamento com os clientes) - Organização estrutural e de procedimentos de uma empresa, acompanhada de solução de TI objetivando conhecer, de forma personalizada, seus clientes. O CRM visa alavancar vendas através da modernização e integração dos setores de atendimento e análise de clientes. Consulte o capítulo 7.

Data mining - Conjunto de programas, acompanhados de equipe de técnicos, com a qual os usuários conseguem avaliar o comportamento de amplos volumes de dados (todas as vendas e reclamações dos anos passado nas filiais do Nordeste, por exemplo) e, do estudo destes dados, extrair conhecimento sobre tendências e evoluções. Consulte o capítulo 8.

Data warehouse - Banco de dados criado com a finalidade de centralizar e padronizar os formatos e significados de todos os dados utilizados pelos sistemas de Business Intelligence e outros softwares que realizam análise globalizada de dados.

Download – Atividade de copiar arquivos que estão na Internet para o disco rígido do computador.

DNS, Domain Name System (sistema de nome de domínio) - Ver Servidor DNS.

EDI, Electronic Document Interchange, Electronic Data Interchange - Troca eletrônica de informações ou documentos. A tendência atual é substituir os documentos em papel por "documentos eletrônicos", reduzindo custos e agilizando seu envio e tramitação.
Um exemplo de EDI é a confirmação da validade de cartões de crédito em compras virtuais. A empresa de e-commerce vendedora, envia documento virtual para a operadora do cartão com o pedido de crédito de um cliente. A operadora, por sua vez, devolve documento virtual com a autorização, ou negação, do crédito.
Os processos de EDI têm grande importância para a cadeia de suprimentos das empresas (supply chain, q.v.), uma vez que agilizam o envio e recebimento de documentos.

Endereço IP - Número usado para identificar cada um dos computadores ligados à Internet. É formado por quatro grupos de algarismos separados por pontos. Por exemplo, 134.23.102.3. Com base nesse número, os programas localizam os computadores da Internet para trocar de dados com eles.

Engenharia social - Forma de se obter informações confidenciais ou privilegiadas pela persuasão e abuso da inocência das pessoas. Da mesma forma que Mata Hari ludibriava os oficiais alemães e franceses, na Primeira

Guerra Mundial, para obter informações relevantes, hoje os computadores são utilizados para iludir pessoas com o envio de e-mails maliciosos ou a apresentação de sites falsos.

Através de disfarces, as pessoas são convencidas a entregar senhas, códigos de segurança e informações confidenciais. Muitas das informações fornecidas não são consideradas importantes pelos enganados.

Para evitar o sucesso da engenharia social é necessário conscientizar os empregados da importância das informações que possuem, e do risco de seu vazamento e roubo.

ERP Entreprise Resource Planning - ERP é a informatização total e geral da gestão empresarial. Abrange sistemas/programas de controle de pagamentos, recebimentos, estoques, vendas, recursos humanos, entre outros. Consulte o Capítulo V.

EULA, End-User License Agreement - Contrato de licença de uso (q.v.)

Extranet - Denomina-se Extranet ao uso da Intranet quando os dados e formulários dos seus sistemas são também utilizados por empresas clientes, fornecedoras ou parceiras.

Facilidades e utilidades - Denominam-se como facilidades os prédios, estruturas, construções ou outras instalações que se destinam a uma ou mais atividades empresariais ou industriais. Denominam-se como utilidades os serviços públicos prestados por órgãos ou empresas governamentais, tais como, luz, gás, água, esgoto.

Firmware – É um programa instalado na eletrônica original dos equipamentos e é responsável pelas operações básicas e iniciais. Inclui, rotinas para verificar se a memória está funcionando adequadamente, se a temperatura da CPU está normal, e rotinas para controlar a entrada e saida de dados, do teclado, de USB, dos discos rígidos e de outros periféricos. Quando um computador é ligado, o programa do *firmware* executa as operações inicias para que a máquina passa rodar e, em seguida, executa o sistema operacional que costuma estar instalado no disco rígido.

Firewall - Software que filtra a comunicação entre os computadores e a Internet para protegê-los de acessos indevidos e de vírus. Computadores especialmente dedicados a esta mesma finalidade recebem, também, o nome de firewalls.

Gabinete de computador - Caixa na qual se instalam os componentes eletrônicos principais do computador. É usado para proteger esses componentes do contato externo e, quando lacrado, protege-os de substituição indevida ou furto.

Hacker - Especialista conhecedor de programação e de sistemas informatizados. Quando utiliza seus conhecimentos com a finalidade de roubar ou destruir dados, é chamado de cracker.

Hashtags - Palavras-chave utilizadas pelo Twitter, e outras rede sociais, para facilitar a localização e o agrupamento de mensagens que tratam de determinados assuntos. Apresentam-se sob a forma de palavras acompanhadas do símbolo #. Por exemplo, #business, #iphone.

Hertz, Hz - Unidade de medida de desempenho dos computadores. 1 Hz equivale a uma frequência de 1 ciclo por segundo. Quanto maior a frequência, maior quantidade de cálculos podem ser realizados pelos computadores em 1 segundo. Os valores mais comumente mencionados são megahertz (1 milhão de ciclos por segundo) e gigahertz (1 bilhão).

Homepage - Primeira página apresentada quando um site é conectado. A partir dela as demais páginas podem ser acessadas.

Hospedar - Hospedar um site é manter seus arquivos (texto, fotos, vídeos) disponíveis para acesso através da Internet. UOL, Terra e Yahoo são algumas empresas que vendem esse serviço.

HTML, HyperText Markup Language (linguagem de marcação de hipertexto) - conjunto de comandos, compreendidos pelos computadores, que são utilizados para formatar a maioria dos documentos apresentados nos sites disponibilizados na Internet.

Hub - Equipamento que conecta computadores ligados em rede, repassando as mensagens recebidas de um deles para todos os demais, sem identificar o computador que originou a mensagem.

Implementação - Tarefas necessárias para o desenvolvimento de um sistema informatizado e sua implantação final para uso.

Inclusão digital - Nome dos esforços empresariais e governamentais para disseminar o conhecimento sobre o uso dos computadores e da Internet. Mais comumente, envolve projetos orientados para pessoas de baixa renda ou do interior do país, para os quais o acesso à informática é problemático.

Interface entre programas - Programa utilizado para conectar outros programas entre si. Por exemplo, o programa que converte arquivos do Word 2003 de forma que possam ser lidos pelo Word 97.

Interface homem-máquina - Parte componente de programas e equipamentos que interage com as pessoas. Fazem interface as telas de programas, o mouse e o teclado, entre outros.

Intranet - Rede de computadores privada, que usa a mesma tecnologia que a Internet. É uma rede empresarial e seu uso é limitado aos seus empregados e associados.

Invasão - É o nome que se dá quando um computador é utilizado, a distância, sem autorização de seu responsável. Costuma ocorrer quando há roubo de senhas ou instalação de programas maliciosos (vírus) no computador. Um computador invadido pode ter seus dados roubados.

LAN, Local Area Network (rede em área limitada) - Nome utilizado para redes de computadores localizados em uma área relativamente pequena (um prédio, uma escola, em escritório, uma loja).

Licença de uso - Veja Contrato de licença de uso.

Manutenção in site - Quando o conserto e a manutenção dos equipamentos são feitos diretamente no endereço do cliente, sem necessidade de transportá-los para a empresa de assistência técnica.

Métrica - Indicador ou valor numérico, utilizado para avaliar o andamento, ou o resultado, de projetos. A construção de um conjunto residencial pode ser gerida pela métrica "quantidade de casas entregues" ou "quantidade de casas construídas". O desenvolvimento de sistemas faz uso de inúmeros indicadores utilizados como métricas, por exemplo, "linhas de programas escritas pelos programadores", "quantidade de erros detectados pelos clientes ao longo do ano" e "custo total do desenvolvimento".

Migração - No jargão da informática, migração é a mudança de sistema informatizado para o novo sistema que o substituirá. Inclui treinamento de usuários, conversões de bancos de dados e instalação de programas do novo sistema.

Modem - Abreviatura de MOdulador e DEModulador. Equipamento utilizado para transmitir sinais digitais pela linha telefônica. É instalado um modem em cada extremo da linha telefônica que liga dois computadores conectando-os em rede. O primeiro codifica o sinal e o segundo o decodifica.

Nome de domínio - Nome utilizado para identificar os sites e os computadores ligados à Internet. Por exemplo, twitter.com ou google.com.br. É também chamado de endereço do site. O site registro.br é o responsável pela relação de nomes de domínio brasileiros - terminados em .br .

Parâmetro - Opção ou propriedade que pode ser alterada pelo usuário para modificar ou ajustar o funcionamento de programas. Denomina-se configurar a ação de alterar parâmetros de programas.

Pente de memória - Circuito impresso, sob a forma de uma pequena régua, no qual estão os chips memória rápida do computador (com capacidade de gigabytes). A ampliação da memória principal do computador, para melhorar seu desempenho, é feita trocando-se os pentes de memória ou instalando-se pentes adicionais.

Periféricos - Sob esta denominação incluem-se os equipamentos que são conectados aos computadores. Alguns dos principais periféricos utilizados atualmente: mouses, teclados, impressoras, scanners ou digitalizadores, leitores de códigos de barras, caixas de som.

Phishing - Mecanismo usado para iludir usuários fazendo-os fornecer informações que viabilizem o roubo de dados e outras práticas ilegais. Realiza-se através de cópias falsas de sites ou do envio de e-mails que solicitam recadastramento de dados, como nome, CPF, e número do cartão de crédito.

Placa-mãe, placas de circuito impresso e placas de expansão - São componentes instalados no interior do gabinete do computador. Os elementos internos dos computadores costumam ter a forma de placas para simplificar a fabricação e o conserto (manutenção). Quando um defeito é detectado, pode-se rapidamente substituir a placa defeituosa por uma similar e, posteriormente, analisar-se o defeito da placa e efetuar seu conserto. Com frequência, o custo do diagnóstico dos defeitos é muito alto, induzindo a pura e simples substituição, sem conserto.

Dentre as placas eletrônicas mais comuns encontra-se a placa-mãe, que contém o processador (CPU, coração funcional do computador), os chips de memória e outros elementos essenciais para o seu funcionamento. Na placa-mãe existem tomadas e encaixes (slots) para a instalação de placas de expansão. Se na placa-mãe não existir eletrônica para controle do monitor de vídeo ou das caixas de som, podem ser encaixadas placas de expansão com estas finalidades. Existem ainda placas de expansão para permitir a ligação do computador em redes de computadores, placas para acesso à Internet via linhas telefônicas (modems), placas para o envio e recepção de fax, placas para transformar o computador em uma televisão normal, entre outras.

Programas de workflow - Programas utilizados para controlar fluxo de trabalho e a tramitação de documentos entre os órgãos de uma empresa. Alguns deles possuem mapas de tramitação de documentos e, na medida em que cada documento é analisado e completado, automaticamente se encarrega de encaminhá-lo para o próximo responsável previsto para recebê-lo.

Prospects - Pontenciais clientes ou compradores.

Provedor de acesso à Internet - Empresa que disponibiliza linhas telefônicas, canais de rádio ou cabeamento dedicado, para que computadores possam se conectar à Internet. A Lei 9472/97 passou a denominar os provedores com a sigla PSVA - Provedores de Serviços de Valor Adicionado.

O acesso à Internet é feito através das empresas PSVA ou das concessionárias de serviços de telecomunicação.

RAM, Random Access Memory (memória de acesso aleatório) - Muito mais rápida que o disco rígido, é usada para que o computador guarde e recupere dados usados durante os cálculos e operações que efetua.

ROI, Return on investment - Ganho ou perda obtido, em relação ao investimento financeiro realizado.

Roteador (em inglês, router) - É um equipamento que organiza o tráfego de dados entre os computadores que formam uma rede. Quando a rede se conecta à Internet, é o roteador que repassa as solicitações de cada computador (consulta a sites, acesso de e- mails) à Internet, e controla para que as respostas sejam direcionadas ao computador solicitante. Em redes domésticas com WiFi, o roteador costuma dividir o gabinete com o Access Point.
SaaS, Software as a Service (software como serviço) - O fornecedor de software disponibiliza programas, bancos de dados e conexão à Internet para que os clientes operem seus sistemas remotamente. Por exemplo, a Salesforce.com disponibiliza todas as funcionalidades de um sistema de gestão de clientes (CRM) de forma online, sem necessidade de instalação de programas nos computadores dos usuários.
Servidor de DNS - Um servidor de DNS (Domain Name System) é computador que guarda a relação de nomes de domínio, associados a seus respectivos endereços IP. Assim, qualquer computador conectado à Internet pode acessar um servidor de DNS e traduzir um nome de domínio, por exemplo, www.google.com.br para seu equivalente endereço IP: 177.12.63.123
SEO, Search Engine Optimization (otimização de programas de busca) - Atividades de formatação e redação de textos de sites para que sejam mostrados pelos sites de busca em suas primeiras páginas.
Site ou website - Conjunto de documentos encadeados que são disponibilizados na Internet, localizados e acessados por nomes de domínio. Por exemplo, www.microsoft.com
Spam - Mensagens enviadas automaticamente em grande quantidade, por e-mail, e que sobrecarregam os destinatários dificultando-lhes a leitura dos demais e-mails.
Supply chain (cadeia de abastecimento) - Rede formada por todos os fornecedores, fabricantes, transportadores, depósitos, revendedores e demais envolvidos na obtenção de matérias-primas, fabricação e entrega de produtos aos consumidores finais.
Switch - Assim como o hub, um switch conecta computadores ligados em rede, repassando mensagens. Mas, além disso, identifica o computador que originou as mensagens e as repassa apenas para os destinatários adequados.
TCP/IP Transmission Control Protocol/Internet Protocol (Protocolo de Controle de Transmissão/Protocolo de Internet) - Conjunto de regras e formatos de dados que permite a interconexão dos computadores ligados à Internet.
TI - Tecnologia da Informação. Infraestrutura de informática, computadores e sistemas, que dá suporte à operação da empresa. Consulte o capítulo 4.
Transação - Conjunto de eventos envolvidos em uma operação comercial, inclui a seleção dos itens desejados, o cálculo do preço, o pagamento, o cálculo do troco e a emissão de nota fiscal. No jargão da TI, transação que compreende todas as operações necessárias para ler ou gravar registros em um banco de dados.
URL, Uniform Resource Locator (localizador padrão de recursos) - É um endereço de um site na Internet, ou de um equipamento, como uma impressora. Por exemplo, https://duckduckgo.com.
USB - Padrão usado por conectores e cabos para ligação de computadores e periféricos
Vírus - Programa malicioso que se instala em computadores de forma escondida e é usado para prejudicar seus usuários ou terceiros. Sua principal característica é o fato de poder se reproduzir e infectar outros computadores por meio de e-mails, das redes sociais ou da Internet. Um vírus pode roubar dados armazenados ou digitados no computador ou, ainda, apagar todos os dados do disco rígido, entre outras perversidades.
Wikis - Sites e softwares que gerenciam documentos e bancos de dados, cujos conteúdos podem ser criados e modificados de forma colaborativa. O exemplo mais notável é a Wikipédia (www.wikipedia.org).
Workflow (fluxo de trabalho) - Ver programas de workflow.

DICAS PARA AS QUESTÕES DE RECAPITULAÇÃO

A seguir, são apresentadas dicas e comentários sobre as questões inseridas nos finais dos capítulos e indicadas com uma lâmpada.

Capítulo I

8. A diferença baseia-se nos conceitos de eficiência e eficácia. "Monitorar a execução das tarefas decididas" cuida de acompanhar as tarefas para garantir sua eficiência. Ou seja, cumprir os prazos dentro de seus orçamentos. Uma prefeitura monitora a construção de 12 escolas de Ensino Fundamental para que não atrase e tenha seus custos sob controle. "Avaliar o resultado" importa-se em verificar se houve o efetivo atendimento dos objetivos propostos. Ao final da construção das escolas, a prefeitura investiga se a quantidade de alunos atendidos é compatível com o originalmente planejado. Se não o for, desenvolve projetos complementares e corrige planos de novas construções.

10. Em empresas não informatizadas, tipicamente, ficam guardadas em fichas de cadastros em arquivos em papel, mas com complementos e correções distribuídos em agendas de secretárias, rodapé de notas fiscais, textos de contratos. Costuma haver perda frequente de dados e sua localização torna-se difícil Outra dificuldade é conseguir tais dados totalmente atualizados: o número do fax é o que consta na nota fiscal da última remessa, ou o que está anotado, à mão, na ficha cadastral? Em empresas informatizadas, procura-se centralizar todos os dados num banco único. Mas para que o processo funcione a contento, os funcionários precisam ser treinados para transcrever mudanças, novidades e correções imediatamente para os arquivos magnéticos.

12. A velocidade das atividades empresariais está em constante aumento, assim, qualquer demora na obtenção de informações representa perda de tempo e perda de dinheiro. Saber quais são as informações e quem as necessita, agiliza sua obtenção, com os ganhos decorrentes.

15. Para o departamento de compras, responsável por adquirir bens e matérias-primas: tempo médio de aquisição, quantidade de solicitações atendidas no mês, razão entre a quantidade atendida e a quantidade de funcionários, custo total da equipe. Para os departamentos de estoque e pessoal há exemplos citados no texto.

17. O total de frascos produzidos no mês dá uma ideia sobre o desempenho da produção, quando comparado com outros meses. O acompanhamento de desempenho é atribuição gerencial.

18. Operacional, pois a quantidade de frascos a ser entregue é necessária para providenciar sua compra, seu transporte e garantir que cheguem a tempo para não interromper a produção.

19. Muitas vezes, elogios e repreensões são transmitidos via olhares e expressões faciais. Um responsável por organizar uma gôndola, ao mostrá-la ao supervisor, saberá, apenas pelo olhar, se a tarefa recebeu aprovação ou não atendeu às expectativas. Mal comparando, muitos pais educam seus filhos apenas com olhares de aprovação ou reprovação e o mesmo acontece, em menor grau nas empresas. A linguagem corporal é importante fonte de informação nas relações interpessoais.

22. Diretores interessam-se em estratégias para abordar novos mercados, ampliar mercados atuais e substituir gerentes que não atendam expectativas. Os integrantes do corpo operacional preocupam-se em realizar suas tarefas com eficiência.Por outro lado, gerentes são os responsáveis pelo andamento eficiente de toda a empresa. Assim, mesmo que um funcionário realize a contento suas tarefas, pode vir a ser dispensado, se o posto de trabalho vier a ser suprimido, para se obter melhor eficiência global. Contudo, todos, incluindo diretores e o corpo operacional, ficam atentos à eficiência da empresa, mas somente os gerentes têm a atribuição de otimizá-la.

Capítulo II

6. Deve fazer visitas periódicas aos locais geradores da informação para verificar sua fidelidade e precisão. O gerente vai até a área operacional e, por amostragem, constata a veracidade e exatidão dos dados que recebe. Na linguagem informal, se diz que o gerente "deu uma incerta".

9. O valor de R$ 32.000,00, registrado no anúncio, é um dado. A compreensão de que o carro é caro, é a informação que o João obteve, depois de fazer analise de todo o contexto e ver o automóvel.

15. No nível gerencial, para acompanhar o andamento da empresa, muitas vezes basta verificar tendências e, para isso, os gráficos são adequados. No nível operacional, normalmente, cada item ou objeto específico deve ser trabalhado ou manipulado e, portanto, valores precisos são mais usados.

19. Do ponto de vista do funcionamento do rádio, podem ser a estática, a má sintonia ou o volume muito baixo. Do ponto de vista do ouvinte, podem ser as distrações da estrada, a conversa dos passageiros, o telefone celular, ou os próprios pensamentos, quando não estão focados no entendimento das notícias.

22. O general interpreta cada movimento avaliando sua importância para o resultado da batalha e para ganhar a guerra. O soldado, na batalha, ocupa-se de preservar sua via. Por isso, evitam-se ordens opcionais, como "se der, tomem o monte do castelo".

Dica para interpretação da figura do capítulo II, **Minha esposa e minha sogra**. Vire a página par ver ambas!

Capítulo III

3. Imagine-se como exemplo, o tango, analisado à luz do checklist ECS. A dança é composta por partes, que são os passos e as coreografias. Os passos estão conectados, encadeados entre si, em uma sequência que os torne belos e exequíveis. E possui finalidades, dar prazer aos dançarinos e agradar à plateia. Os bailarinos podem, ou não, ser considerados como partes da dança. A abrangência adotada será função do que se pretende analisar.

7. Os principais problemas estão vinculados à mistura na determinação da abrangência dos dois sistemas; confusão sobre a quem pertencem as partes. Um gerente financeiro que acumule a área comercial pode pedir ao contador que atenda clientes, chamar pessoas de um sistema para participar de reuniões do outro, ou enfatizar vantagens financeiras nos produtos vendidos.

21. O conjunto de estados civis é composto por partes (solteiro, casado, divorciado e viúvo) que guardam, entre si, uma relação de mútua exclusividade: não se pode estar em duas situações, ao mesmo tempo. Todas se vinculam com aspectos de relacionamento das pessoas na formação de casais: (a) não possuem união, (b) possuem, (c) não possuem mais, com a união tendo sido desfeita contratualmente e (d) não possuem mais, por motivo de falecimento do cônjuge, respectivamente.

Sobre a finalidade do sistema:

Por ser, o conjunto, uma descrição bastante antiga e tradicional, é fácil entender sua utilidade, mas difícil estabelecer exatamente sua finalidade. Pode-se, contudo, considerar que o conjunto tem sido usado para descrever a condição dos indivíduos do ponto de vista de dependentes. Sendo solteiro, provavelmente não terá filhos (conceito em desuso). Sendo casado, deve ter seu cônjuge considerado para efeito de seguro-saúde e ainda convidado para eventuais festas patrocinadas pela empresa, etc. O conjunto de estados civis classifica-se como:

- sistema simples: com poucas partes e relações. O sistema é simples, mas classificar uma determinada pessoa em uma das situações às vezes é bastante penoso. Elisabeth Taylor, com seus 8 casamentos, seria uma dessas pessoas;- sistema aberto: liga-se a pessoas cujo estado civil pretende descrever. E elas não fazem parte do sistema, fazem parte do seu ambiente;
- sistema não adaptável: o conjunto, por ser definido em lei, não pode aceitar meios-termos ou outras variações. A sociedade, hoje mais alternativa, cobra que o conjunto mude para adaptar-se aos novos tempos.
- sistema abstrato: é um sistema conceitual, não incluindo entre suas partes, nenhuma parte concreta ou material.
- sistema permanente: como depende de alterações legais tem estrutura duradoura.
- sistema de informação: todas as suas partes são dados, representando informações, o que o torna um sistema de informação.

Capítulo IV

5. Indicadores para os componentes:

hardware -- razão entre a quantidade de computadores por profissionais; razão entre a quantidade de impressoras e a de computadores; custo total do parque de equipamentos da empresa, idade média e máxima dos equipamentos;

software -- quantitativo de software por versão;

conhecimento aplicado -- quantidade de acionamentos da área de TI para resolver dúvidas no uso de programas; quantidade disponível de técnicos conhecedores de cada um dos equipamentos ou programas (dispor de somente um conhecedor de determinado software pode indicar risco em caso de ausência);

redes de computadores -- quantidade de falhas na rede, carga de tráfego média e máxima na rede;

instalações ou infraestrutura -- custo total das instalações (por área ou departamento), idade média e máxima das instalações;

suprimentos -- quantidade de ocorrência de faltas em estoque, custo total do estoque;

profissionais de TI -- acúmulo de tarefas (que pode indicar necessidade de reposição ou treinamento de pessoal), quantidade de conhecedores de cada assunto chave (que pode indicar perigo de descontinuidade em caso de demissão);

estrutura organizacional da área de TI -- quantitativo das equipes em cada órgão/setor;

bancos de dados -- quantidade de dados arquivados nos diversos bancos de dados da empresa, variedade de modelos de bancos de dados (MySQL, Oracle, SQL Server), o que pode indicar a necessidade de diversos técnicos treinados para as mesmas tarefas, utilizando bancos diferentes.

33. O inventário é o registro de todos os equipamentos e software utilizados na empresa. Embora possa ser utilizado em apoio à contabilidade no levantamento patrimonial do balanço anual, sua finalidade principal é a de apoiar os processos de gestão de TI.

Com o inventário de hardware, consegue-se: (a) planejar ampliação ou modificação no parque de hardware uma vez que controla o número de computadores, as quantidades de impressoras instaladas, leitores/gravadores de CD/DVD, capacidade dos discos rígidos etc. (b) dimensionar equipe de técnicos de manutenção.

O inventário de software usados permite: (a) verificar se estão cobertos contratualmente com licenças de uso em quantidade adequada; (b) estimar esforços e custo de troca de versões de programas; (c) dimensionar equipe de suporte para atendimento e treinamento de usuários;

40. Manutenção de sistemas envolve as atividades vinculadas à modificação dos sistemas informatizados prontos, para que acompanhem a evolução da empresa. Abrange a correção de falhas e a criação de complementos e pequenos módulos.

Do ponto de vista contábil, os gastos durante o desenvolvimento de um sistema costuma ser pertencer à rubrica de investimentos. A partir do momento em que fica pronto e passa a ser considerado em manutenção, seus gastos vão para as rubricas de despesas ou de custos.

Capítulo V

12. Não. A área de contas a pagar é responsável pelo acompanhamento de todo o processo que envolve o pagamento das contas. Inclui o recebimento da guia de pagamento, seu envio para a área responsável pela aprovação do consumo -- normalmente a área de maior consumo -, envio para a tesouraria para que providencie o pagamento e, posteriormente, o arquivamento das guias e recibos de pagamentos.

Capítulo VI

9. Consulte os sites www.paypal.com/br e pagseguro.uol.com.br

10. Diversas situações podem ocorrer:

- se a editora não entregar o livro, será necessário contactar o cliente para negociar substituir o pedido ou, eventualmente, cancelar a compra;
- se a operadora de cartão de crédito atrasar o depósito do pagamento, que pode ocorrer em função de eventual greve, pode ser necessário obter dinheiro adicional para pagar a editora e, até mesmo, realizar empréstimo bancário;
- se não houver o pagamento à editora no prazo contratual, pode haver retenção de outros pedidos, causando efeito em cascata.

Esses eventos são improváveis, mas exigem atenção permanente e um bom sistema de informação.

11. Dica: coloque-se na condição de um aluno e pense nas informações que gostaria de encontrar no site. Faça o mesmo assumindo outros papéis, imaginando ser professor, fornecedor, pai de aluno, aluno interessado em se inscrever para o vestibular.

16. O gestor de conteúdo é o responsável pelo conteúdo (informação) que será apresentado nas webparts. Webparts sem gestores ou com gestores mal escolhidos costumam apresentar informações incompletas, desatualizadas, imprecisas, conflitantes, ou simplesmente, falta de informações. Alguns exemplos:

- erros no conteúdo apresentado, como 3x2 para um jogo que na realidade foi 3x1;
- apresentação dos números de telefone desatualizados de departamentos;
- apresentação de textos com redação ruim.

Capítulo VII

3. Acompanhando a venda diária de cada banca de jornal da rede de distribuição, conseguem verificar como os clientes buscam informações. Baseados no perfil de vendas, associados à ocorrência de eventos, podem considerar interessante criar um anexo especial sobre a visita do Papa, ou distribuir bandeiras dos principais países participantes da Copa do Mundo.

Capítulo VIII

1. Do ponto de vista operacional seria esperado que o banco solicitasse a identificação do cliente somente para fornecer saldos. A princípio, a informação sobre a cotação do dólar não requereria identificação, uma vez que é de conhecimento público. Justifica-se a solicitação de identificação quando o banco está utilizando uma solução de CRM. Sabedor de quem e quando está interessado em informações sobre o dólar, o banco pode, por exemplo, vir a viabilizar a venda de dólares para clientes com boas taxas ou direcionar-lhes propagandas sobre viagens ao exterior. Esta última oferta se aplica dependendo das demais características do cliente registradas nos bancos de dados do CRM.

2. Porque constrói uma base de conhecimento sobre os clientes. É o estudo desta base que origina ou direciona estratégias de marketing e propaganda.
5. Os vendedores buscam criar laços de relações com seus clientes para que possam continuar a vender-lhes automóveis mesmo após mudar de emprego para outra concessionária. Desta forma, procuram ter uma agenda pessoal com os gostos dos clientes, seu orçamento, época em que trocam de veículo. Um miniCRM. Transferir essas informações representa perda de poder e até mesmo perda de clientes, pois, futuramente outro vendedor pode explorar as informações para viabilizar novas vendas. Mantê-las para si, representa uma possibilidade de ganho de comissões futuras. A solução de problemas deste tipo, típicos de negócios envolvendo produtos de alto valor, é bastante difícil. Uma das soluções utilizadas, ainda que complexa, é a premiação de vendedores pela qualidade dos dados lançados nos sistemas de CRM da empresa.
6. Ao compreender melhor as características dos clientes, o CRM busca tornar mais certeiras e objetivas as ações de marketing, propagandas, vendas e atendimentos. Com isto tornar as vendas mais rápidas, além do que mais adequadas aos clientes, eliminado reclamações. Ou seja, "melhores vendas".O CRM também propicia maiores vendas, pois permite extrapolar comportamento de um grupo rentável de clientes para um grupo maior, alavancando vendas.
7. Do ponto de vista do CRM, sim. Os filmes "Os Mercenários" e "Os Mercenários 2" têm sua principal audiência composta por homens jovens. Já "O Diário de Bridget Jones" é mais assistido pelo público feminino. Assim, intercalando um filme com audiência distinta pode gerar perda de audiência. Aqueles que assistirem "Os Mercenários" provavelmente não assistirão "O Diário de Bridget Jones", mudando de canal e, talvez, não mais voltem para assistir "Os Mercenários 2".Um eventual uso de sistema CRM auxilia a análise de audiência e interesse do público, e facilita a programação de filmes com audiência menos óbvia que a comentada acima. É importante notar que a programação citada poderia ser eficiente se fossem feitas análises mais abrangentes, que incluíssem mais fatores. O que aconteceria se, na tarde de sábado, houvesse jogo do Brasil na Copa, e o filme "O Diário" fosse programado para o mesmo horário?Um sistema CRM permite criar opções de programação, mas a decisão final depende de análises complementares.

Capítulo X

1. Não. A regra de ouro é: somente solicitar informações efetivamente necessárias para o processo produtivo e realização de tarefas, ou para o controle a que se destinam. Informações supérfluas, quando solicitadas por agentes públicos, invadem a privacidade dos cidadãos.
O repasse a terceiros não seria ético, pois não há autorização para tal.

Capítulo XI

3. Antes de mais nada, ter uma noção básica daquilo que está sendo oferecido. É necessário? É adequado às necessidades da empresa? Poderia ser substituído por computadores menos poderosos? Está de acordo com os preços de equipamentos similares?
Caso a oferta seja muito complexa, vale solicitar o apoio de consultores externos à empresa, não habituados às regras utilizadas internamente. A visão deles pode resolver pontos obscuros.
É importante, ainda, dispor de mais de uma proposta, vindas de origens diversas, para permitir o confronto de preços e, eventual comparação entre as soluções ofertadas.
4. Copiar ou baixar músicas ou filmes, tem reflexo no uso da rede que acessa a Internet. Existem disponíveis programas de análise de carga, que indicam quem usa e quanto está sendo usado (em megabytes) da disponibilidade contratada de Internet. A análise dos resultados apresentados por esses programas permite avaliar, empregado a empregado, a adequação do seu uso de Internet.
5. Tentar detectar crimes, melhorar a segurança e providenciar a punição dos eventuais casos localizados. O comportamento mais importante é a atenção.
8. Esta questão está em debate nos Estados Unidos e em países da Europa. Grande parte das propostas existentes passa por controle de conteúdo, o que não é aceito pelos defensores da liberdade de expressão.
Países, como a China, controlam intensamente o conteúdo distribuído pela Internet e, provavelmente, estão cerceando a liberdade de expressão de seus cidadãos.
10. É comum a realização de inventários periódicos, de preferência automaticamente. Cada computador é analisado por profissional de TI e os programas existentes são listados e contados para verificar se estão de acordo com as licenças de uso compradas. Ainda assim, é importante a conscientização dos empregados.
12. O artigo 299 do Código Penal Brasileiro trata do assunto. É necessário que a identidade falsa tenha a finalidade de prejudicar direito, criar obrigação ou alterar a verdade sobre fato juridicamente relevante.
18. Os processos de autenticação mais frequentes incluem: obrigação da posse de cartão magnético, uso de senha, reconhecimento biométrico de digital ou da palma da mão, resposta a perguntas pessoais, como dia ou mês da data de nascimento.
19. Dentre as várias soluções possíveis está o uso de códigos de barras ou similares, contendo um conjunto de números criptografados que possam ser comparados com os números originais guardados no banco de dados.

www.ingramcontent.com/pod-product-compliance
Ingram Content Group UK Ltd.
Pitfield, Milton Keynes, MK11 3LW, UK
UKHW022030190726
13853UKWH00005B/2183

9 786500 799255